全生命周期视角下
我国建筑业碳排放
时空演变研究

张铮燕 蔡彬清 杨晓露 ◎ 著

中国财经出版传媒集团

经济科学出版社
Economic Science Press

·北 京·

图书在版编目（CIP）数据

全生命周期视角下我国建筑业碳排放时空演变研究/张铮燕，蔡彬清，杨晓露著. -- 北京：经济科学出版社，2024.1

ISBN 978 - 7 - 5218 - 5632 - 3

Ⅰ.①全… Ⅱ.①张…②蔡…③杨… Ⅲ.①建筑业 - 低碳经济 - 研究 - 中国 Ⅳ.①F426.9

中国国家版本馆 CIP 数据核字（2024）第 045993 号

责任编辑：戴婷婷
责任校对：王肖楠
责任印制：范　艳

全生命周期视角下我国建筑业碳排放时空演变研究

张铮燕　蔡彬清　杨晓露　著

经济科学出版社出版、发行　新华书店经销

社址：北京市海淀区阜成路甲 28 号　邮编：100142

总编部电话：010 - 88191217　发行部电话：010 - 88191522

网址：www.esp.com.cn

电子邮箱：esp@ esp.com.cn

天猫网店：经济科学出版社旗舰店

网址：http://jjkxcbs.tmall.com

北京季蜂印刷有限公司印装

710×1000　16 开　16 印张　280000 字

2024 年 1 月第 1 版　2024 年 1 月第 1 次印刷

ISBN 978 - 7 - 5218 - 5632 - 3　定价：65.00 元

（图书出现印装问题，本社负责调换。电话：010 - 88191545）

（版权所有　侵权必究　打击盗版　举报热线：010 - 88191661

QQ：2242791300　营销中心电话：010 - 88191537

电子邮箱：dbts@ esp.com.cn）

前　言

党的二十大报告强调，推动绿色发展，促进人与自然和谐共生；积极稳妥推进碳达峰碳中和，有计划分步骤实施碳达峰行动。建筑业作为我国国民经济的四大支柱产业之一，在很大程度上拉动了经济的发展。近十年来，中国建筑业发展迅猛，为社会创造了巨大的经济价值。然而，中国建筑业在发展过程中也面临了一些挑战，建筑业在迅速发展的同时也消耗了大量的能源，并给环境带来了大量的碳排放。1995～2016年期间，建筑业的二氧化碳排放量约占二氧化碳总排放量的27.9%～34.3%，中国建筑业消耗资源材料量约占社会总消耗量的50%，生产垃圾废弃物约占城市垃圾废弃物总量的40%，消耗能源在社会总能源消耗中所占比重达到了30%以上[①]。实现建筑业的节能减排对我国"双碳"目标的完成有着重大意义。

从全生命周期的角度出发，建筑业所造成的碳排放不仅包括建造施工环节所产生的碳排放，而且涵盖了从建筑材料生产、建筑材料运输、房屋建造、维修和拆毁等阶段，各阶段蕴含着巨大的减排节能潜力，从全生命周期视角了解我国各省建筑业的碳排放的时空演变趋势，有助于从建筑的设计、建造、使用等各个阶段实现建筑业全生命周期的碳中和。

在此背景下，本书基于全生命周期视角，系统测算我国建筑业全生命周期碳排放，并对建筑业全生命周期能源效率进行静态及动态分析。在此基础上，从时间、空间和收敛性三个方面研究了我国省域和三大地区建筑业全生

---

①　Wang J M, Song X J, ChenK. Which influencing factors cause CO₂ emissions differences in China's provincial construction industry: empirical analysis from a quantile regression model [J]. Polish Journal of Environmental Studies, 2019, 29: 331 – 347.

命周期碳排放的时空演化特征，继而从空间计量和分位数两个不同的视角对建筑业碳排放时空演变的影响因素进行了多方位的剖析。最后，基于以上对我国建筑业全生命周期碳排放时空演变的系统研究，提出对应的政策建议，为制定建筑业低碳发展政策提供参考和支持。

　　本书的基本内容共 8 章：第 1 章，绪论，包括研究背景及意义、主要研究内容、研究方法及研究思路；第 2 章，相关研究基础，包括全生命周期评价理论和建筑业碳排放相关研究；第 3 章，建筑业全生命周期碳排放测算分析；第 4 章，建筑业全生命周期能源效率分析；第 5 章，建筑业全生命周期碳排放时空演变特征分析；第 6 章，建筑业碳排放时空演变的影响因素空间计量分析；第 7 章，建筑业碳排放时空演变的影响因素分位数回归分析；第 8 章，总结与研究展望。本书为分析建筑业碳排放提供了一个新的视角，拓展了能建筑业碳排放的研究对象和内容，是对现有建筑业碳排放分析的补充和拓展，同时也为相关部门设置差异化的建筑业节能目标提供决策依据，促进不同地区进行协同减排及制定差异化的减排政策，有助于实现我国建筑业的持续健康发展。

　　本书的完成凝聚着研究团队的智慧和辛劳，除了三位作者之外，武照奇和胡咏珺也参与本书的审阅工作，在此向他们表示衷心的感谢。本书参考了国内外许多学者的论著，吸收了同行的辛勤劳动成果，获得了很多的教益和启发，在此向各位同行和专家表示诚挚的谢意。本书引文和参考文献较多，标注时难免疏漏，还要向在标注中被疏漏的引文或参考文献的作者表示深深的歉意。

　　坚持走低碳发展道路是中国实现碳减排战略目标主要途径，在低碳发展约束下，实现能源需求总量控制和各部门低碳转型是当前社会健康发展中亟待解决的问题。作为中国经济发展的支柱性产业，减少建筑业全生命周期碳排放，有利于建筑业能源、经济、生态环境协调发展，对于推动建筑业发展由追求产业规模向注重质量效益转变，实现建筑业低碳化发展具有重要意义。本书只能起到抛砖引玉的作用。衷心地期盼有关专家、同行及广大读者对本书给予批评、指正。

福建理工大学
张铮燕
2023 年 6 月于旗山湖畔

目　　录

第**1**章

绪　　论

1.1　研究背景

1.1.1　全球气候变化

1. 全球气候变化及其原因

全球经济的迅速发展普遍提高了大多数国家的综合生活质量，但这种发展也导致了严重的全球气候变化。气候变化是指地球气候的状态（包括构成、循环、温度、湿度等）随着时间节点的变化和人类历史的演进而发生的变化，其变化的原因可能是由于客观自然界的物质运动与变化造成的，也可能是受人类活动的影响。气候变化具有一段延伸期，通常为几十年或更长时间①。

人类引起的气候变化是一个多世纪以来能源使用、土地利用和土地利用变化、消费和生产的生活方式和模式造成的温室气体净排放的结果。温室气体主要包括二氧化碳、甲烷和二氧化氮。全球温室气体排放在 2010～2019 年期间持续增加，这主要是由于不可持续的能源使用、土地利用和土地利用变化、生活方式和消费和生产模式在区域间、国家之间和国家内部以及个人之

---

① Paulina，A，Kyle，A，Gabriel，vB，et al. IPCC 2022（AR6 Synthesis Report：Climate Change 2022）［R］. IPCC.

间造成的历史和持续贡献不平等。

自工业革命开始以来，大气中二氧化碳、甲烷和二氧化氮的浓度分别增加了 47%、156% 和 23%。近 30 年是自 1850 年以来最热的时期，甲烷和二氧化氮的浓度已增加到 80 万年来前所未有的水平，远远超过冰川期和间冰期之间的自然千年变化，目前的二氧化碳浓度至少比过去 200 万年中的任何时候都高。自 2010 年以来，所有主要行业的温室气体净排放量都有所增加。2019 年，全球温室气体净排放量中约 34%（20 亿吨二氧化碳当量）来自能源部门，24%（14 亿吨二氧化碳当量）来自工业，15%（8.7 亿吨二氧化碳当量）来自运输，6%（3.3 亿吨二氧化碳当量）来自建筑。此外，据国际能源署报道，2021 年全球二氧化碳排放量增长了 6%，达到了历史最高水平 363 亿吨（2022 年）。越来越多的排放来自城市地区，从 2015 年到 2020 年，城市占全球排放量的比例从 62% 上升到 67%～72%。在全球以消费为基础的家庭温室气体排放量的占比中，人均排放量前 10% 的家庭贡献了 34%～45% 的排放量，而人均排放量前 10%～40% 的家庭贡献了 40%～53% 的排放量，人均排放量后 50% 的家庭贡献了 13%～15% 的排放量[①]。

不同区域对全球人为温室气体排放的贡献存在很大差异。不同地区二氧化碳排放的历史贡献在总量级上有很大差异，最不发达国家和小岛屿发展中国家的人均排放量（分别为 1.7 亿吨二氧化碳当量和 4.6 亿吨二氧化碳当量）远低于全球平均水平（6.9 亿吨二氧化碳当量）。2019 年，全球约 48% 的人口生活在人均排放超过 6 亿吨二氧化碳当量的国家，35% 的人口生活在人均排放超过 9 亿吨二氧化碳当量的国家，另有 41% 的人口生活在人均排放低于 3 亿吨二氧化碳当量的国家。在这些低排放国家，有相当大一部分人口无法获得现代能源服务。

2. 全球气候变化带来的影响

随着时间的推移，人为造成的气候变化已经影响到全球每个地区的许多极端天气和气候，这对粮食和水安全、人类健康以及经济和社会造成了广泛的不利影响，并对自然和人民造成了相关损失和损害。大气和海洋的变暖通

---

① Shiwang Yu, Qi Zhang, Jian Li Hao, et al. Development of an extended STIRPAT model to assess the driving factors of household carbon dioxide emissions in China [J]. Journal of Environmental Management, 2023, 325: 116502.

过复杂的途径影响了地球气候系统，破坏了自然平衡，导致气候扰动和自然灾害，例如，过去几十年来极端气温事件、干旱和洪水更加频繁。气候变化通过影响自然环境和生态系统及其与人类的相互作用而被视为 21 世纪最大的全球健康挑战。健康后果包括自然灾害造成的过早死亡，以及卫生条件恶化和病原体过度繁殖导致的传染病。一项多国研究表明，气候变化每年导致 40 万人死亡，到 2030 年每年将导致 70 万人死亡。生活在低至高海拔地区以及低收入至高收入国家的所有人口，无论其年龄和社会经济地位如何，都受到气候变化的威胁。2023 年 3 月 20 日，联合国政府间气候变化专门委员会（IPCC）发布了第六次评估报告的综合报告《气候变化 2023》（AR6 Synthesis Report：Climate Change 2023）[1]，以近 8000 页的篇幅详细阐述了全球温室气体排放不断上升造成的全球变暖所导致的毁灭性后果。

（1）气温上升和全球变暖。

温室效应增加了全球平均气温，也改变了降水模式。大气、海洋、冰冻圈和生物圈发生了广泛而迅速的变化。整个气候系统最近变化的规模，以及气候系统许多方面的现状是数千年来前所未有的。温室气体的排放很可能是对流层变暖的主要驱动因素，而人类造成的平流层臭氧消耗极有可能是 1979 年至 20 世纪 90 年代中期平流层变冷的主要驱动因素。在过去 60 年里，每年陆地和海洋吸收了全球约 56% 人类活动产生的二氧化碳排放。自 20 世纪 70 年代以来，全球海洋上层（0～700 米）已经变暖，人类的影响极有可能是主要原因。全球气候系统升温的 91% 来自海洋变暖，剩下的 5%、3% 和 1% 分别来自陆地变暖、冰川融化和大气变暖。2011～2020 年，全球表面温度比 1850～1900 年高出 1.1℃。自 1970 年以来，全球地表温度的上升速度超过了至少过去 2000 年的任何其他 50 年周期。气温的进一步上升则会进一步加剧这些变化。例如，全球气温每上升 0.5℃，极端高温、强降雨和区域干旱就会愈加频发、程度更加严重。在较少人类活动影响的情况下，热浪平均每 10 年才会出现一次。而在平均气温升高 1.5℃、2℃ 和 4℃ 时，高温热浪出现的频率将可能分别增加 4.1 倍、5.6 倍和 9.4 倍，其强度也可能分别增加 1.9℃、2.6℃ 和 5.1℃。全球气温上升也加大了气候系统达到临界点的风险。

① Paulina，A，Kyle，A，Gabriel，vB，et al. IPCC 2023（AR6 Synthesis Report：Climate Change 2023）[R]. IPCC.

（2）全球冰川退缩，海平面上升。

1901 年到 2018 年间，全球平均海平面上升了 0.20 米。在 1901 年至 1971 年期间，海平面每年上升 1.3 毫米，在 1971 年至 2006 年期间增加到每年 1.9 毫米，并在 2006 年至 2018 年期间进一步增加到每年 3.7 毫米。自 1971 年以来，人类的影响很可能是海平面不断上升的主要驱动因素。不仅如此，人类的影响很可能是自 20 世纪 90 年代以来全球冰川退缩以及 1979～1988 年和 2010～2019 年期间北极海冰面积减少的主要驱动因素。人类的影响也很可能导致北半球春季积雪减少和格陵兰冰盖表面融化。可以肯定的是，人类造成的二氧化碳排放是目前全球海洋表面酸化的主要驱动因素。温度跨过临界点或将引发永久冻土融化或大面积森林枯萎等内部增强效应，加剧全球变暖的趋势，这将进一步导致气候系统发生突然且不可逆转的实质性变化。例如，如果平均气温提高 2℃ 至 3℃，南极西部和格陵兰岛几乎所有的冰盖可能以在数千年都不可逆转之势融化，导致海平面上升数米。

（3）极端气候现象增多。

人为造成的气候变化已经影响到全球每个地区的许多极端天气和气候。自第五次评估报告（AR6 Synthesis Report：Climate Change 2014）以来，已观测到的极端事件如热浪、强降水、干旱和热带气旋发生变化的证据，特别是将其归因于人类影响的证据有所加强。几乎可以肯定的是，自 20 世纪 50 年代以来，极端高温（包括热浪）在大多数陆地区域变得更加频繁和强烈，而极端寒冷（包括寒潮）变得不那么频繁和不那么严重。自 20 世纪 80 年代以来，海洋热浪的频率大约增加了一倍，自 2006 年以来，人类的影响很可能促成了其中的大多数。自 20 世纪 50 年代以来，在观测数据足以进行趋势分析的大多数陆地地区，强降水事件的频率和强度有所增加，而人为引起的气候变化可能是主要驱动因素。由于土地蒸散量增加，人为引起的气候变化导致一些地区农业和生态干旱增加。在过去 40 年中，全球主热带气旋发生的比例有所增加。此外，人类的影响很可能增加了复合极端事件发生的几率。所有区域都发生了同时发生和反复发生的气候灾害，对健康、生态系统、基础设施、生计和粮食的影响和风险越来越大。复合极端事件包括热浪和干旱同时发生的频率增加，部分地区的火灾天气，部分地区出现复合洪水。多种风险相互作用，产生新的气候灾害脆弱性来源，并使总体风险复杂化。

（4）破坏生态系统。

气候变化对陆地、淡水、冰冻圈、沿海和远洋生态系统造成了重大损害，并日益造成不可逆转的损失。第六次评估报告发现气候变化影响的程度和幅度大于以往评估的估计。在全球评估的物种中，大约有一半已经向两极转移，或者在陆地上也向更高的海拔转移。生物反应，包括地理位置的变化和季节时间的变化，往往不足以应对最近的气候变化。极端高温事件以及陆地和海洋中大规模死亡事件的增加导致了数百种当地物种的消失。对某些生态系统的影响正在接近不可逆性，例如冰川退缩造成的水文变化的影响，或某些山区和永久冻土融化导致的北极生态系统的变化。海洋酸化、海平面上升或区域降水减少等缓慢过程对生态系统的影响也可归因于人为引起的气候变化。气候变化助长了荒漠化并加剧了土地退化，特别是在低洼沿海地区、河流三角洲、旱地和永久冻土区，近 50% 的沿海湿地在过去 100 年里已经消失。

（5）威胁粮食安全和水安全。

由于气候变暖、降水模式的变化、冰冻圈元素的减少和损失以及极端气候的频率和强度增加，气候变化降低了粮食安全，并影响了水安全，从而阻碍了实现可持续发展目标的努力。尽管总体农业生产力有所提高，但在过去50 年中，气候变化减缓了全球农业生产力的增长，相关的负面作物产量影响主要发生在中低纬度地区，而一些高纬度地区则产生了一些积极影响。20 世纪及以后的海洋变暖导致了最大捕捞潜力的总体下降，加剧了过度捕捞对某些鱼类的影响。海洋变暖和海洋酸化对某些海洋地区贝类水产养殖和渔业的粮食生产产生了不利影响。目前的全球变暖水平与旱地水资源短缺加剧的中等风险相关。由于气候和非气候驱动因素的综合作用，目前世界上大约一半的人口至少在一年中的某些时候经历严重的水资源短缺。越来越多的天气和气候极端事件使数百万人面临严重的粮食危机，在非洲、亚洲、中南美洲、最不发达国家、小岛屿和北极的许多地方和社区以及全球小规模粮食生产者、低收入家庭和土著人民受到的影响最大。

（6）影响人类健康。

气候变化对全球人类的身体健康和被评估区域的心理健康产生了不利影响，并在气候灾害与高度脆弱性相互作用的地方助长了人道主义危机。在所有区域，极端高温事件的增加已导致人类死亡率和发病率。与气候有关的食源性和水媒疾病的发生率有所增加。病媒传播疾病的发病率因范围扩大和/或病媒繁殖增加而增加。动物和人类疾病，包括人畜共患病，正在新的领域出现。在评估区域，一些心理健康挑战与气温升高、极端事件造成的创伤以及生计和文化的丧失有关。气候变化对健康的影响是通过自然和人类系统，包括经济和社会条件和破坏来调节的。气候和极端天气正日益导致非洲、亚洲、北美以及中南美洲的一些人们流离失所，加勒比和南太平洋的小岛屿国家相对于其人口规模较小受到不成比例的影响。由于极端天气和气候事件造成的流离失所和非自愿移民，气候变化产生并延续了脆弱性。

（7）危害人类社会经济发展。

在城市环境中，气候变化对人类健康、生计和关键基础设施造成不利影响。包括热浪在内的极端高温在城市中加剧，它们还加剧了空气污染事件，并限制了关键基础设施的功能。包括交通、供水、卫生和能源系统在内的城市基础设施受到极端和缓慢发生的事件的损害，造成经济损失、服务中断。可归因于气候变化的经济影响正日益影响人们的生计，并正在造成跨越国界的经济和社会影响。气候变化造成的经济损失已对农业、林业、渔业、能源和旅游业产生区域性影响。农业生产力的变化、对人类健康和粮食安全的影响、住房和基础设施的破坏、财产和收入的损失，以及对性别和社会公平的不利影响，都影响到个人生计。事件归因研究和物理认识表明，人类引起的气候变化增加了与热带气旋相关的强降水，而热带气旋在短期内降低了经济增长。许多地区的野火影响了建筑资产、经济活动和健康。在城市和住区，气候对关键基础设施的影响正在导致水和粮食系统的损失和破坏，并影响经济活动。

而气温每升高零点几摄氏度，以上这些危机都会加剧。即使将全球气温上升幅度控制在1.5℃以内，也不能保证所有人的生命安全不受影响。例如，在当前温升趋势下，居住在全球干旱地区的9.5亿人口将面临用水压力、中暑和荒漠化等一系列问题，而全球受洪水影响的人口比例将上升24%。同样，即使温升只是暂时性超过1.5℃，也会导致严重、不可逆影响，包括当地物种灭绝、盐沼完全淹没，甚至人类会因不断增强的极端高温丧生等。因此，控制温升超过1.5℃的幅度与持续时间，并尽可能将其控制在1.5℃或更低的水平，对确保安全宜居的未来至关重要。在2021年至2040年间，全球温升达到或超过1.5℃的可能性超过50%。特别是在高排放路径下，全球气温可能会更快（在2018年至2037年间）达到这一临界点；到2100年，全球气温可能上升 3. 3 ~ 5. 7℃，而上一次全球气温超过工业化前水平 2. 5℃是在 300 多万年前。若要将全球温升限制在 1. 5℃内，且不超过或仅小幅超出这一范围，温室气体排放量最迟需在 2025 年之前达到峰值，然后迅速下降，到 2030 年，相较 2019 年的水平下降 43%，到 2035 年下降 60%。① 随着格拉斯哥 COP26 气候会议的召开，全球净零和将升温控制在 1. 5 摄氏度以内已成为全球各国的主要目标，减少温室气体（GHG）排放已经成为大多数国家的优先事项和研究热点。此外，据国际能源署报道，作为主要温室气体的二氧化碳 2021 年全球排放量增长了 6%，达到了历史最高水平 363 亿吨（2022 年），而发电、建筑、工业和交通运输业占全球排放量的近 80%。因此，为有效应对气候危机，实现这几个高碳排行业的节能减排对应对气候危机至关重要。

3. 各国政府为应对全球气候变化所做的努力

为了有效应对气候危机，联合国不断推动全球合作，各国陆续开展了全球大会以求保障有效的多国合作，共同完成减排二氧化碳等温室气体的目标，实现全球经济的可持续发展。1992 年在巴西里约热内卢召开的由世界各国政府首脑参加的联合国环境与发展会议上，通过了第一个国际公约——《联合国气候变化框架公约》，该公约针对全球气候问题达成初步协议，同时，根据"共同但有区别"的原则，明确了发达国家和发展中国家在承担减少温室气体排放过程中的义务以及履行义务的程序区别。1997 年，《京都协定书》在日本京都通过，协议规定了发达国家从 2005 年开始承担减少二氧化碳排的义务，发展中国家从 2012 年开始承担减排义务。《联合国气候变化框架公约》与《京都协定书》为之后各国协议合作减排温室气体搭建了的基本框架，后续会议中确定的减排权责分配、减排机制、减排量等都是基于这个框架确定的。2007 年，在印度尼西亚巴厘岛举行的联合国气候变化大会是世界各国应对温室气体排放过量的又一重要会议，该会议通过了"巴厘路线图"，明确了碳减排中的一些关键性议题，通过"双轨"谈判，一方面要求发达国家应按照《京都议定书》的规定承诺 2012 年之后的量化减排目标，另一方面讨论了发展中国家接下来应对温室气体排放问题的具体措施。2009 年在丹麦哥本哈根举行的世界气候大会也是"巴厘路线图"的衍生，在此次大会中

① Paulina, A, Kyle, A, Gabriel, vB, et al. IPCC 2023 （AR6 Synthesis Report：Climate Change 2023）［R］. IPCC.

通过了继《京都协议书》后又一具有"里程碑"意义的全球气候协议书——《哥本哈根议定书》，世界各国在此次会议上对控制二氧化碳排放和促进经济发展绿色低碳转型等目标达成了共识，区域性的碳排放权交易市场也呈现出蓬勃发展的态势。在全球合作应对气候问题的浪潮之下，中国作为一个负责任的发展中国家在哥本哈根大会上承诺，到2020年我国单位生产总值二氧化碳排放相比2005年下降40%～45%。从世界各国联合应对气候问题的发展进程中可以看出，由温室气体排放引发的全球变暖等气候问题已经成为全球经济体共同关注的焦点问题。

国际气候协议的签署、各国气候政策的执行，以及公众意识的提高，正在加速在多个治理层面应对气候变化的努力。缓解政策有助于降低全球能源强度和碳排放强度，一些国家在十多年的时间里实现了温室气体减排。低排放技术正变得越来越便宜，能源、建筑、交通和工业领域现在有许多低排放或零排放的选择。适应规划和实施进展产生了多重效益，有效的适应方案有可能减少气候风险并促进可持续发展。自第五次评估报告以来，用于减缓和适应的全球跟踪资金呈上升趋势，但仍未满足需求。

《联合国气候变化框架公约》《京都议定书》和《巴黎协定》支持各国提高信心，并鼓励在多个治理层面制定和实施气候政策。《京都议定书》减少了一些国家的排放量，并有助于建立温室气体报告、核算和排放市场的国家和国际能力。在《联合国气候变化框架公约》下通过的《巴黎协定》几乎得到了各国的普遍参与，提升了各国在缓解气候变化方面政策制定的努力。《巴黎协定》所要求的国家自主贡献要求各国阐明其在气候行动方面的优先事项和信心。

（1）公众意识的提高。

公众意识的提高和行动者的日益多样化，总体上有助于加快应对气候变化的政治承诺和全球努力。在一些地区，群众社会运动已成为催化剂，往往以先前的运动为基础，包括土著人民领导的运动、青年运动、性别行动主义和气候诉讼等，这些运动正在提高认识，在某些情况下，影响了气候治理的结果和目标。利用公正过渡和基于权利的决策方法，通过集体和参与性决策进程实施，让土著人民和当地社区参与进来，可以根据国情，以不同的方式在所有规模上实现更大的信心，加快行动。媒体帮助塑造有关气候变化的公众话语，这可以有效地建立公众对加速气候行动的支持。在某些情况下，媒体的公共话语和有组织的反运动阻碍了气候行动，加剧了无助和虚假信息，助长了两极分化，对气候行动产生了负面影响。

（2）政策和法律的不断扩大。

自第五次评估报告以来，有关缓解的政策和法律不断扩大。气候治理通过提供各种行为体相互作用的框架以及政策制定和实施的基础来支持。许多监管和经济手段已经成功部署。到2020年为止，56个国家的法律主要侧重于减少温室气体排放，占全球排放量的53%。[①] 在国家和国家以下各级应用各种缓解政策工具的情况在一系列部门中持续增长。各部门的政策覆盖面不均衡，对农业和工业材料和原料的排放仍然有限。

实践经验为经济工具的设计提供了信息，并有助于提高可预测性、环境有效性、经济效率、与分配目标的一致性和社会接受度。低排放技术创新通过结合技术推动政策，以及为行为改变和市场机会创造激励的政策而得到加强。全面和一致的一揽子政策已被发现比单一政策更有效。将减排措施与改变发展道路的政策结合起来，例如，促使生活方式或行为改变的政策，促进适宜步行的城市地区与电气化和可再生能源相结合的措施，可以从更清洁的空气和增强的主动机动性中创造健康的共同效益。气候治理可根据国情和国际合作，提供总体方向、制定目标、将气候行动纳入政策领域和各级的主流，从而促进缓解。有效的治理提高了监管的确定性，创建了专门的组织，并为调动资金创造了环境。这些职能可以通过越来越多的气候相关法律或基于国家背景的气候战略来促进。有效和公平的气候治理建立在民间社会行为体、政治行为体、企业、青年、劳工、媒体、土著人民和当地社区参与的基础上。

（3）低排放技术成本的降低。

自2010年以来，包括太阳能、风能和锂离子电池在内的几种低排放技术的单位成本一直在下降。设计和工艺创新与数字技术的使用相结合，使建筑、交通和工业领域的许多低排放或零排放选择接近商业化。从2010年到2019年，太阳能（85%）、风能（55%）和锂离子电池（85%）的单位成本持续下降，其部署大幅增加，例如，太阳能的单位成本 >10 倍，电动汽车（ev）的单位成本 >100 倍（尽管各地区差异很大）。在许多地区，光伏和风能发电

---

① Paulina, A, Kyle, A, Gabriel, vB, et al. IPCC 2023（AR6 Synthesis Report：Climate Change 2023）［R］. IPCC.

现在比化石能源发电便宜，电动汽车与内燃机的竞争日益激烈，电网上的大规模电池存储越来越可行。与模块化小单元技术相比，经验记录表明，由于学习机会较少，多种大规模缓解技术的成本降低幅度很小，采用速度缓慢。在某些区域和部门，维持排放密集型系统可能比过渡到低排放系统更昂贵。

对于几乎所有的基本材料（初级金属、建筑材料和化学品），许多低至零温室气体强度的生产工艺正处于试点到接近商业化的阶段，在某些情况下还处于商业化阶段，但尚未形成工业实践。建筑和改造中的综合设计创造了越来越多的零能源或零碳建筑的例子。技术创新使 LED 照明的广泛采用成为可能，包括传感器、物联网、机器人和人工智能在内的数字技术可以改善所有部门的能源管理，它们可以提高能源效率，促进采用许多低排放技术，包括分散式可再生能源，同时创造经济机会。若干缓解办法，特别是太阳能、风能、城市系统电气化、城市绿色基础设施、能源效率、需求侧管理、改善森林和作物/草地管理以及减少粮食浪费和损失，在技术上是可行的，成本效益越来越高，并得到公众的普遍支持，这使许多区域能够扩大部署。

（4）经济手段的加强。

经济手段在减少排放方面是有效的，并辅之以主要在国家以及区域一级的管制手段。到 2020 年，超过 20% 的全球温室气体排放被碳税或排放交易体系覆盖，尽管覆盖范围和价格不足以实现深度减排。① 碳定价工具可以通过利用碳税或排放交易收入来支持低收入家庭降低碳排放。降低成本并刺激采用太阳能、风能和锂离子电池的政策工具组合包括公共研发、示范和试点项目的资助，以及需求拉动工具，如部署补贴，以达到规模。

全球气候资金流动规模增加，融资渠道拓宽。2013 年、2014 年至 2019 年、2020 年期间，用于减缓和适应气候变化的年度追踪资金总额增长了 60%，但自 2018 年以来平均增长有所放缓，大多数气候资金停留在国家境内。② 自第五次评估以来，绿色债券、环境、社会和治理以及可持续金融产品的市场显著扩大。投资者、中央银行和金融监管机构正在推动提高对气候风险的认识，以支持气候政策的制定和实施。加快国际金融合作是实现低温室气体排放和公正转型的关键推动因素。

---

① ② Paulina, A, Kyle, A, Gabriel, vB, et al. IPCC 2023（AR6 Synthesis Report：Climate Change 2023）[R]. IPCC.

在政策支持下，缓解行动促进了 2010 年至 2019 年期间全球能源和碳强度的下降，越来越多的国家在十多年内实现了温室气体绝对减排。尽管自 2010 年以来全球温室气体净排放量有所增加，但全球能源强度在 2010 年至 2019 年期间同比下降了 2%。全球碳强度也每年下降 0.3%，主要原因是燃料从煤炭转向天然气、煤炭产能扩张减少和可再生能源使用增加。在许多国家，政策提高了能源效率，降低了森林砍伐率，加速了技术部署，从而避免了排放，在某些情况下减少或消除了排放。自 2005 年以来，至少有 18 个国家通过能源供应脱碳、提高能源效率和减少能源需求，将以生产为基础的二氧化碳和温室气体以及以消费为基础的二氧化碳绝对减排持续了 10 年以上，这是政策和经济结构变化的结果。自峰值以来，一些国家已将基于生产的温室气体排放量减少了 1/3 或更多，一些国家连续几年实现了每年 4% 左右的减排。多项证据表明，减缓政策已导致每年减少数亿吨二氧化碳当量的全球排放。①

1.1.2　我国建筑业与碳排放

1. 我国经济发展与碳排放

20 世纪上半叶，工业化向全球扩展，交通运输、重工业等领域的发展导致了更广泛的碳排放。随着汽车、飞机等交通工具的普及，石油等化石燃料的广泛使用也进一步推动了碳排放的增长。此时，碳排放已经不仅局限于工业领域，还逐渐波及能源生产、交通运输、建筑等多个领域，对全球气候产生了深远的影响。而此时，我国正处于新中国成立初期，工业化进程相对较慢，能源消耗主要依赖于传统农村能源。碳排放相对较低，主要集中在农村生活燃煤和农田灌溉等领域。20 世纪后半叶，全球化的推进使能源和生产活动开始全球分工，发展中国家的快速工业化进程使得碳排放迅速增加，中国、印度等国家的经济腾飞伴随着能源需求的剧增。传统的高碳能源结构加剧了全球碳排放问题。

随着改革开放的推进，我国进入了高速工业化和城市化时期，从 20 世纪

---

① Paulina, A, Kyle, A, Gabriel, vB, et al. IPCC 2023（AR6 Synthesis Report：Climate Change 2023）［R］. IPCC.

80 年代开始，工业产值快速增长，城市人口急剧增加，这导致了大量能源的消耗和碳排放的增加。90 年代，我国的碳排放开始迅速上升，主要集中在工业生产、交通运输和建筑等领域。然而，20 世纪末至 21 世纪初，随着气候科学的进步，人类开始逐渐认识到碳排放对气候变化的影响，国际社会开始共同关注环境问题。

21 世纪初，国际社会达成《京都议定书》，承诺在未来限定时段内减少温室气体排放，这标志着全球范围内对碳排放问题的正式应对。随后，2009 年的哥本哈根气候大会和 2015 年的《巴黎协定》进一步明确了全球减排目标，引领了国际社会在碳排放问题上的共同行动。然而，尽管国际社会已经采取了一系列措施，全球碳排放量仍在不断增加。能源结构的调整、清洁能源的推广等措施虽然在一些地区取得了积极成果，但全球碳排放总量的下降仍然面临巨大挑战。各国在减排路径、目标设定和政策实施上存在差异，碳排放问题的复杂性在国际合作中显现。

进入 21 世纪初，我国经济高速增长，特别是在 2000 年以后，碳排放进一步加速增长。我国成为全球最大的温室气体排放国，工业、建筑、交通等领域的碳排放量快速增加。随着环境问题日益凸显，我国开始重视碳排放问题，积极探索低碳发展道路。2009 年，我国发布了《中国应对气候变化白皮书》，提出了碳强度下降的目标，将碳排放与经济增长进行脱钩。

党的二十大报告强调，推动绿色发展，促进人与自然和谐共生；积极稳妥推进碳达峰碳中和，立足我国能源资源禀赋，坚持先立后破，有计划分步骤实施碳达峰行动。近年来，全球气候变暖已经变成一场迫在眉睫的危机。极端异常天气的频繁出现导致粮食生产面临威胁，海平面的加速上升加剧了沿海地区的海岸侵蚀。国际能源署在发布的报告中指出 2018 年全球产生的二氧化碳总量创历史新高，达到了 331 亿吨[①]。《巴黎协定》由全球 194 个缔约方于 2015 年签署，共同履行将本世纪全球气温升幅限制在 2℃ 以内的承诺[②]。中国是《巴黎协定》的首批缔约国之一，作为快速发展的碳排放大国，责任重大，中国向全世界做出实现 2030 年"碳达峰"、2060 年"碳中和"的

---

①　IEA. Global Building and Construction Status Report Industry［M］. Paris：OECD，2019.

②　Cheng C，Ren X H，Dong K Y，et al. How does technological innovation mitigate CO_2 emissions in OECD countries? Heterogeneous analysis using panel quantile regression［J］. Journal of environmental management，2020，280：111818.

重要承诺。

中国作为全球最大的发展中国家，在经济迅速发展的过程中，长期以来采用了以"高碳排放"为主要特征的发展模式，这种模式不仅制约了经济的可持续性发展，还导致环境污染和气候变化的加剧。如何在保证减排义务的同时，追求经济发展的最大权益，是中国政府面临的一个重要课题。在党的十九大报告中，提出了"建立健全绿色低碳循环发展的经济体系"的重要目标，为解决这一矛盾指明了发展方向。早在 2010 年，《政府工作报告》就首次提出了"低碳经济"的理念，强调要建设以低碳排放为特征的产业体系和消费模式。2012 年党的十八大报告聚焦生态文明建设，提出了"着力推进绿色发展、循环发展、低碳发展"的要求，旨在形成节约资源和保护环境的空间格局、产业结构、生产方式和生活方式。2014 年发布的《中国低碳经济发展报告》则明确指出要积极推进低碳产业发展，促进产业集群绿色升级，以应对气候变化带来的挑战。

中国经济的发展已由高增长阶段转向高质量阶段，"十四五"时期经济社会发展的主要目标是在质量效益明显提升的基础上实现可持续健康发展。高质量发展将会是我国当前和未来经济社会发展的主题，改善生态环境，实现绿色发展是经济高质量发展的内涵之一。在 2015 年的巴黎会议与 2020 年的第七十五届联合国大会一般性辩论上，习近平总书记分别提出：在 2030 年中国二氧化碳排放量将达到峰值，努力争取 2060 年前实现碳中和。在碳达峰和碳中和的"双碳"目标下，广泛形成绿色生产生活方式，持续减少二氧化碳和"三废"污染物排放总量成为实现经济高质量可持续发展的必然要求。

在过去改革开放的四十年中，中国经济告别了短缺时代，取得了举世瞩目的成就，但同时也造成了严重的环境污染。根据《BP 世界环境统计年鉴》的统计数据，在 2006 年之后中国超越美国成为世界二氧化碳排放第一大国，中国的碳排放占比相比 1995 年提高了一倍。中国经济发展呈现高碳特征的原因与过去的生产方式有着密切联系，过去的发展伴随着能源的大量投入，同时，化石能源消费在我国能源消费中占主导地位，尤其是单位碳排放量最高的煤炭消费占比最高，这种能源消费结构的结果必然是高排放。综上来看，一方面，我国环境资源承受能力接近上限，依靠资源投入的发展模式难以维系；另一方面，西方国家对我国碳排放愈发关注，因此，低碳转型已成为经济高质量和可持续发展的必然选择。在国内外的双重压力下，我国政府对气候问题给予的高度重视，在 2008 年 6 月印发了《中国应对气候变化国家方案》，该方案明确了我国到 2010 年在面对气候变化问题上所设定的具体目标、遵守的基本原则和采取的政策措施等，为适应和减缓全球变暖作出贡献。

2. 建筑业发展与碳排放

随着世界人口的增加，人们对住宅的需求也在不断增加，这导致建筑业所消耗的能源量不断增加。建筑业带来的能源消耗包括建筑材料的生产、运输，以及建筑运行所需的能耗等方面。联合国环境规划署在第 27 届联合国气候变化大会上发布报告指出，尽管全球建筑行业大力增加对能效的投资，并降低其能源强度，但建筑物与施工建设造成的能源消耗和二氧化碳排放仍然超出新冠疫情暴发之前的水平，创下历史新高。该报告强调，在 2021 年，建筑物和建设行业占到全球能源需求的 34% 以上；在与能源消耗和工艺流程相关的二氧化碳排放当中，其占比则达到 37% 左右。报告显示，建筑行业与能源相关的运营排放去年达到 100 亿吨二氧化碳当量，比 2020 年的水平高出 5%，比 2019 年新冠疫情暴发之前的峰值还高出 2%。其中，建筑物的供暖、制冷、照明和设备对于能源的需求在 2021 年也分别比 2020 年和 2019 年上涨约 4% 与 3%。联合国环境规划署称，这说明建筑物和建设行业的气候表现距离到 2050 年实现脱碳的目标越来越远。因此，为了早日实现碳达峰目标，建筑业的节能降碳工作任务艰巨而且刻不容缓。

然而建筑业在节能减排方面拥有巨大的潜力，并且这个潜力相较于其他行业来说是最大的。根据 IPCC 的第四次研究报告的数据显示，无论是发展中国家、发达国家还是经济转型国家，在建筑业中减少温室气体排放的潜能是相同的。通过采用节能技术，新建建筑和已建建筑在整个生命周期中都能够削减 30%~80% 的能耗和碳排放量①。这意味着通过引入节能技术，建筑业可以在能源使用与碳排放方面实现显著的减少。在新建建筑方面，采取可持续建筑设计和建筑材料选择、改善隔热性能、利用自然采光和自然通风、安装高效的暖通设备等措施可以大幅度降低能耗和碳排放。同时，在已建建筑中进行能源效益的改进，如安装节能照明系统、改造建筑外墙和屋顶的隔热

① Sbci U. Buildings and climate change: Summary for decision-makers [J]. United Nations Environmental Programme, Sustainable Buildings and Climate Initiative, 2009: 1 – 62.

材料、更新旧的暖通系统等，也能够显著减少能源消耗和碳排放。

中国建筑业作为我国的支柱性产业，我国处于新中国成立初期时，建筑业规模相对较小，建筑材料和施工方式多采用传统工艺，碳排放相对较低。然而，随着工业化的推进，城市化进程加速，建筑业规模逐渐扩大，对能源和材料的需求迅速增加，从而导致碳排放的上升。自 1978 年改革开放以来，建筑业规模不断扩大，其产业增加值所占比重也逐年增加，城市化进程迅速推进，大量城市基础设施和住宅建设兴起，建筑业碳排放迅速增加。尤其是在城市扩张和工业化进程中，建筑业对能源的需求急剧增加，碳排放量显著上升。近十年来，中国建筑业发展迅猛，为社会创造了巨大的经济价值。

建筑业不仅对国民经济的发展有着重要的影响，同时也在各个行业中扮演着重要的推动作用。首先，中国建筑业的快速发展对于相关产业的繁荣起到了重要的推动作用。建筑业的不断扩大和发展给建材、钢铁、电器、家具等行业带来了巨大的需求，促进了这些行业的发展和创新。建筑项目的开展为众多上游产业提供了商机，并带动了相关产业链的发展，形成了一个庞大的产业生态系统。其次，建筑业的快速发展为其他行业提供了巨大的市场机会和合作空间。建筑项目需要各种各样的产品和服务，如机电设备、信息技术、环境工程、装饰材料等，这些都为其他行业提供了广阔的市场空间。建筑业的需求不仅拉动了相关产业的发展，还促进了跨行业的合作和创新。此外，中国建筑业的蓬勃发展也为国民经济的增长提供了重要的动力。建筑业的投资规模庞大，不仅带动了基础设施建设的加速，还推动了房地产市场的繁荣。这不仅刺激了消费需求的增长，还为就业市场提供了大量的机会，稳定了社会就业形势，促进了居民收入的增加。

然而，中国建筑业在发展过程中也面临了一些挑战，大量的商业建筑、住宅小区和基础设施建设导致能源消耗的增加，同时传统的建筑材料和施工方式在一定程度上仍然占主导地位，致使碳排放仍然偏高。据统计，中国建筑业消耗资源材料量约占社会总消耗量的 50%，生产垃圾废弃物约占城市垃圾废弃物总量的 40%，消耗能源在社会总能源消耗中所占比重达到了 30% 以上[1]。根据《中国统计年鉴》，1995～2016 年期间，建筑业的二氧化碳排放量

---

① 于博. 基于空间计量模型的中国省际建筑业碳排放强度研究［D］. 天津大学，2017.

约占二氧化碳总排放量的 27.9% ~ 34.3%[①]。建筑业在节能减排和可持续发展方面有着巨大的潜力和责任。通过采取综合性的措施，可以减少建筑业对能源和资源的消耗，降低碳排放，促进建筑行业的可持续发展，为实现低碳经济和可持续发展目标做出积极贡献，实现建筑业的节能减排对我国"双碳"目标的完成有着重大意义。

3. 建筑业的节能减排政策

建筑产业是我国国民经济的重要支柱，也是公认的高耗能产业之一。2012 年 4 月，财政部、住房和城乡建设部印发《关于加快推动我国绿色建筑发展的实施意见》，已充分认识到绿色建筑发展的重要意义。而后，国家多部委相继出台了建筑产业绿色发展的政策文件，自上而下推动绿色建筑的发展。但在双碳目标下，建筑产业的节能降碳仍面临着巨大挑战。2021 年，国务院印发《关于完整准确全面贯彻新发展理念做好碳达峰碳中和工作的意见》，强调要大力发展节能低碳建筑，持续提高新建建筑节能标准，加快推进超低能耗建筑等规模化发展。同年，住房和城乡建设部发布国家标准《建筑节能与可再生能源利用通用规范》公告，当中指出：自 2022 年 4 月 1 日起，建筑碳排放计算作为强制要求，并明确要求"建设项目可行性研究报告、建设方案和初步设计文件应包含建筑能耗、可再生能源利用及建筑碳排放分析报告"，向行业释放出明确信号，节能低碳已经成为双碳目标下建筑产业发展的必要前提。

2022 年我国各部门又陆续出台了针对建筑业的节能减排政策，主要包含以下几个方面：

（1）大力推广低能耗建筑、低碳建筑，从建筑本身的建设和运行角度降低能耗和碳排放，具体表现在住建领域的规划以及教育部门在学校建设方面提的要求。

2022 年 1 月 19 日，住房和城乡建设部印发《"十四五"建筑业发展规划》，提出发展目标："十四五"时期建筑业增加值占国内生产总值的比重保持在 6% 左右；智能建造与新型建筑工业化协同发展的政策体系和产业体系

---

① Wang J M, Song X J, ChenK. Which influencing factors cause CO$_2$ emissions differences in China's provincial construction industry: empirical analysis from a quantile regression model [J]. Polish Journal of Environmental Studies. 2019, 29: 331 – 347.

基本建立，装配式建筑占新建建筑的比例达到30%以上；绿色建造方式加快推行。

2022年3月1日，住房和城乡建设部印发《"十四五"建筑节能与绿色建筑发展规划》，要求：提高新建建筑节能水平。引导京津冀、长三角等重点区域制定更高水平节能标准，开展超低能耗建筑规模化建设，推动零碳建筑、零碳社区建设试点。在其他地区开展超低能耗建筑、近零能耗建筑、零碳建筑建设示范。推动农房和农村公共建筑执行有关标准，推广适宜节能技术，建成一批超低能耗农房试点示范项目，提升农村建筑能源利用效率，改善室内热舒适环境。

2022年3月11日，住建部发布《"十四五"住房和城乡建设科技发展规划》，提出：研究零碳建筑、零碳社区技术体系及关键技术，开展高效自然通风、混合通风、自然采光、智能可调节围护结构关键技术与控制方法研究，研究零碳建筑环境与能耗后评估技术，开发零碳社区及城市能源系统优化分析工具。

2022年10月26日，教育部印发《绿色低碳发展国民教育体系建设实施方案》，将采取有针对性的举措，构建特色鲜明、上下衔接、内容丰富的绿色低碳发展国民教育体系，引导青少年牢固树立绿色低碳发展理念，为实现碳达峰碳中和目标，奠定坚实的思想和行动基础。在新校区建设和既有校区改造中优先采用节能减排新技术产品和服务。在校园建设与管理领域广泛运用先进的节能新能源技术产品和服务。有序逐步降低传统化石能源应用比例，提高绿色清洁能源的应用比例，从源头上减少碳排放。加快推进超低能耗、近零能耗、低碳建筑规模化发展，提升学校新建建筑节能水平。大力推进学校既有建筑、老旧供热管网等节能改造，全面推广节能门窗、绿色建材等节能产品，降低建筑本体用能需求。

（2）开展建筑的碳排放计算，从设计阶段开始摸清楚建筑物的碳排放水平，包括建筑的隐含碳排放和运行碳排放。

2021年住房和城乡建设部发布的国家标准《建筑节能与可再生能源利用通用规范》（GB 55015—2021）自2022年4月1日起实施。该标准要求新建居住建筑和公共建筑平均设计能耗水平进一步降低，在2016年执行的节能设计标准基础上降低30%和20%。其中严寒和寒冷地区居住建筑平均节能率应为75%，其他气候区平均节能率应为65%；公共建筑平均节能率为72%。同时该标准要求建筑碳排放计算作为强制要求，也就是说设计院在开展新建项目设计时即要提供建筑的碳排放计算报告书，这对人们尽快了解建筑碳排放水平建立了基础。

2022 年 11 月 2 日，工业和信息化部、国家发展和改革委员会、生态环境部、住房和城乡建设部等四部门联合发布《建材行业碳达峰实施方案》，给出的目标是：2030 年前建材行业实现碳达峰，鼓励有条件的行业率先达峰。同时，提出了"十四五""十五五"两个阶段的主要目标。"十四五"期间，水泥、玻璃、陶瓷等重点产品单位能耗、碳排放强度不断下降，水泥熟料单位产品综合能耗降低 3% 以上。"十五五"期间，建材行业绿色低碳关键技术产业化实现重大突破，原燃料替代水平大幅提高，基本建立绿色低碳循环发展的产业体系。

（3）开展碳计量标准体系建设工作，鼓励企业开展产品碳足迹测算，引导建材企业通过节能降碳手段降低生产端的碳排放水平，如期实现碳达峰目标。

2022 年 10 月 18 日，市场监管总局、国家发展改革委、工业和信息化部、自然资源部、生态环境部、住房城乡建设部、交通运输部、中国气象局、国家林草局等九部门联合发布《建立健全碳达峰碳中和标准计量体系实施方案》，作为国家碳达峰碳中和"1 + N"政策体系的保障方案之一，明确我国碳达峰碳中和标准计量体系工作总体部署，为相关行业、领域、地方和企业开展碳达峰碳中和标准计量体系建设工作起到指导作用。

（4）鼓励企业开展绿色采购，扩大政府采购支持绿色建材促进建筑品质提升政策实施范围，促进绿色低碳建材的应用发展。

2022 年 10 月 24 日，财政部、住房城乡建设部、工业和信息化部发布《关于扩大政府采购支持绿色建材促进建筑品质提升政策实施范围的通知》，为落实《中共中央　国务院关于完整准确全面贯彻新发展理念做好碳达峰碳中和工作的意见》，要求加大绿色低碳产品采购力度，全面推广绿色建筑和绿色建材，在南京、杭州、绍兴、湖州、青岛、佛山 6 个城市试点的基础上，决定进一步扩大政府采购支持绿色建材促进建筑品质提升政策实施范围。

（5）鼓励银行保险机构加大对绿色低碳建筑领域的金融支持，推动城市绿色低碳循环发展。

2022 年 5 月 13 日，中国银行保险监督管理委员会印发《关于银行业保险业支持城市建设和治理的指导意见》，要求有序推进碳达峰、碳中和工作，推动城市绿色低碳循环发展。鼓励银行保险机构加大支持城市发展的节能、清洁能源、绿色交通、绿色商场、绿色建筑、超低能耗建筑、近零能耗建筑、零碳建筑、装配式建筑以及既有建筑绿色化改造、绿色建造示范工程、废旧物资循环利用体系建设等领域，大力支持气候韧性城市建设和气候投融资试点。

4. 建筑业全生命周期碳排放及其影响因素分析的重要性

传统建筑行业因横跨多个高碳产业，其所造成的碳排放不仅仅包括建造施工环节所产生的碳排放，更是涵盖了从建筑材料生产运输、房屋施工、维修运营、拆毁和垃圾处理等阶段，各阶段均蕴含着巨大的节能减排潜力[①]，从全生命周期视角了解中国各省市建筑业的碳足迹变化趋势，有助于从建筑的设计、建造、使用等各个阶段实现建筑业全生命周期的碳中和。

在建筑业发展过程中，究竟哪些因素会对建筑业全生命周期碳排放产生影响，大部分现有研究指出，技术进步对建筑业碳排放的增长呈现出抑制作用，然而，技术进步是一个广泛的概念，考虑多种非期望产出的全要素能源效率可以全面地反映建筑业的能源消耗情况，弥补单一要素的能源效率的不足，从而实现对技术变化、技术效率和技术效率的规模效率的分析。深入研究我国建筑业全生命周期碳排放的影响因素，对实现我国"双碳"目标具有重要意义。

虽然有关中国建筑业碳排放驱动因素的研究较多，但大部分研究未考虑不同影响因素对建筑业碳排放的空间相关性与异质性。然而，随着区域经济的不断深化，相邻地区之间的经济社会活动交流也越来越紧密，我国各省份并不是相互独立的个体，相邻区域间的减排政策和产业布局可能存在相关性，若仍采用传统计量经济模型，将会导致回归系数的估计有偏，忽视了我国建筑业全生命周期碳排放及其影响因素的空间效应，无法真正揭示影响因素对碳排放分布变化的影响。

同时，我国各省份建筑业发展的不均衡，在经济水平、城镇化进程和能源结构等方面均存在差异，导致不同区域建筑业碳排放的时空演化特征和影

---

① 祁神军，佘洁卿，张云波. 基于SD的公共建筑全生命周期碳排放特性及敏感性仿真——以夏热冬暖地区为实证［J］. 西安建筑科技大学学报（自然科学版），2016，48（1）：101–108.

响因素势必不同。因此，在制定各地区建筑业碳达峰行动方案时，不能简单地采用单一模式，盲目地复制政策。相反，应该在区域间的活动存在密切联系的客观前提下，充分关注邻近区域之间的传导机制。这意味着需要系统考察各地建筑业实际的碳排放水平，并深入探究其在空间分布上的差异特征以及可能存在的空间效应。只有在充分了解不同区域的碳排放情况和影响因素的基础上，才能因地制宜地制定个性化的建筑业碳减排政策和措施。这些政策和措施应当考虑不同地区的经济发展水平、能源结构、资源禀赋等因素，以确保其在实施过程中的可行性和有效性。

另外，大多数实证使用均值面板回归模型来研究碳排放驱动因素的影响效应，无法全面地反映各驱动变量之间的非线性关系，缺乏关于影响因素对不同条件分布二氧化碳排放影响的刻画。为此，需要进一步动态地分析各影响因素随分位点变化对二氧化碳排放产生的异质性效应。

在此背景下，本书基于全生命周期视角，系统测算我国建筑业全生命周期碳排放，并对建筑业全生命周期能源效率进行静态及动态分析。在此基础上，从时间、空间和收敛性三个方面研究了我国省域和三大地区建筑业全生命周期碳排放的时空演化特征，继而从空间计量和分位数两个不同的视角对建筑业碳排放时空演变的影响因素进行了多方位的剖析。最后，基于以上对我国建筑业全生命周期碳排放时空演变的系统研究，探究建筑业全生命周期代表性阶段具体的碳减排路径，为制定建筑业低碳发展政策提供参考和支持。

1.2　研 究 意 义

中国目前正处于实现低碳转型的重要时期，建筑业作为国民社会经济发展的支柱产业，其在蓬勃发展的同时伴随着能耗较大但能源利用效率较低的问题。由于传统建筑行业因横跨多个高碳产业，其所造成的碳排放不仅包括建造施工环节所产生的碳排放，更是涵盖了从建筑材料生产运输、房屋施工、维修运营、拆毁和垃圾处理等阶段，要实现建筑业的低碳发展就要从全生命周期角度对建筑业各阶段的碳排放进行测算分析。与此同时，区域差异性和空间分布的不均衡问题对全面推动建筑业低碳化发展带来了一定阻碍，因此有必要从区域异质性角度出发，考虑溢出效应，厘清建筑业碳排放的时空间分布特征与关键影响因素的作用机制，更好发挥区域合作以促进整体实现碳减排目标。本书的研究意义如下。

1.2.1　理论意义

首先本书以建筑业全生命周期碳排放为研究对象，探究其时间演化特征以及整体和内部的空间特征，为分析建筑业碳排放提供了一个新的视角，拓展了能建筑业碳排放的研究对象和内容，是对现有建筑业碳排放分析的补充和完善。其次，提出了一个扩展的随机回归人口、富裕和技术（STIRPAT）模型，并对代表技术进步的指标进行了优化，将全生命周期能源效率Malmquist 指数作为技术进步的指标，更全面系统地衡量了建筑业的技术进步；最后，构建空间计量模型和面板分位数模型，从多种角度探究我国建筑业全生命周期碳排放影响因素的作用机理和影响效应，研究结论可为建筑业可持续发展提供一定的理论支撑。

1.2.2　实践意义

由于我国各省份建筑业发展不均衡，区域间减排措施存在巨大的差异，本书通过空间计量模型分析各因素对我国省域和三大地区建筑业全生命周期碳排放的影响差异。构建面板分位数模型，探究各因素在不同分位数点对建筑业全生命周期及其三个代表性阶段碳排放的影响系数值。本书的计算分析结果明晰了不同关键影响因素对各地区建筑业全生命周期碳排放的作用及其差异性，能够帮助行业主管部门和各地政府对我国建筑业全生命周期碳排放现状有更清楚的认识，了解东部、中部和西部地区以及各个省市间建筑业全生命周期碳排放的差异。本书对建筑业全生命周期碳排放影响因素的深入剖析为优化建筑业资源配置、制定科学的投入政策以及建筑业管理水平的提高提供理论参考。同时也为相关部门设置差异化的建筑业节能目标提供决策依据，促进不同地区进行协同减排及制定差异化的减排政策，有助于实现我国建筑业的持续健康发展。

1.3　主要研究内容

本书通过查阅相关的文献，在统计学、空间计量经济学和全生命周期理论的基础上，参照国内外建筑业碳排放相关研究，基于全生命周期视角，系统测算我国建筑业全生命周期碳排放，并对建筑业全生命周期能源效率进行静态及动态分析，深入研究我国省域和三大地区建筑业全生命周期碳排放的时空演化特征，梳理影响我国建筑业全生命周期碳排放的相关因素，考虑全生命周期能源效率 Malmquist 指数，建立空间计量模型和面板分位数回归模型，一方面分析我国省域和三大地区建筑业全生命周期碳排放的关键影响因素及因素的区域异质性，另一方面分析各影响因素随分位点变化对建筑业全生命周期及三个代表性阶段碳排放产生的异质性效应。结合分析的结果，明确我国省域和三大地区建筑业全生命周期碳排放时空特征和集聚特征，总结各影响因素的作用机理和影响效应，提出关于建筑业低碳发展的针对性建议。本书的研究内容主要有以下几个方面。

（1）绪论。第 1 章首先介绍了建筑业全生命周期碳排放时空特征及影响因素的研究背景和意义；随后，从整体上阐明了本书的研究内容、研究方法和研究思路。

（2）相关研究基础。第 2 章首先介绍了全生命周期评价理论的定义、框架、内容以及在建筑业的应用；然后分析了国内外有关于建筑业碳排放的相关研究，为本书探究建筑业全生命周期碳排放时空演化提供了理论基础。

（3）建筑业全生命周期碳排放测算分析。第 3 章构建了建筑业全生命周期碳排放的测算模型，测算了我国建筑业全生命周期 6 个阶段的碳排放，包括建材生产阶段、建材运输阶段、建造阶段、运营阶段、拆除阶段和垃圾处理阶段。第 3 章测算得到的建筑业全生命周期碳排放作为计算建筑业全生命周期能源效率的非期望产出指标，为第 4 章计算我国建筑业全生命周期能源效率奠定了基础。

（4）建筑业全生命周期能源效率分析。第 4 章首先介绍了数据包络分析理论，运用包含非期望产出的 SBM 模型对我国建筑业全生命周期能源效率及碳排放最大的建材生产阶段和运营阶段的能源效率进行静态评价，继而运用 Malmquist 指数法对以上能源效率进行动态评价，计算我国建筑业全生命周期能源效率 Malmquist 指数、建材生产阶段能源效率 Malmquist 指数及运营阶段能源效率 Malmquist 指数。

（5）建筑业全生命周期碳排放时空演变特征分析。第 5 章首先时间层面对 2004～2018 年我国建筑业全生命周期碳排放进行了时间特征分析，继而从省域和三大地区两个研究层面分析了我国建筑业全生命周期碳排放空间分布特征，并通过计算全局和局部空间自相关指数进一步探究了研究区域的空间集聚情况，最后对我国建筑业全生命周期碳排放进行了收敛性分析。

（6）建筑业全生命周期碳排放时空演变的影响因素空间计量分析。第 6 章基于空间权重矩阵和 STIRPAT 模型，将全生命周期能源效率 Malmquist 指数看作技术方面的影响要素，构建空间计量模型研究总人口、城镇化率、人均 GDP 和全生命周期能源效率 Malmquist 指数等因素对我国省域及三大地区建筑业全生命周期碳排放的作用效果，并根据研究结果分析各因素的区域异质性，为各省份制定差异化的减排措施提供科学依据。

（7）建筑业全生命周期碳排放时空演变的影响因素分位数回归分析。第 7 章采用面板分位数回归来探究每个影响因素与建筑业全生命周期及三个代表性阶段碳排放的函数关系，更加详细地表述各因素在不同分位数水平下对碳排放量影响效应的统计分布，探究建筑业全生命周期代表性阶段具体的碳减排路径。

（8）总结与研究展望。第 8 章对本书的内容做出全面的概括和总结，并根据研究结论给出相应的政策和建议。同时，对本研究的局限性进行了客观的说明并对未来建筑业碳排放的研究内容进行了展望。

1.4 研 究 方 法

（1）文献分析法：本书通过查阅国内外相关文献研究，梳理影响我国建筑业全生命周期碳排放的相关因素，总结前人的研究中尚需解决的问题，为后面模型建立奠定理论基础。

（2）全生命周期分析法（LCA）：本书采用基于过程的全生命周期分析法构建了我国建筑业包括建材生产阶段、建材运输阶段、建造阶段、运营阶段、拆除阶段和垃圾处理阶段的全生命周期二氧化碳排放量测算模型，并将此模型计算得到的全生命周期二氧化碳排放量作为计算建筑业全生命周期能源效率的非期望产出指标的数据来源。

（3）数据包络分析法（DEA）：本书运用数据包络分析法（DEA）中的Super Efficiency－SBM（Undesirable output）模型构建我国建筑业全生命周期能源效率测算模型，对我国建筑业全生命周期能源效率及碳排放最大的建材生产阶段和运营阶段的能源效率进行静态评价。

（4）Malmquist指数法：本书运用面板数据模型Malmquist指数法构建了我国建筑业全生命周期能源效率的动态评价模型，实现对建筑业全生命周期能源效率的变化情况、技术效率和技术进步的变化情况的分析。

（5）空间计量模型：与传统计量经济学将解释变量设定为相互独立的假设不同，空间计量模型将横截面之间的空间效应纳入了考虑范围内，主要针对的是包含信息更为丰富的空间面板。因此本书选取空间计量模型来体现空间单元之间的相互联系和制约关系。

（6）面板分位数回归模型：面板分位数回归模型可以体现出因变量各部分与自变量的函数关系，能够较为准确描述解释变量的多个分位数对于被解释变量条件分布的相应分位数方程。因此本书选取面板分位数回归模型来分析处于特定分位数的自变量对因变量条件分布的影响。

1.5 研 究 思 路

本书的研究思路见图1－1。

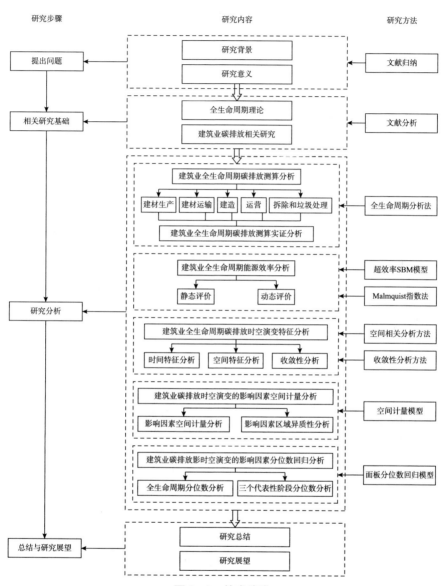

研究步骤　　　　　　　　　　　　研究内容　　　　　　　　　　　　研究方法

提出问题 ← 研究背景／研究意义 ← 文献归纳

相关研究基础 ← 全生命周期理论／建筑业碳排放相关研究 ← 文献分析

研究分析 ← 建筑业全生命周期碳排放测算分析（建材生产 建材运输 建造 运营 拆除和垃圾处理）／建筑业全生命周期碳排放测算实证分析 ← 全生命周期分析法

建筑业全生命周期能源效率分析（静态评价／动态评价）← 超效率SBM模型／Malmquist指数法

建筑业全生命周期碳排放时空演变特征分析（时间特征分析／空间特征分析／收敛性分析）← 空间相关分析方法／收敛性分析方法

建筑业碳排放时空演变的影响因素空间计量分析（影响因素空间计量分析／影响因素区域异质性分析）← 空间计量模型

建筑业碳排放影时空演变的影响因素分位数回归分析（全生命周期分位数分析／三个代表性阶段分位数分析）← 面板分位数回归模型

总结与研究展望 ← 研究总结／研究展望

图 1-1　技术路线

第2章

相关研究基础

2.1 全生命周期评价理论

2.1.1 全生命周期评价定义

全生命周期评价（Life cycle assessment，LCA）是通过识别和评估一个产品或者生产过程及活动在其生命周期内对环境所造成的影响的一种方法。LCA 能够对材料、能源的使用以及对环境的污染排放进行从"摇篮到坟墓"全过程的评估，包括了原材料的开采、生产、运输、使用和处置①。

2.1.2 全生命周期的框架及内容

1997 年国际标准化组织（International Organization for Standardization，ISO）发布了第一版全生命周期评价标准 ISO 14040《Environmental Management – Life Cycle Assessment – Principles and Framework》，包含了全生命周期评价的原则和框架。在 1998～2000 年期间 ISO 又发布了 ISO 14041、ISO 14042 和 ISO 14043，增加了目的和范围的确定、清单分析、全生命周期影响评价和结

---

① International Organization for Standardization. ISO 14040. Environmental management-life cycle assessment-principles and framework，International Organization for Standardization，1997.

果解释等概念。最后于 2006 年发布了 ISO 14040 （2006） 和 ISO 14044 （2006），这两个标准包含了前面的其他标准，而且提高了标准的可读性和可操作性，使标准在更大的范围内得到应用。ISO 14040 （2006） 定义了全生命周期评价的四个步骤：目的和范围的确定、清单分析、影响评价和结果解释。全生命周期评价的第一步是要定义研究的目的和边界。下一个步骤是收集和计算研究系统内材料和能源的投入产出。然后，根据清单对可能产生的环境影响进行评估。最后，对分析结果进行总结和解释，并给出建议和决策判断。

ISO 规范中的 LCA 是一种系统性的方法论，用于评估与特定产品、过程或活动相关的全生命周期内的环境影响。它基于科学性原则，从原材料获取、生产制造、使用阶段，一直延伸至废弃处理和循环利用，综合考虑了资源消耗、能源利用、废弃物生成以及污染排放等多个环境因素。LCA 的目标是为决策者、研究人员和利益相关者提供一个客观、全面的环境性能评估工具，以促进可持续发展和环境保护。ISO 规范对 LCA 的方法、数据收集、分析以及结果呈现等方面进行了规范，确保了评估过程的科学性、一致性和可比性，从而支持基于证据的环境决策制定。

在环境研究领域，全生命周期评价被认为是选择材料、零部件和设备的唯一合理标准，是进行环境影响评价的主要方法[1]。生命周期评估目前广泛应用于环境政策的制定和建筑碳排放的计算。杰汗·西姆（Jaehun Sim） 等利用生命周期评价方法分析了韩国某公寓楼的 7 种空气污染物，结果表明，主要的建筑材料是混凝土和钢[2]。列夫·卡斯托弗森（Leif Gustavsson） 等通过排放因子方法[3]从全生命周期的角度计算了建筑的 CO_2 排放量。中国对建筑全生命周期碳排放量的计算起步较晚，一些学者 （Zhang W et al.，2004） 对北京不同住区的环境影响数据进行了深入研究并量化分析，结果表明，高层建筑单位建筑面积的环境影响要大得多[4]。还有一些学者 （Liu N，Wang J，

① Cole R J. Building environmental assessment methods：clarifying intentions ［J］. Building Research & Information. 1999，27 （4）：230 – 246.

② Jaehun S，Jehean S，Changbae P. The air emission assessment of a South Korean apartment building's life cycle，along with environmental impact ［J］. Building and Environment，2016 （95）：104 – 115.

③ Gustavsson L，Joelsson A，Sathre R. Life cycle primary energy use and carbon emission of an eight-storey wood-framed apartment building ［J］. Energy and buildings，2010，42 （2）：230 – 242.

④ Zhang W，Wu X，Xiao Houzhong. An empirical study on the environmental impact of residential buildings in Beijing ［J］. Environmental Protection，2004 （9）：40 – 43.

Li R，2009）对建筑全生命周期碳排放量进行了四个阶段的计算，结果表明建筑在使用和维护阶段的碳排放量最高①。

　　相对于传统的专家评分方式，以 LCA 理论为基础的系统定量评价方法具有更大的客观性，可通过定量分析不断改进建筑全生命周期评估②。森纳沃尔德（Sonneveld）对 LCA 应用进行了综合概述，包括但不限于：改善项目环境负荷，计算通过提高资源利用率所带来的环境和成本效益；与新型国际化规范和市场需求的衔接；推动环境友好型生产和消费方式；支持环境友好型项目并为产品销售提供数据；以及进行绿色生产项目的设计③。在产品生产系统中，涉及多个阶段的组合，每个阶段均涵盖大量投入和产出。因此，需要明确确定要研究的阶段、投入和产出。LCA 评价基于选定的功能单位，因此能够透过参数变化来对比不同技术、地理或材料参数引发的环境影响变化。LCA 的环境分析框架如图 2 - 1 所示。

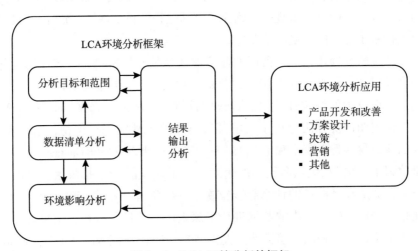

图 2 - 1　LCA 环境分析的框架

　　① 　Liu N，Wang J，Li R. Calculation of CO_2 emissions from urban settlements in China ［J］. Journal of Tsinghua University（Natural Science Edition），2009，49（9）：1433 - 1436.

　　② 　Treloar G J，P. E. D，Faniran O O，et al. A hybrid life cycle assessment method for construction ［J］. Construction Management & Economics，2000，18（1）：5 - 9.

　　③ 　Sonneveld K. Drivers and Barriers for LCA Penetration in Australia ［C］. 2nd National Conference on LCA，Melbourne，2000.

2.1.3　全生命周期评价在建筑业的应用

全生命周期评价（LCA）在很早以前就已经被广泛应用于许多行业的环境评估和产品改进方面，在建筑业的应用始于 1990 年。近年来，随着可持续发展理念在建筑业的不断推广和深化，越来越多学者关注对建筑的环境评价。LCA 作为一种环境评价的客观方法，在建筑业得到越来越多的应用和发展。

其中一些学者对建筑领域应用的 LCA 方法进行了研究与改进布威比恩（Bribián）等详细分析了 LCA 在建筑领域的应用优势与阻碍，并对多种 LCA 应用软件进行了比较，同时提出了一种简化的 LCA 方法论[1]。科纳克里（Guinée）等基于 ISO 规范，构建了 LCA 分析框架的方法[2]。凯伦伯格（Kellenberger）等对复杂 LCA 分析方法（包括全部相关材料、构件和流程）与简化 LCA 分析方法（仅涵盖主要构件和建设流程）进行了对比研究，评价了简化方法是否能产生相近准确的分析结果[3]。奇斯阙尔（Hischier）等介绍了将 LCA 方法与 Ecoinvent 数据库相结合的实践，并探讨了不同方法论和数据库结合对分析结果的影响[4]。

一部分学者运用 LCA 对建筑材料进行环境影响评价，通过对环境影响因素的识别来选择对环境影响较小的建筑材料。荣松（Jönsson）等[5]利用 LCA 对瑞典的三种地板建材的环境影响进行了评估。阿西夫（Asif）等[6]采用基于过程的 LCA 对苏格兰的五种主要建材（木材、铝材、玻璃、混凝土和瓷砖）

① Bribián I Z，Usón A A，Scarpellini S. Life cycle assessment in buildings：State-of-the-art and simplified LCA methodology as a complement for building certification ［J］. Building and Environment，2009，44（12）：2510－2520.

② Guinée J B. Handbook on life cycle assessment operational guide to the ISO standards ［J］. The International Journal of Life Cycle Assessment，2002，7（5）：311－313.

③ Kellenberger D，Althaus H J. Relevance of simplifications in LCA of building components ［J］. Building and Environment，2009，44（4）：818－825.

④ Hischier R，Weidema B，Althaus H J，et al. Implementation of Life Cycle Impact Assessment Methods ［M］. 2010.

⑤ Tillman AM，Jönsson A，Svensson T. Life cycle assessment of flooring materials：case study ［J］. Building and Environment 1997，（3）：245－255.

⑥ M. Asif，T. Muneer，R. Kelley. Life cycle assessment：A case study of a dwelling home in Scotland ［J］. Building and Environment，2007，42（3）：1391－1394.

在生产阶段的能源消耗和废气排放进行了评估，结果显示混凝土的能耗占全部隐性能耗的60%。类似地，西米尼斯（Ximenes）和格兰特（Grant）[1]对澳大利亚建筑木材和其他建筑材料的温室气体排放进行了量化评估和对比。科罗诺斯（Koroneos）和多普若斯（Dompros）[2]研究了希腊砖的生产过程，从环境角度识别了其可进行改进的部分。吴星（Xing Wu）等[3]采用"基于绿色税收权重"的方法探讨了中国多种水泥和钢材的全生命周期环境影响。埃辛（Esin）[4]采用基于点的权重方法评估了土耳其的多种建材的环境影响。

还有一些学者对建筑子系统进行了研究。里斯（Ries）和奥斯曼（Osman）[5]利用基于过程的LCA框架对一个商业建筑的热电联设施的施工和运营阶段进行了评估。慕吉克（Mukherjee）等[6]采用经济投入产出LCA方法对绿色屋顶的经济环境影响进行了评估。沙普尔斯（Sharple）和拉迪（Radhi）[7]对不同面层和材料的外墙进行了LCA环境影响评估，发现减少外墙的混凝土砖的使用比例是最有效的降低二氧化碳排放的方法。

建筑的环境影响评价不仅仅只包括对单个产品和材料的评价，一些学者对单体建筑物进行了环境影响评价。希瑟莱（Citherlet）和德福克斯（Defaux）[8]采用基于过程的LCA方法对瑞士的三所房屋的设计进行了评价。他们将全生命周期环境影响分为直接影响和间接影响。直接影响包括所有和能

---

[1] Ximenes, F. A., Grant, T. Quantifying the greenhouse benefits of the use of wood products in two popular house designs in Sydney, Australia [J]. International Journal of Life Cycle Assessment 2013 (18): 891 - 908.

[2] Dompros A Koroneos C. Environmental assessment of brick production in Greece [J]. Building and Environment, 2007 (5): 2114 - 2123.

[3] Xing Wu, Zhihui Zhang, Yongmei Chen. Study of the environmental impacts based on the green tax-applied to several types of building materials [J]. Building and Environment 2005 (2): 227 - 237.

[4] Esin T. A study regarding the environmental impact analysis of the building materials production process (in Turkey) [J]. Building and Environment, 2007 (11): 3860 - 3871.

[5] Ries R, Osman A. Life-cycle impact analysis of energy systems for buildings [J]. Journal of Infrastructure Systems, 2004 (3): 87 - 97.

[6] Mukherjee A, Muga H, Mihelcic J. An integrated assessment of the sustainability of green and built-up roofs [J]. Journal of Green Building, 2008 (2): 106 - 127.

[7] Sharples S, Radhi H. Global warming implications of facade parameters: a life cycle assessment of residential buildings in Bahrain [J]. Environmental Impact Assessment, 2013 (38): 99 - 108.

[8] Defaux T, Citherlet S. Energy and environmental comparison of three variants of a family house during its whole life span [J]. Building and Environment, 2007 (2): 591 - 598.

源使用有关的影响，间接影响包括材料开采、生产、施工、拆除等其他上下游的影响。他们的研究结果表明，可以通过更好的保温隔热和使用可再生能源大大降低直接的环境影响。Fay 等①采用全生命周期评价和全生命周期成本评价对一个单户住宅进行了分析。阿达尔伯特（Adalberth）等②对建于 1996 年瑞典的四个多户型建筑进行全生命周期评估。诺曼（Norman）等③运用 LCA 方法对高密度和低密度的建筑的能源消耗和温室气体排放进行了比较。古格莫斯（Guggemos）和霍瓦特（Horvath）④采用 LCA 方法对比了钢结构和混凝土结构的建筑的环境影响。尤尼拉（Junnila）和霍瓦特（Horvath）⑤研究了一个 50 年使用年限的高层建筑的全生命周期环境影响，包括建材生产阶段、施工阶段、使用阶段、维护阶段和拆除阶段。科福沃洛拉（Kofoworola）和吉瓦拉（Gheewala）⑥对泰国的一栋办公建筑进行了 LCA 分析，发现钢材和混凝土是环境影响最大的两种材料，而在全生命周期中环境影响最大的阶段是运营阶段。

碳排放的定义为在产品系统自原物料采集至终端处置的全生命周期中所产生的二氧化碳核算，此中产品系统不仅仅涵盖有实体产品，也应包括服务系统。以生命周期评价原理为基础，对建筑的全生命周期碳排放进行计算是有效评估温室气体排放的重要手段之一。全生命周期碳排放评估可将个人、企业或生产活动所产生的温室气体排放量纳入考虑，从而实现更真实的碳排放评估和节能减排建议，避免仅仅将污染源进行转移而非真正减量。对于建筑行业，LCA 理论对建筑全生命周期的环境影响从原材料采集、工厂生产、

① Treloar G, Fay R, Iyer–Raniga U. Life-cycle energy analysis of buildings: a case study [J]. Building Research & Information, 2000 (1): 31–41.

② Almgren A, Adalberth K, Petersen E H. Life cycle assessment of four multi-family buildings [J]. International Journal of Low Energy and Sustainable Buildings, 2001 (2): 1–21.

③ Mac Lean H L, Norman J, Kennedy C A. Comparing high and low residential density: life-cycle analysis of energy use and greenhouse gas emissions [J]. Journal of Urban Planning and Development, 2006 (1): 10–21.

④ Horvath A, Guggemos A A. Comparison of environmental effects of steel and concrete-framed buildings [J]. Journal of Infrastructure Systems, 2005 (2): 93–101.

⑤ Horvath A, Junnila S. Life-cycle environmental effects of an office building [J]. Journal of Infrastructure Systems, 2003 (4): 157–166.

⑥ Gheewala S H, Kofoworola O F. Environmental life cycle assessment of a commercial office building in Thailand [J]. International Journal of Life Cycle Assessment, 2008 (6): 498–511.

运输施工，一直到使用维护和拆除回收进行了综合评估①，同时划分出了建筑生命周期（碳排放核算）评估范围的物化、使用和拆除处置三个主要阶段（见图2－2）。这种全面性的碳排放计算，提升了计算可信度和便捷性，为制订科学合理的节能减排计划提供了源头支持②。

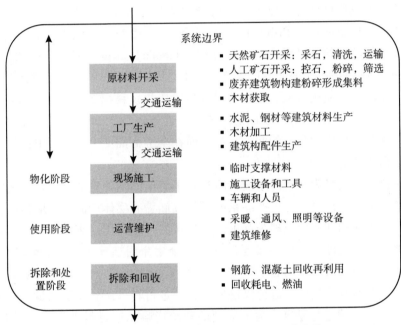

图 2－2　建筑全生命周期碳排放评价系统边界

2.2　建筑业碳排放相关研究

2.2.1　建筑业碳排放测算

关于建筑碳排放的研究，可以分为微观层面和宏观层面。在现有的文献

①　Https：//en. wikipedia. org/wiki/Life－cycle_assessment.
②　宫婷. 建筑全生命周期下的碳排放研究［D］. 上海交通大学，2017.

中，以微观研究居多，其中一部分是以单体建筑物为研究对象。不同地区的学者都通过各种方法对一些单体建筑物的碳排放进行了研究。古斯塔夫松（Gustavsson）[1] 等研究了一栋八层木框架结构建筑的全生命周期主要能源使用和二氧化碳排放。中国的一些学者结合过程分析和投入产出方法建立了一个系统算法来计算北京六个单体建筑的二氧化碳排放[2]，有的通过一个香港的案例计算了建造阶段的温室气体排放[3]，还有的通过计算全生命周期每个阶段的碳排放和全生命周期价值，在设计阶段对南京的一栋五层楼的砖混结构的全生命周期碳效率进行了估算[4]。澳大利亚的一些学者对澳大利亚西部 Curtin 大学的 Engineering Pavilion 建筑进行了全生命周期温室气体排放和能源使用的估算，结果显示材料生产阶段和运营阶段是温室气体排放的主要来源[5]。

还有一部分的微观研究是对不同的建筑物的二氧化碳排放进行对比分析。游芳（Fang You）[6]等对砖混结构和钢筋混凝土结构建筑的二氧化碳排放进行了对比。于东伟（Dongwei Yu）[7]等对比了竹结构和砖混结构建筑全生命周期的碳排放，发现在满足相同功能要求的情况下，竹结构需要的能源和排放的二氧化碳更少。格里拉（Gerilla）[8]等采用混合投入产出模型研究了日本的木结构和钢筋混凝土结构的房屋的能源使用和包括碳，SO_x，NO_x 和 SPM 的

[1] Leif Gustavsson, Anna Joelsson. Life cycle primary energy analysis of residential buildings [J]. Energy and Buildings, 2010, 42 (2): 210 – 220.

[2] Chen G Q, Shao L, Chen Z M, et al. Systems accounting for energy consumption and carbon emission by building [J]. Communications in Nonlinear Science and Numerical Simulation, 2014, 19 (6): 1859 – 1873.

[3] Hui Yan, Qiping Shen, Linda C. H. Fan, et al. Greenhouse gas emissions in building construction: A case study of One Peking in Hong Kong [J]. Building and Environment, 2010, 45 (4): 949 – 955.

[4] D. Z. Li, H. X. Chen, Eddie C. M. Hui, et al. A methodology for estimating the life-cycle carbon efficiency of a residential building [J]. Building and Environment, 2013, 59: 448 – 455.

[5] Wahidul K. Biswas. Carbon footprint and embodied energy consumption assessment of building construction works in Western Australia [J]. International Journal of Sustainable Built Environment, 2014, 3 (2): 179 – 186.

[6] Fang You, Dan Hu, Haitao Zhang, et al. Carbon emissions in the life cycle of urban building system in China—A case study of residential buildings [J]. Ecological Complexity, 2011, 8 (2): 201 – 212.

[7] Dongwei Yu, Hongwei Tan, Yingjun Ruan. A future bamboo-structure residential building prototype in China: Life cycle assessment of energy use and carbon emission [J]. Energy and Buildings, 2011, 43 (10): 2638 – 2646.

[8] G. P. Gerilla, K. Teknomo, K. Hokao. An environmental assessment of wood and steel reinforced concrete housing construction [J]. Building and Environment, 2007, 42 (7): 2778 – 2784.

气体排放。莫纳汉（Mnonahan）和鲍威尔（Powell）[①] 对使用传统方法和使用预制的平板模块化的木框架结构建造的建筑隐含碳进行了比较。毛超（Chao Mao）等[②]也对使用传统方法和预制方法的建筑物的温室气体排放进行了对比。他们的结果都显示和传统方法相比，预制方法每平方米产生的二氧化碳排放更少。巴斯托斯（Bastos）等[③]对里斯本（Lisbon）三种有代表性的建筑的全生命周期能源使用和温室气体排放进行了研究，包括建造阶段、修复阶段和使用阶段。徐成元（Seongwon）和黄永宇（Yongwoo Hwang）[④] 对比了独栋别墅、公寓和多户住宅包括建材生产、建造、运行和拆除阶段的全生命周期排放。范（Van）和徐蕾（Xu）通过软件 ATHENA© EIE for Buildings v4.0.64 计算了加拿大的 5 栋单层零售店建筑的隐含能源和隐含碳排放[⑤]。库埃亚尔－弗兰卡（Cuéllar－Franca）和阿扎帕吉奇（Azapagic）[⑥] 评估了英国最常见的三种建筑的全生命周期全球变暖潜力指数。

　　相比之下，对于一定时间内一个区域所有建筑物的宏观研究则较少。比克（Beak）等[⑦]、纳森（Nässén）[⑧]、阿夸耶和达菲（Acquaye and Duffy）[⑨] 分

① J Monahan, J C Powell. An embodied carbon and energy analysis of modern methods of construction in housing: A case study using a lifecycle assessment framework [J]. Energy and Buildings, 2011, 43 (1): 179 – 188.

② Chao Mao, Qiping Shen, Liyin Shen, et al. Comparative study of greenhouse gas emissions between off-site prefabrication and conventional construction methods: Two case studies of residential projects [J]. Energy and Buildings, 2013, 66: 165 – 176.

③ Joana Bastos, Stuart A Batterman, Fausto Freire. Life-cycle energy and greenhouse gas analysis of three building types in a residential area in Lisbon [J]. Energy and Buildings, 2014, 69: 344 – 353.

④ Seongwon, Yongwoo Hwang. Estimation for CO_2 emission in life cycle of residential buildings [J]. Journal of Construction Engineering and Management, 2001, 127 (5): 414 – 418.

⑤ Kevin Van Ooteghem, Lei Xu. The life-cycle assessment of a single-storey retail building in Canada [J]. Building and Environment, 2012, 49: 212 – 226.

⑥ Rosa M Cuéllar – Franca, Adisa Azapagic. Environmental impacts of the UK residential sector: Life cycle assessment of houses [J]. Building and Environment, 2012, 54: 86 – 99.

⑦ Cheonghoon Baek, Sang – Hoon Park, Michiya Suzuki, et al. Life cycle carbon dioxide assessment tool for buildings in the schematic design phase [J]. Energy and Buildings, 2013, 61: 275 – 287.

⑧ Jonas Nässén, John Holmberg, Anders Wadeskog, et al. Direct and indirect energy use and carbon emissions in the production phase of buildings: An input-output analysis [J]. Energy, 2007, 32 (9): 1593 – 1602.

⑨ Adolf A Acquaye, Aidan P Duffy. Input-output analysis of Irish construction sector greenhouse gas emissions [J]. Building and Environment, 2010, 45 (3): 784 – 791.

别对日本、瑞典和爱尔兰建筑业的二氧化碳排放进行了估算。常远（Yuan Chang）等[1]分析了中国的建设项目的环境排放（碳，SO_x，NO_x 和 SPM）。王源（Yuan Wang）等[2]结合投入产出法和假设提取方法，将包括建筑业在内的八大部门的产出和排放需求进行了对比，找出了部门间二氧化碳排放的内在联系。结果表明，建筑业和服务业是排放的主要终端。董慧娟（Huijuan Dong）等[3]运用区域投入产出法对北京地区的三个碳统计进行了计算，包括境内统计，生产统计和消费统计。结果表明，建筑业的生产统计和消费统计较高，需要对碳排放的降低更加关注。奥纳特（Onat）等[4]采用混合投入产出法计算了美国民用建筑和商业建筑建造阶段、使用阶段和拆除阶段的碳排放。随着间接碳排放逐渐得到重视，越来越多的研究将建筑业碳排放划分为直接碳排放和间接碳排放两部分。直接碳排放是建筑行业能源燃烧活动导致的直接碳排放，间接碳排放是建筑相关行业生产活动导致的间接碳排放。纳森（Nassen）等使用自上而下的投入产出分析来评估瑞典建筑部门直接和间接碳排放[5]。张智慧等（2013）利用投入产出法计算了中国三个代表性年份建筑业及其他行业的直接碳排放、间接碳排放和关联碳排放，得出建筑业具有鲜明的碳排放特点[6]。王连等（2016）利用 STIRPAT 模型和投入产出模型，通过直接碳排放效应和间接碳排放效应来测算了建筑业综合碳排放效应[7]。叶斌等（Ye B, et al.，2017）根据能源消费量和其排放因子，计算了中国各

[1]　Yuan Chang, Robert J Ries, Yaowu Wang. The embodied energy and environmental emissions of construction projects in China：An economic input-output LCA model ［J］. Energy Policy, 2010, 38 （11）：6597 – 6603.

[2]　Yuan Wang, Wenqin Wang, Guozhu Mao, et al. Industrial CO_2 emissions in China based on the hypothetical extraction method：Linkage analysis ［J］. Energy Policy, 2013, 62：1238 – 1244.

[3]　Huijuan Dong, Yong Geng, Tsuyoshi Fujita, et al. Three accounts for regional carbon emissions from both fossil energy consumption and industrial process ［J］. Energy, 2014, 67：276 – 283.

[4]　Nuri Cihat Onat, Murat Kucukvar, Omer Tatari. Scope-based carbon footprint analysis of U. S. residential and commercial buildings：An input-output hybrid life cycle assessment approach ［J］. Building and Environment, 2014, 72：53 – 62.

[5]　Nassen J, Holmberg J, Wadeskog A, et al. Direct and indirect energy use and carbon emissions in the production phase of buildings：An input-output analysis ［J］. Energy, 2007, 32：1593 – 1602.

[6]　张智慧，刘睿劼. 基于投入产出分析的建筑业碳排放核算 ［J］. 清华大学学报（自然科学版），2013, 53 （1）：53 – 57.

[7]　王连，华欢欢，王世伟. 基于投入产出模型的建筑业碳排放效应测算 ［J］. 统计与决策，2016 （21）：77 – 79.

省直接和间接能源相关碳排放量，并提出了针对性的减排建议①。黄丽珍等（Huang L Z, et al., 2018）基于 2009 年投入产出表，分析了 40 个国家建筑部门直接和间接碳排放，发现汽油、柴油、其他石油产品和轻燃油是全球建筑业直接碳排放的四大能源来源②。

　　目前主要有四种常用的碳排放计算方法有：实测法、投入产出法、物料均衡法和生命周期法。实测法是通过一定的技术手段来采集研究对象的现场数据，从而实现对样本数据的定量分析。这种方法基于现场观测和数据采集，通过监测设备、传感器、计量仪器等工具，直接测量和记录产生的二氧化碳等温室气体的排放量。实测法的核心思想是从源头直接获取数据，避免了模型和估算的不确定性，因此能够提供相对准确的碳排放数据。它可以用于测量建筑物、交通运输、工业过程、能源消耗等各个领域的碳排放情况。在建筑业中，实测法通常涉及安装传感器来监测建筑物的能源使用情况，包括电力、燃气、水的消耗等，然后将这些数据与相应的碳排放系数进行结合，计算出建筑物的碳排放量。尽管实测法能够提供更为准确的数据，但也面临着一些挑战，比如需要安装和维护监测设备、消耗一定的时间和资源，以及可能会受到监测设备的误差等。投入产出法是一种基于产业链条的方法，用于评估特定经济活动或产品的碳排放量。该方法以供应链为基础，考虑了从原材料采集、生产、运输、分销到最终使用和废弃阶段的各个环节中所涉及的能源消耗和碳排放。投入产出法将经济体系中的各种交互联系纳入考虑，以全面地分析碳排放在整个经济体系中的传递和影响。以投入产出表为依据，将整个经济视为一个系统，自上而下地评估商品和服务对环境所造成的影响，可以表示出不同部门和行业间的关联。秦昌才等（2013）依据 2007 年中国投入产出数据，分析比较不同产业的碳排放特征③。奥纳特等（Onat N C, et al., 2014）以 2002 年为基准年，采用投入产出法之一的混合 I－O 法计算了

　　① Ye B, Jiang J J, Tang J. Quantification and driving force analysis of provincial-level carbon emissions in China ［J］. Applied Energy, 2017, 198：223－238.

　　② Huang L Z, Krigsvoll G, Johansen F, et al. Carbon emission of global construction sector ［J］. Renewable and Sustainable Energy Reviews, 2018, 81（2）：1906－1916.

　　③ 秦昌才，刘树林. 基于投入产出分析的中国产业完全碳排放研究 ［J］. 统计与信息论坛，2013, 28（9）：32－38.

美国住宅和商业建筑的建设、使用和处置阶段的碳排放[1]。谢紫寒等（Xie Z H, et al., 2021）利用投入产出法对 59 个国家 1998～2016 年的碳排放效率进行了评估，并探讨了技术进步对不同效率水平国家碳排放效率的多重影响[2]。物料均衡法遵循物质守恒定律，碳排放总量是由每一种能源或燃料的投入量与其碳排放系数相乘后加总得到，数据选取较为灵活。曹孜等（2011）基于 2008 年化石能源的消耗量，分析工业行业各部门生产活动所产生的碳排放量和碳排放强度的发展趋势[3]。余世维等（Yu S W, et al., 2012）根据化石能源消费数据计算了中国 30 个省份的二氧化碳排放量，探索二氧化碳跨省排放的区域特征和排放强度降低的合理分布[4]。李明煜等（2021）依据物料均衡法对中国电力、钢铁及水泥行业进行碳排放量核算[5]。投入产出法和物料均衡法的计算结果均存在较大的误差，测算准确度较低，有一定的局限性。而自下而上的生命周期法详细表示研究对象从产生到消失的全过程中的碳排放，其关键在于界定研究系统边界的清晰界定。在碳排放评估中，生命周期法会收集和整合从原材料获取到最终废弃的所有过程中的能源使用数据，然后将其转化为碳排放量。这样的方法可以帮助分析人员识别在整个生命周期内哪些阶段产生了最大的碳排放量，并指导制定减排策略和决策。许多研究者使用全生命周期分析方法来估算包括住宅建筑（Onat 等，2014）[6]、商业

[1] Onat N C, Kucukvar M, Tatari O. Scope-based carbon footprint analysis of U. S. residential and commercial buildings: An input-output hybrid life cycle assessment approach [J]. Building and Environment, 2014, 72: 53 – 62.

[2] Xie Z H, Wu R, Wang S J. How technological progress affects the carbon emission efficiency? Evidence from national panel quantile regression [J]. Journal of Cleaner Production, 2021, 307: 127133.

[3] 曹孜, 彭怀生, 鲁芳. 工业碳排放状况及减排途径分析 [J]. 生态经济, 2011 (9): 40 – 45.

[4] Yu S W, Wei Y M, Fan J L et al. Exploring the regional characteristics of inter-provincial CO_2 emissions in China: An improved fuzzy clustering analysis based on particle swarm optimization [J]. Applied Energy, 2012, 92: 552 – 562.

[5] 李明煜, 张诗卉, 王灿, 蔡博峰. 重点工业行业碳排放现状与减排定位分析 [J]. 中国环境管理, 2021, 13 (3): 28 – 39.

[6] Onat N C, Kucukvar M, Tatari O. Scope-based carbon footprint analysis of US residential and commercial buildings: An input-output hybrid life cycle assessment approach [J]. Building and Environment, 2014, 72: 53 – 62.

建筑（Kneifel，2010）[①]、办公楼（Chou 和 Yeh，2015）[②] 和大坝（Liu 等，2012）[③] 等不同基础设施的排放量。尚春静等（2011）利用生命周期法，建立了不同结构形式的建筑生命周期碳排放的核算模型，得出相比于轻钢结构和钢筋混凝土结构，木结构具有较低的生命周期碳排放的结论[④]。林波荣等（2013）搜集了国际 97 个典型案例，深入研究和分析了其建筑生命周期能耗和碳排放数据[⑤]。李德志等（Li D Z，et al.，2013）将住宅建筑全生命周期分为建材准备、建筑施工、建筑运营、建筑拆除、建筑拆迁废物处置五个阶段，建立了基于全生命周期的碳排放模型[⑥]。瓦希杜尔等（Wahidul K，Biswas.，2014）在测算温室气体排放时，考虑到使用阶段之前的所有阶段，确定了生产和运营是大部分温室气体排放的原因[⑦]。周崇科等（Chau C. K，et al.，2015）对三种基于生命周期的环境评价方法进行了描述和分析，分别是生命周期评估（LCA）、生命周期能源评估（LCEA）和生命周期碳排放评估（$LCCO_2A$）三种[⑧]。王幼松等（2017）计算了建筑全生命周期所包含的五个阶段碳排放量，发现建筑运营维护阶段所产生的碳排放量占比最高[⑨]。生命周期法的优势在于其全面性和系统性，可以揭示出隐藏在各个环节中的碳排

① Kneifel J. Life-cycle carbon and cost analysis of energy efficiency measures in new commercial buildings [J]. Energy and buildings，2010，42（3）：333 – 340.

② Chou J S，Yeh K C. Life cycle carbon dioxide emissions simulation and environmental cost analysis for building construction [J]. Journal of Cleaner production，2015，101：137 – 147.

③ Liu C，Ahn C R，An X，et al. Life-cycle assessment of concrete dam construction：comparison of environmental impact of rock-filled and conventional concrete [J]. Journal of Construction Engineering and Management，2013，139（12）：A4013009.

④ 尚春静，储成龙，张智慧. 不同结构建筑生命周期的碳排放比较 [J]. 建筑科学，2011，27（12）：66 – 70，95.

⑤ 林波荣，刘念雄，彭渤，等. 国际建筑生命周期能耗和 CO_2 排放比较研究 [J]. 建筑科学，2013，29（8）：22 – 27.

⑥ Li D Z，Chen H X，Hui – Eddie C M，et al. A methodology for estimating the life-cycle carbon efficiency of a residential building [J]. Building and Environment，2013，59：448 – 455.

⑦ Wahidul K，Biswas. Carbon footprint and embodied energy consumption assessment of building construction works in Western Australia [J]. International Journal of Sustainable Built Environment，2014，3（2）：179 – 186.

⑧ Chau C K，Leung T M，Ng W Y. A review on life cycle assessment，life cycle energy assessment and life cycle carbon emissions assessment on buildings [J]. Applied Energy. 2015，143：395 – 413.

⑨ 王幼松，杨馨，闫辉，等. 基于全生命周期的建筑碳排放测算——以广州某校园办公楼改扩建项目为例 [J]. 工程管理学报，2017，31（3）：19 – 24.

放和环境影响。

综合上述文献，我们发现微观研究多采用自下而上全生命周期的方法来评估商品和服务对环境影响。而宏观研究大多采用的是投入产出分析法，该方法将整个经济作为一个系统，自上而下以宏观经济规模评估商品和服务的资源和环境影响。但是采用投入产出分析法计算建筑业二氧化碳有以下局限：（1）我国的统计体系每 5 年更新一次投入产出表，因此无法获得每一年的投入产出情况，也就无法基于投入产出表计算每一年我国建筑业的碳排放量；（2）运用投入产出法计算时，需要对大量的产业部门进行合并，造成合并后的数据与原始数据存在一定的偏差；（3）投入产出法必须将经济数据转换为物理数据。因此，利用全生命周期法可以更准确地对我国每年建筑业的碳排放量进行测算。

2.2.2 建筑业能源效率

"能源效率"这一概念最早于 1995 年由世界能源委员会正式提出，首次出现在其出版的《应用高科技提高效率》一书中[①]。在该书中，世界能源委员会将"能源效率"定义为通过减少提供相同能源服务所需的能源投入来实现资源利用的优化。此后，1996 年，帕特森（Patterson）进一步深化了能源效率的概念，提出了更广义的定义，即用较少的能源来生产相同数量的服务或有用的产出，强调了在能源利用中获得更多产出的观念[②]。随后的 1997 年，博斯布夫（Bosseboeuf）等学者在之前的"能源效率"概念基础上进一步进行了细分，将其分为"技术上的能源效率"和"经济上的能源效率"。技术上的能源效率强调了技术进步、生活方式的变化以及管理改善等因素对特定能源使用量减少的影响。这种视角下，能源效率的提升可以通过技术创新和应用，以及有效的能源管理来实现。而经济上的能源效率则强调了在相同或更少的能源投入下获得更多产出或提高生活质量的能力，凸显了在资源

---

① 吴琦. 中国省域能源效率评价研究 [D]. 大连理工大学，2010.

② Patterson M G. What is energy efficiency? Concepts, indicators and methodological issues [J]. Energy Policy, 1996, 24 (5)：377 - 390.

有限的情况下，如何实现经济效益最大化①。

1973 年，阿拉伯国家对以色列的支持而引发的石油供应中断所造成的石油危机爆发后，随着全球对能源及环境问题的日渐关注和重视，各国学者开始对不同领域不同行业的能源效率进行研究。一些学者从区域层面对能源效率进行了研究。玛利亚（María J）② 调查了由于生产结构和资源禀赋所造成的西班牙不同地区的能源效率的差异，计算了 2003～2008 年期间西班牙不同地区能源使用的无效程度。卞亦文等（Yiwen Bian, et al.）③ 利用面板 SBM 模型对 1986～2012 年中国经济体系的能源效率进行了评估。查勇等（Yong Zha, et al.）④ 提出了一种基于条件约束规划径向随机 DEA 模型，评估了 2010 年中国区域能源利用效率和二氧化碳排放效率。马克·林格尔（Marc Ringel）等⑤分析了现有的能源效率政策对 2020 年德国能源效率和气候的影响，发现加强绿色能源政策会带来短期内 GDP 的增长和新的就业机会的增加等经济利益。卡纳（Karner）等⑥提出了一个考虑所有工业能源资源与周围城市协调作用的方法，将工厂的废气废水进行利用来供给周围城市的能源需求，并将此方法用于澳大利亚的四个地区，发现这个方法可以满足周围城市 35% 的能源需求。克雷格（Craig）⑦ 研究了美国东南部的气候变化和居民生活用电之间的关系，他对生活用电的消费者进行了调查，以便更好地了解如何向

---

① Chateau B, Bosseboeuf D, Lapillonne B. Cross-country comparison on energy efficiency indicators: the on-going European effort towards a common methodology [J]. Energy Policy, 1997, 25 (9): 673 – 682.

② María J, Ruiz – Fuensanta. The region matters: A comparative analysis of regional energy efficiency in Spain [J]. Energy, 2016, 101: 325 – 331.

③ Yiwen Bian, Miao Hu, Yousen Wang, et al. Energy efficiency analysis of the economic system in China during 1986 – 2012: A parallel slacks-based measure approach [J]. Renewable and Sustainable Energy Reviews, 2016, 55: 990 – 998.

④ Yong Zha, Linlin Zhao, Yiwen Bian. Measuring regional efficiency of energy and carbon dioxide emissions in China: A chance constrained DEA approach [J]. Computers & Operations Research, 2016, 66: 351 – 361.

⑤ Marc Ringel, Barbara Schlomann, Michael Krail, et al. Towards a green economy in Germany? The role of energy efficiency policies [J]. Applied Energy, 2016.

⑥ Katharina Karner, Matthias Theissing, Thomas Kienberger. Energy efficiency for industries through synergies with urban areas [J]. Journal of Cleaner Production, 2016, 119: 167 – 177.

⑦ Christopher A Craig. Energy consumption, energy efficiency, and consumer perceptions: A case study for the Southeast United States [J]. Applied Energy, 2016, 165: 660 – 669.

居民传播积极的能源效率态度和行为。卡米奥托（Camioto）等[①]采用 SBM 模型和窗口模型对金砖五国和七国集团的全要素能源效率进行了计算分析。巴利茨基（Balitskiy）等[②]评估了能源效率与天然气的消费以及欧盟经济发展之间的关系。

还有一些学者从行业层面对能源效率进行了研究。厄兹卡拉和阿塔克（Özkara，Atak）[③]运用四种 DEA 模型计算了土耳其 2003~2012 年期间 26 个地区制造业的全要素能源效率。彭丽红等（Lihong Peng, et al.）[④]分析了中国和美国整体纺织工业的能源效率差距，以及两国整体纺织工业能源效率的变化情况。横向比较整体纺织工业的能源效率后发现化纤行业是整体纺织工业中能源效率提高的关键行业。王宁等（Ning Wang, et al.）[⑤]采用基于产品和基于流程的基准测试技术构造了一个高能源效率的煤炭生产系统，解决了煤炭生产的模糊性（如地下采矿）、基准测试范围和缺乏能源效率指标和标准的问题。王凯等（Kai Wang, et al.）[⑥]采用小波神经网络的方法预测了船舶短距离的工作状态，并通过船舶能源效率实时优化模型确定不同工况条件下最优能效的最佳发动机转速。舒勒特（Schlüter）等[⑦]为塑料加工厂提供了包括一次能源、温室气体排放量和能源成本在内的新的能源效率评估方案。纳

① Flávia de Castro Camioto, Herick Fernando Moralles, Enzo Barberio Mariano, et al. Energy efficiency analysis of G7 and BRICS considering total-factor structure [J]. Journal of Cleaner Production, 2016, 122: 67 – 77.

② Sergey Balitskiy, Yuriy Bilan, Wadim Strielkowski, et al. Energy efficiency and natural gas consumption in the context of economic development in the European Union [J]. Renewable and Sustainable Energy Reviews, 2016, 55: 156 – 168.

③ Yücel Özkara, Mehmet Atak. Regional total-factor energy efficiency and electricity saving potential of manufacturing industry in Turkey [J]. Energy, 2015, 93: 495 – 510.

④ Lihong Peng, Yiting Zhang, Yejun Wang, et al. Energy efficiency and influencing factor analysis in the overall Chinese textile industry [J]. Energy, 2015, 93: 1222 – 1229.

⑤ Ning Wang, Zongguo Wen, Mingqi Liu, et al. Constructing an energy efficiency benchmarking system for coal production [J]. Applied Energy, 2016, 169: 301 – 308.

⑥ Kai Wang, Xinping Yan, Yupeng Yuan, et al. Real-time optimization of ship energy efficiency based on the prediction technology of working condition [J]. Transportation Research Part D: Transport and Environment, 2016, 46: 81 – 93.

⑦ B Alexander Schlüter, Michele B. Rosano. A holistic approach to energy efficiency assessment in plastic processing [J]. Journal of Cleaner Production, 2016, 118: 19 – 28.

塔夫和布拉德利（Kalen Nataf，Thomas H. Bradley）[①] 设计了三个不同的情境对科罗拉多州生产设施的电池储能和传统能源效率技术的能源节约和经济效率进行了对比。纳巴维－佩莱萨拉埃（Nabavi－Pelesaraei）等[②]采用数据包络分析和多目标遗传算法的非参数方法来估计伊朗阿瓦兹县小麦种植的能源效率和温室气体排放的降低。孔令博（Lingbo Kong）等[③]总结了造纸行业的 25 个新兴的节能减排技术在节约能源、环境、成本、和商业化状态等方面的信息，为节能技术工程师、研究人员、投资者、决策者、纸浆和造纸公司以及其他利害关系方提供了一个全面的介绍。贾法尔扎德（Jafarzadeh）等[④]调查了 2003 年到 2012 年挪威捕鱼船队的能源效率，希望通过确定重要统计特征来达到未来提高燃油效率的目的。张少辉（Shaohui Zhang）等[⑤]结合节能减排供给曲线和温室气体以及空气污染互动协同效应，计算了中国水泥行业 2011 ~ 2030 年期间实施能效措施和尾管方案的二氧化碳和空气污染物排放节能的共同利益。彭彬彬（Bin－Bin Peng）等[⑥]定义了轿车的能源效率技术，并依据边际减排成本曲线对中国的公路客车行业不同能源效率技术的轿车的减排潜力和减排成本进行了分析。李明佳（Ming－Jia Li）等[⑦]提出了一种多元回归模型和广义自回归条件异方差模型的组合方法，分析了中国火电厂的短期动态能源效率指数。

---

① Kalen Nataf, Thomas H. Bradley. An economic comparison of battery energy storage to conventional energy efficiency technologies in Colorado manufacturing facilities [J]. Applied Energy, 2016, 164: 133 – 139.

② Ashkan Nabavi – Pelesaraei, Homa Hosseinzadeh – Bandbafha, Peyman Qasemi – Kordkheili, et al. Applying optimization techniques to improve of energy efficiency and GHG (greenhouse gas) emissions of wheat production [J]. Energy, 2016, 103: 672 – 678.

③ Lingbo Kong, Ali Hasanbeigi, Lynn Price. Assessment of emerging energy-efficiency technologies for the pulp and paper industry: a technical review [J]. Journal of Cleaner Production, 2016, 122: 5 – 28.

④ Sepideh Jafarzadeh, Harald Ellingsen, Svein Aanond Aanondsen. Energy efficiency of Norwegian fisheries from 2003 to 2012 [J]. Journal of Cleaner Production, 2016, 112: 3616 – 3630.

⑤ Shaohui Zhang, Ernst Worrell, Wina Crijns – Graus. Cutting air Pollution by Improving Energy Efficiency of China's Cement Industry [J]. Energy Procedia, 2015, 83: 10 – 20.

⑥ Bin – Bin Peng, Ying Fan, Jin – Hua Xu. Integrated assessment of energy efficiency technologies and CO_2 abatement cost curves in China's road passenger car sector [J]. Energy Conversion and Management, 2016, 109: 195 – 212.

⑦ Ming – Jia Li, Chen – Xi Song, Wen – Quan Tao. A hybrid model for explaining the short-term dynamics of energy efficiency of China's thermal power plants [J]. Applied Energy, 2016, 169: 738 – 747.

能源效率的测算方法主要有单要素能源效率和全要素能源效率两种[1]。

1. 单要素能源效率

单要素能源效率只将能源作为唯一的投入要素，常用能源强度和能源生产率指标来衡量能源效率。单要素能源效率的优点是测算简单，易于解释，经济意义明确，因此在早期许多学者利用单要素能源效率指标来研究能源效率问题。采用单要素能源效率指标进行研究的有：孙建伟（J. W. Sun）[2] 提出了能源强度下降的三种方式，对一些发展中国家的能源强度下降进行了分析归类，并提出了可持续发展能源消耗模型。科恩尼利（Cornillie）和范考瑟（Fankhauser）[3] 对欧洲转型中的一些国家的能源数据进行分解，辨认出能源强度下降的主要原因。伯纳德（Bernard）和寇特（Côté）[4] 运用主成份分析法测算了加拿大制造业的能源强度。阿尔坎塔拉（Alcantara）和杜罗（Duro）[5] 运用泰尔（Theil）的第二措施分析了经济合作与发展组织国家（OECD）1971～1999 年能源强度的变化。巴塔查里亚（Bhattacharyya）和乌萨纳拉萨米（Ussanarassamee）[6] 分析了 1981～2000 年泰国工业的能源强度变化。温（Wing）和伊卡库斯（Eckaus）[7] 评估了由于美国长期下降的能源强度将会对 2050 年美国的能源使用和碳排放造成的影响。

单要素能源效率虽然计算简便易懂，但也存在较大的局限性。单要素能源效率只是衡量能源要素同经济产出的比例关系[8]，忽略了能源与其他生产

① 杨红亮，史丹. 能效研究方法和中国各地区能源效率的比较［J］. 经济理论与经济管理，2008（3）：12 – 20.

② J W Sun. Three types of decline in energy intensity—an explanation for the decline of energy intensity in some developing countries［J］. Energy Policy，2003，31：519 – 526.

③ Jan Cornillie，Samuel Fankhauser. The energy intensity of transition countries［J］. Energy Economics，2004，26（3）：283 – 295.

④ Jean – Thomas Bernard，Bruno Côté. The measurement of the energy intensity of manufacturing industries：a principal components analysis［J］. Energy Policy，2005，33（2）：221 – 233.

⑤ Vicent Alcantara，Juan Antonio Duro. Inequality of energy intensities across OECD countries：a note［J］. Energy Policy，2004，32（11）：1257 – 1260.

⑥ Subhes C Bhattacharyya，Arjaree Ussanarassamee. Changes in energy intensities of Thai industry between 1981 and 2000：a decomposition analysis［J］. Energy Policy，2005，33（8）：995 – 1002.

⑦ Ian Sue Wing，Richard S Eckaus. The implications of the historical decline in US energy intensity for long-run CO_2 emission projections［J］. Energy Policy，2007，35（11）：5267 – 5286.

⑧ Ghali K H，El – Sakka M I. Energy use and output growth in Canada：a multivariate cointegration analysis［J］. Energy Economics，2004，26（2）：225 – 238.

要素（资本、原材料以及劳动等）的替代性，无法真正反映能源的利用效率[①]。

2. 全要素能源效率

全要素能源效率是多种投入要素的共同作用的结果。全要素能源效率分析方法又可以分为两种，一种是参数化的随机前沿分析方法（SFA），另一种是非参数的数据包络分析方法（DEA）。

（1）参数化的随机前沿分析方法（SFA）。

SFA 是利用随机噪声来判断影响因素对系统效率影响程度的一种参数方法。林波强（Boqiang Lin）和龙厚胤（Houyin Long）[②] 采用基于超对数生产函数的 SFA 研究了中国化工产业的平均能源效率和节能潜力。李明佳（Ming - Jia Li）等[③]提出包含随机前沿分析和广义自回归方差以及径向基函数神经模型的混合方法，对中国 30 个省市的能源效率做了短期预测。胡金利（Jin - Li Hu）和本间（Honma）[④] 采用 SFA 对 14 个发达国家的 10 个产业在 1995 ~ 2005 年的能源效率进行了测算。张珊珊（Shanshan Zhang）等[⑤]采用 SFA 基于 2001 ~ 2008 年宏观层面的面板数据，对瑞典 14 个工业部门的能源效率进行了评估。但是由于 SFA 需要预先确定各指标的权值和输入输出之间可能存在的某种显式关系，使 SFA 的应用受到很大局限。

（2）数据包络分析方法（DEA）。

DEA 方法是一种基于非参数的数学规划的分析方法，模型本身对不同投入或产出的数量以及量纲没有约束，DEA 模型可以免除模型构建假设错误中出现的缺陷。全要素能源效率的普遍应用与发展源于 DEA 方法的提出和应用。在能源效率的测度问题上，DEA 方法得到了广泛的应用并得到了不断完

① 魏一鸣，廖华，等. 中国能源报告（2010）：能源效率研究 [M]. 北京：科学出版社，2010.

② Boqiang Lin, Houyin Long. A stochastic frontier analysis of energy efficiency of China's chemical industry [J]. Journal of Cleaner Production, 2015, 87: 235 – 244.

③ Ming – Jia Li, Ya – Ling He, Wen – Quan Tao. Modeling a hybrid methodology for evaluating and forecasting regional energy efficiency in China [J]. Applied Energy, 2015.

④ Jin – Li Hu, Satoshi Honma. A Comparative Study of Energy Efficiency of OECD Countries: An Application of the Stochastic Frontier Analysis [J]. Energy Procedia, 2014, 61: 2280 – 2283.

⑤ Shanshan Zhang, Tommy Lundgren, Wenchao Zhou. Energy efficiency in Swedish industry [J]. Energy Economics, 2016, 55: 42 – 51.

善。杨威（Wei Yang）等[①]采用网络 DEA 测算了 2006 ~ 2010 年中国钢铁行业的区域技术效率。王群为（Qunwei Wang）等[②]提出一种考虑技术差距的 meta-frontier DEA 方法，分析了中国不同地区的能源效率和技术的差距。王珂（Ke Wang）等[③]将投入分为能源投入和非能源投入，同时将产出分为期望产出和非期望产出，运用改进的 DEA 模型分析了 2000 ~ 2008 年中国 29 个省市的能源效率，并采用 DEA 窗口分析技术对面板横截面数据和时间序列数据进行了分析。弗隆佐斯（Vlontzos）等[④]采用非径向 DEA 模型分析了 2000 ~ 2008 年欧盟国家的能源效率和环境效率。瓦拉德克哈尼（Valadkhani）等[⑤]提出了一种乘法的环境 DEA 模型，分析了全球二氧化碳排放量最大的 46 个国家的能源环境效率变化。宋马林（Ma‑Lin Song）等[⑥]运用 Super‑SBM 模型测算了金砖 5 国的能源效率，并采用 Bootstrap‑DEA 修正小样本数据的 DEA 数值，同时分析了能源效率与二氧化碳排放之间的关系。同年，宋马林（Ma‑Lin Song）等[⑦]又运用 Bootstrap‑DEA 对中国的能源效率和节能情况进行了详细分析。穆萨维‑阿瓦尔（Mousavi‑Avval）等[⑧]研究了伊朗戈勒斯坦省油菜籽生产的能源使用模式，并采用 DEA 分析生产商的技术程度和规模效率。

① Wei Yang, Yanmin Shao, Han Qiao, et al. An Empirical Analysis on Regional Technical Efficiency of Chinese Steel Sector based on Network DEA Method [J]. Procedia Computer Science, 2014, 31: 615 – 624.

② Qunwei Wang, Zengyao Zhao, Peng Zhou, et al. Energy efficiency and production technology heterogeneity in China: A meta-frontier DEA approach [J]. Economic Modelling, 2013, 35: 283 – 289.

③ Ke Wang, Shiwei Yu, Wei Zhang. China's regional energy and environmental efficiency: A DEA window analysis based dynamic evaluation [J]. Mathematical and Computer Modelling, 2013, 58 (5 – 6): 1117 – 1127.

④ George Vlontzos, Spyros Niavis, Basil Manos. A DEA approach for estimating the agricultural energy and environmental efficiency of EU countries [J]. Renewable and Sustainable Energy Reviews, 2014, 40: 91 – 96.

⑤ Abbas Valadkhani, Israfil Roshdi, Russell Smyth. A multiplicative environmental DEA approach to measure efficiency changes in the world's major polluters [J]. Energy Economics, 2016, 54: 363 – 375.

⑥ Ma – Lin Song, Lin – Ling Zhang, Wei Liu, et al. Bootstrap – DEA analysis of BRICS' energy efficiency based on small sample data [J]. Applied Energy, 2013, 112: 1049 – 1055.

⑦ Malin Song, Li Yang, Jie Wu, et al. Energy saving in China: Analysis on the energy efficiency via bootstrap – DEA approach [J]. Energy Policy, 2013, 57: 1 – 6.

⑧ Seyed Hashem Mousavi – Avval, Shahin Rafiee, Ali Jafari, et al. Improving energy use efficiency of canola production using data envelopment analysis (DEA) approach [J]. Energy, 2011, 36 (5): 2765 – 2772.

刘英男（Liu）和王珂（Wang）[1] 提出了一种可以描述产业部门间内在结构和相关能源使用特征的校正 DEA 模型，分析了中国不同省份产业部门的能源效率。贾谊平（Y. P. Jia）和刘润泽（R. Z. Liu）[2] 采用 DEA 方法对中国 30 个省市的能源和环境效率进行了测算，运用 Malmquist 指数对能源和环境效率进行了动态分析，并利用 Tobit 模型识别了能源和环境效率的主要影响因素。埃尔南德斯－桑乔（Hernández－Sancho）等[3]采用非径向 DEA 模型对西班牙的废水处理厂的能源效率进行了测算。韩永明（Yongming Han）等[4][5]分别采用模糊交叉 DEA 模型和解释结构模型对中国化工行业的乙烯生产系统的能源效率进行了计算和分析。崔艺嘉（Yijia Cui）等[6]运用三阶段 Bootstrap－DEA 模型测算了 2012 年中国煤炭资源的使用效率。崔强（Qiang Cui）和李烨（Ye Li）[7][8] 提出了 Virtual Frontier Benevolent 交叉效率 DEA 模型和三阶段 Virtual FrontierDEA 模型，分别对 2008～2012 年 11 个航空公司的能源效率和 2003～2012 年中国的交通能源效率进行了分析。毕功兵（Gong－Bing Bi）

① Yingnan Liu, Ke Wang. Energy efficiency of China's industry sector: An adjusted network DEA (data envelopment analysis) -based decomposition analysis [J]. Energy, 2015, 93: 1328 – 1337.

② Y P Jia, R Z Liu. Study of the Energy and Environmental Efficiency of the Chinese economy based on a DEA Model [J]. Procedia Environmental Sciences, 2012, 13: 2256 – 2263.

③ F Hernandez – Sancho, M Molinos – Senante, R Sala – Garrido. Energy efficiency in Spanish wastewater treatment plants: a non-radial DEA approach [J]. Sci Total Environ, 2011, 409 (14): 2693 – 2699.

④ Yongming Han, Zhiqiang Geng, Qunxiong Zhu, et al. Energy efficiency analysis method based on fuzzy DEA cross-model for ethylene production systems in chemical industry [J]. Energy, 2015, 83: 685 – 695.

⑤ Yongming Han, Zhiqiang Geng, Gu Xiangbai, et al. Energy efficiency analysis based on DEA integrated ISM: A case study for Chinese ethylene industries [J]. Engineering Applications of Artificial Intelligence, 2015, 45: 80 – 89.

⑥ Yijia Cui, Guoliang Huang, Ziyong Yin. Estimating regional coal resource efficiency in China using three-stage DEA and bootstrap DEA models [J]. International Journal of Mining Science and Technology, 2015, 25 (5): 861 – 864.

⑦ Qiang Cui, Ye Li. Evaluating energy efficiency for airlines: An application of VFB – DEA [J]. Journal of Air Transport Management, 2015, 44 – 45: 34 – 41.

⑧ Qiang Cui, Ye Li. The evaluation of transportation energy efficiency: An application of three-stage virtual frontier DEA [J]. Transportation Research Part D: Transport and Environment, 2014, 29: 1 – 11.

等①运用 SBM 模型分别计算了中国热电厂的传统能源效率和在环境约束下的能源效率。

随着能源效率研究的发展，作为高能耗行业的建筑业的能源效率问题逐渐受到国内外学者的关注，但目前对于建筑业能源效率的研究主要集中在建筑节能方面，建筑运营阶段的能源效率问题是建筑节能研究的重点。

国外学者对建筑业能源效率的研究主要有：沈莉茵（Liyin Shen）等②通过检验不同节能减排政策在七个国家和地区的实施情况，分析了建筑业能源效率的发展现状。托卡里克（Tokarik）和里奇曼（Richman）③以多伦多一座现有的房子为例，采用多目标优化分析和遗传算法仿真来对已建成建筑的能源效率进行评估。坦（Tan）等④提出一种数学规划方法来选择对现有建筑合适的能源效率测算方法。

鲁帕拉特纳（Ruparathna）等⑤对目前提高商业建筑和机构建筑的能源效率的方法做了详细的总结和分析，并把目前提高商业建筑和机构建筑的能源效率的方法分为技术层面、组织层面和行为变化层面。研究结果显示，现有的研究更多地关注技术层面，对行为变化层面的研究较少。赫拉维（Heravi）和卡拉米（Qaemi)⑥识别和评估了不同的设计和施工方案对建筑能源效率的影响。

国内对建筑业能源效率的研究主要有：林波强（Boqiang Lin）和刘红寻

① Gong – Bing Bi, Wen Song, P Zhou, et al. Does environmental regulation affect energy efficiency in China's thermal power generation? Empirical evidence from a slacks-based DEA model ［J］. Energy Policy, 2014, 66: 537 – 546.

② Liyin Shen, Bei He, Liudan Jiao, et al. Research on the development of main policy instruments for improving building energy-efficiency ［J］. Journal of Cleaner Production, 2016, 112: 1789 – 1803.

③ Matthew S Tokarik, Russell C, Richman. Life cycle cost optimization of passive energy efficiency improvements in a Toronto house ［J］. Energy and Buildings, 2016, 118: 160 – 169.

④ Barış Tan, Yahya Yavuz, Emre N. Otay, et al. Optimal selection of energy efficiency measures for energy sustainability of existing buildings ［J］. Computers & Operations Research, 2016, 66: 258 – 271.

⑤ Rajeev Ruparathna, Kasun Hewage, Rehan Sadiq. Improving the energy efficiency of the existing building stock: A critical review of commercial and institutional buildings ［J］. Renewable and Sustainable Energy Reviews, 2016, 53: 1032 – 1045.

⑥ Gholamreza Heravi, Mahsa Qaemi. Energy performance of buildings: The evaluation of design and construction measures concerning building energy efficiency in Iran ［J］. Energy and Buildings, 2014, 75: 456 – 464.

（Hongxun Liu）[①] 采用计量经济学模型的协同技术分析了中国的建筑能源效率在城镇化环境下如何受宏观经济变量的影响，并预测了在不同的情境下的建筑能源消耗和建筑能源效率。结果表明，居民的生活方式和生活水平以及能源价格对建筑能源消耗有很大的影响。通过电价改革，建筑业可以实现将近20%的能源节约。梁静（Jing Liang）等[②]对中国建筑的能源效率进行了大规模的问卷调查。调查结果表明，安装恒温器和计量支付系统可以实现30%的能量节约。李俊（Jun Li）和祝彬（Bin Shui）[③]对中国建筑业的能源政策进行了详细的总结，分析了各个政策的优缺点。孔祥飞（Xiangfei Kong）等[④]分析了"十一五"期间中国建筑业能源效率和建筑业能源效率发展的路径，以新建建筑、已有建筑、政府办公建筑和大型公共建筑为例，系统地研究了六个财政激励政策。他们还分析了建筑业能源效率发展的主要原因和发展阶段，揭示了现阶段建筑业能源效率机制的弊端。李杰（J. Li）和格伦比尔（Colombier）[⑤] 分析了建筑业能源效率在中国解决气候变化问题中的角色，对中国建筑业的节能减排政策进行了总结，提出了一种将建筑设计与施工相结合、城市规划与建材产业相结合的方法。研究结果显示，提高建筑业能源效率可以在很大程度上降低二氧化碳的排放。陶望（Tao Wang）等[⑥]通过问卷调查的方式分析了阻碍中国医疗建筑的能源效率发展的因素，结果显示，缺乏经济刺激、合适的技术和可推行的政策法规是中国医疗建筑能源效率提高的最大障碍。刘秀丽（Xiuli Liu）等[⑦]评估了建筑能源效率标准的实施对中国经济

---

① Boqiang Lin, Hongxun Liu. China's building energy efficiency and urbanization [J]. Energy and Buildings, 2015, 86: 356 – 365.

② Jing Liang, Baizhan Li, Yong Wu, et al. An investigation of the existing situation and trends in building energy efficiency management in China [J]. Energy and Buildings, 2007, 39 (10): 1098 – 1106.

③ Jun Li, Bin Shui. A comprehensive analysis of building energy efficiency policies in China: status quo and development perspective [J]. Journal of Cleaner Production, 2015, 90: 326 – 344.

④ Xiangfei Kong, Shilei Lu, Yong Wu. A review of building energy efficiency in China during "Eleventh Five – Year Plan" period [J]. Energy Policy, 2012, 41: 624 – 635.

⑤ J Li, M Colombier. Managing carbon emissions in China through building energy efficiency [J]. Journal of Environmental Management, 2009, 90 (8): 2436 – 2447.

⑥ Tao Wang, Xiaodong Li, Pin – Chao Liao, et al. Building energy efficiency for public hospitals and healthcare facilities in China: Barriers and drivers [J]. Energy, 2016, 103: 588 – 597.

⑦ Xiuli Liu, Geoffrey J D. Hewings, Shouyang Wang. Evaluation on the impacts of the implementation of civil building energy efficiency standards on Chinese economic system and environment [J]. Energy and Buildings, 2009, 41 (10): 1084 – 1090.

体系和环境的影响。他们的研究结果表明，建筑能源效率标准的实施可以在很大程度上降低污染的排放，同时对 GDP 也有很大的正面推进作用。

对中国建筑业能源效率进行测算的研究有：王雪青等[①]基于中国 2005 ~ 2008 年 30 个省市的面板数据，采用 DEA 方法计算了 30 个省市的建筑业能源效率，并利用 Tobit 回归模型，分析了建筑业能源效率的主要影响因素。类似地，张友志和顾红春[②]也利用 DEA 方法对 2005 ~ 2010 年中国省际建筑业能源效率进行研究，并分析了产业结构、能源消费结构、企业实力和技术水平对建筑业能源效率的影响。冯博等[③]将二氧化碳作为非期望产出，采用 DEA 方法对中国 30 个省份 2004 ~ 2011 年各省的建筑业全要素能源效率进行测度。

2.2.3 建筑业碳排放时空演变特征

碳排放的时空演化规律及其影响因素的分析对于不同时间段和地区减排政策的制定具有指导意义，因此，研究碳排放的时空格局演变已成为研究的热点。针对我国碳排放的时空演变特征，学者林伯强等采用空间计量分析框架进行研究，发现区域碳排放强度与人均碳排放表现出显著的空间聚集现象[④]。程叶青等则通过空间自相关分析模型和影响因素分析方法对我国省域层面能源消耗引起的碳排放进行研究，结果表明，碳排放强度在地理空间上存在着明显的空间聚集现象，其中能源结构、能源强度、产业结构和城镇化率等因素起着重要作用[⑤]。此外，赵巧芝等学者则以我国能源碳排放强度为研究对象，采用核密度和空间自相关理论探究其动态变化趋势，结果发现各省份的碳排放强度呈现出正相关的空间呈聚集状态，高碳排放强度和低碳排

① 王雪青，娄香珍，杨秋波. 中国建筑业能源效率省际差异及其影响因素分析 [J]. 中国人口. 资源与环境，2012，22（2）：56 – 61.

② 顾红春，张友志. 基于 DEA 的 2005 ~ 2010 年中国省际建筑业能源效率研究 [J]. 建筑经济，2013（4）：12 – 15.

③ 冯博，王雪青，刘炳胜. 考虑碳排放的中国建筑业能源效率省际差异分析 [J]. 资源科学，2014，36（6）：1256 – 1266.

④ 林伯强，孙传旺. 如何在保障中国经济增长前提下完成碳减排目标 [J]. 中国社会科学，2011（1）：64 – 76.

⑤ 程叶青，王哲野，张守志，等. 中国能源消费碳排放强度及其影响因素的空间计量 [J]. 地理学报，2013（10）：1418 – 1431.

放强度区域贴近并具有相对稳定的状态①。另外，一些学者也采用其他分析模型探究了碳排放的动态变化机制，比如黄博（Huang B）等研究了中国城市碳排放时空动力模型，探究了其空间依赖特征②。胡艳兴等则采用 GWR 和 EOF 分析方法，对我国省域层面的碳排放和碳排放强度的变化趋势和空间异质性进行了描述③。另外，梁中等、乔健等学者将重心概念应用于碳排放的研究中，探讨了经济、能源和碳排放的重心迁移轨迹④⑤⑥。

但目前，针对建筑业碳排放的时间和空间演化特征的研究还较为缺乏。少数学者运用核密度函数、基尼系数、泰尔指数和空间自相关等方法研究建筑业碳排放的时间和空间分布特征。核密度函数根据数据本身的特点、性质来拟合分布，属于非参数估计，是对直方图的自然拓展。范建双等（2019）将空间自相关和核密度函数相结合，对中国 30 个省建筑业碳排放量进行时空特征分析，发现建筑业碳排放在空间上存在两极分化的现象⑦。基尼指数和泰尔指数均是目前国际上通用的指标，用来衡量国家或地区间收入水平等其他特征的差异。王少剑等（2021）采用基尼系数测算了 1908 个区县的人均碳排放量，并采用空间自相关分析研究发现人均碳排放呈现明显的"北高南低"的空间格局⑧。汪振双等（2022）根据泰尔指数探索了中国 2006～2017 年建筑业碳排放的时空格局演变特征，得出碳排放空间集聚程度呈现出波动

① 赵巧芝，闫庆友，赵海蕊. 中国省域碳排放的空间特征及影响因素 [J]. 北京理工大学学报（社会科学版），2018，20（1）：9–16.

② Huang B, Meng L N. Convergence of per capita carbon dioxide emissions in urban China：A spatio-temporal perspective [J]. Applied Geography, 2013, 40（2）：21–29.

③ 胡艳兴，潘竟虎，李真，等. 中国省域能源消费碳排放时空异质性的 EOF 和 GWR 分析 [J]. 环境科学学报，2016（5）：1866–1874.

④ 梁中，徐蓓. 中国省域碳压力空间分布及其重心迁移 [J]. 经济地理，2017，37（2）：179–186.

⑤ 乔健，吴青龙. 中国碳排放强度重心演变及驱动因素分析 [J]. 经济问题，2017（8）：63–67.

⑥ 李兰兰，徐婷婷，李方一，等. 中国居民天然气消费重心迁移路径及增长动因分解 [J]. 自然资源学报，2017，32（4）：606–619.

⑦ 范建双，周琳. 中国建筑业碳排放时空特征及分省贡献 [J]. 资源科学，2019，41（5）：897–907.

⑧ 王少剑，谢紫寒，王泽宏. 中国县域碳排放的时空演变及影响因素 [J]. 地理学报，2021，76（12）：3103–3118.

上升的变化趋势[①]。通过对空间和时间分布特征的考察，蔡等（2015）[②] 研究了中国建筑业从 1995 年到 2010 年的空间和时间碳排放差异（包括直接和间接碳排放）按网格划分的情况。结果显示存在显著的区域差异，沿海地区的建筑业呈现出显著的扩张，植被的碳储量损失较大，并且人为碳排放也更多。上述三种方法对碳排放特征的研究过于笼统，不能具体地展现各研究单元之间的空间异质性。而空间自相关分析可以揭示整体和部分的集聚特征，是度量横截面单位之间是否存在空间效应的一个重要指标。正因为如此，空间自相关分析被越来越多的学者应用于碳排放时空特征的研究中[③④⑤⑥⑦]。付彦鹏（Fu Y P）等（2015）使用 Moran's I 空间自相关统计方法测试了各地区多年来碳强度的空间自相关性，并得出结论称省级碳强度之间存在显著的空间自相关性[⑧]。陈泽（Chen Z）等（2015）利用 Moran's I 指数分析了中国人均碳排放的空间格局，结果显示，在时空上，中国人均碳排放的空间自相关性逐渐增强，空间集聚表现为平面间分布[⑨]。陶东（2019）在中国建筑业碳排放量核算的基础上，利用空间自相关分析研究发现省域间的建筑碳排放存在明

①　汪振双，覃飞. 中国建筑业碳排放时空演变特征分析 ［J/OL］. 工程管理学报，2022，1 – 6.

②　Xiaowei C，Xianjin H，Qinli L，et al. Spatiotemporal Changes of Built – Up Land Expansion and Carbon Emissions Caused by the Chinese Construction Industry ［J］. 2015.

③　Cao Z，Shen L，Zhao J，et al. Modeling the dynamic mechanism between cement CO_2 emissions and clinker quality to realize low-carbon cement ［J］. Resources，Conservation and Recycling，2016，113：116 – 126.

④　Hamilton S E，Lovette J. Ecuador's mangrove forest carbon stocks：A spatiotemporal analysis of living carbon holdings and their depletion since the advent of commercial aquaculture ［J］. PloS one，2015，10 （3）：e0118880.

⑤　Van Ruijven B J，Van Vuuren D P，Boskaljon W，et al. Long-term model-based projections of energy use and CO_2 emissions from the global steel and cement industries ［J］. Resources，Conservation and Recycling，2016，112：15 – 36.

⑥　Xiong C，Yang D，Huo J. Spatial-temporal characteristics and LMDI-based impact factor decomposition of agricultural carbon emissions in Hotan Prefecture，China ［J］. Sustainability，2016，8 （3）：262.

⑦　Yuan J，Na C，Hu Z，et al. Energy conservation and emissions reduction in China's power sector：Alternative scenarios up to 2020 ［J］. Energies，2016，9 （4）：266.

⑧　Fu Y P，Ma S C，Song Q. Spatial econometric analysis of regional carbon intensity ［J］. Stat. Res，2015，32：67 – 73.

⑨　Chen Z，Wang Z，Sun Y. Spatial changing pattern of carbon dioxide emissions per capita and club convergence in China ［J］. J Arid Land Resour Environ，2015，29 （4）：24 – 29.

显的空间关联性①。值得让人注意的是，现有研究大多将建筑业碳排放特征的研究视角聚焦于国家和省域尺度，对不同地区尺度的研究较少。

2.2.4　建筑业碳排放影响因素

国内外针对建筑业碳排放影响因素的研究较为丰富，专家学者们多采用因素分解法研究碳排放的影响因素，该方法具体可分为结构分解法（SDA）和指数分解法（IDA）。基于投入产出模型（I–O）的结构分解法对数据要求较高，难以进行连续的时间序列比较分析。张宇（Zhang Y，2012）运用结构分解分析方法，对 1987～2007 年中国内地贸易相关碳排放的规模、组成和技术效应进行了评价②。赵忠秀等（2014）依据投入产出表数据，利用改进的结构分解模型研究了中国温室气体排放的影响因素，结果发现出口的增长是造成了污染排放的主要原因③。石琼（Shi Q，2017）等结合世界投入产出数据库数据，采用结构分解分析法对中国建筑业碳排放变化的影响因素进行了研究，发现建筑碳排放增加的主要原因来自最终需求效应④。

相比于结构分解法，指数分解法可以利用相关产业部门的数据，进行时空研究。STIRPAT 模型、Kaya 恒等式和 LMDI 因素分解模型是较为常见的指数分解模型。Kaya 恒等式和 LMDI 因素分解模型仅可以用来研究人口规模、经济发展和能源利用与碳排放的关系，均无法纳入其他相关的因素。秦建成等（2019）运用 Kaya 恒等式分析了新疆六个行业碳排放总量影响因素的差异性，他们发现，工业和服务业的碳强度效应是遏制碳排放增长的主要因素⑤。赵奕欢（Zhao Y H，2017）等利用 LMDI 分解模型探索了中国电力行业碳排

---

① 陶东. 我国建筑业碳排放影响因素的时空演变及仿真研究［D］. 中国矿业大学，2019.

② Zhang Y. Scale, Technique and Composition Effects in Trade – Related Carbon Emissions in China［J］. Environmental & Resource Economics，2012，51（3）：371 –389.

③ 赵忠秀，裴建锁，闫云凤. 贸易增长、国际生产分割与 CO_2 排放核算：产业 vs. 产品［J］. 中国管理科学，2014，22（12）：11 –17.

④ Shi Q, Chen J D, Shen L Y. Driving factors of the changes in the carbon emissions in the Chinese construction industry［J］. Journal of Cleaner Production，2017，166：615 –627.

⑤ 秦建成，陶辉，占明锦，等. 新疆行业碳排放影响因素分析与碳减排对策研究［J］. 安全与环境学报，2019，19（4）：1375 –1382.

放的驱动因素，得出能源强度对碳排放的减少贡献最大的结论[①]。STIRPAT 模型是 IPAT 模型的扩展形式，对各指标进行非线性的随机估计，鉴于 STIRPAT 模型易于拓展、指标选取灵活的特点，逐渐成为最主要的影响因素分析方法。许泱等（2011）采用 STIRPAT 模型分析了城市化对中国 30 个省市碳排放的影响，得出在不同地区城市化的影响效应存在差异性[②]。纪建悦等（2012）在 STIRPAT 模型的基础上，采用情景分析，发现建筑业单位增加值能耗年均增长率的增长会促进建筑业碳排放[③]。李碧（Li B，2015）等通过对人口、富裕程度和技术因素的 STIRPAT 模型进行扩展，确定了城市层面碳排放的影响因素，发现富裕水平、人口规模和外国直接投资在天津二氧化碳排放增长中有着重要作用[④]。王超（Wang C，2017）等将 1952～2012 年划分为三个阶段，利用 STIRPAT 扩展模型，对新疆能源相关碳排放的影响因素进行研究[⑤]。率晨（Shuai C，2017）等以不同收入水平国家的碳排放数据为研究对象，利用 STIRPAT 模型列出了其影响因素，发现富裕程度、技术和人口是影响碳排放的关键因素[⑥]。苏凯等（2019）利用扩展的 STIRPAT – PLS 模型，探究了福建省市域碳排放的影响因子[⑦]。

建筑业碳排放影响因素复杂多样，虽然国内外相关研究指标选取和计量方法存在差异，但在 STIRPAT 模型的建筑业碳排放的 PAT 三个影响因素方面，大部分研究的指标选取存在相同之处。

（1）对于人口规模（P），常用指标有总人口和城市化。大部分学者认为

①　Zhao Y H，Li H，Zhang Z H，et al. Decomposition and scenario analysis of CO_2 emissions in China's power industry：based on LMD method ［J］. Natural Hazards，2017，86（2）：645－668.

②　许泱，周少甫. 我国城市化与碳排放的实证研究 ［J］. 长江流域资源与环境，2011，20（11）：1304－1309.

③　纪建悦，姜兴坤. 我国建筑业碳排放预测研究 ［J］. 中国海洋大学学报（社会科学版），2012（1）：53－57.

④　Li B，Liu X，Li Z，Using the STIRPAT model to explore the factors driving regional CO_2 emissions：a case of Tianjin，China，Natural Hazards，2015，76（1）：1667－1685.

⑤　Wang C，Wang F，Zhang X，et al. Examining the driving factors of energy related carbon emissions using the extended STIRPAT model based on IPAT identity in Xinjiang ［J］. Renewable & Sustainable Energy Reviews，2017，67：51－61.

⑥　Shuai C，Shen L，Jiao L，et al. Identifying key impact factors on carbon emission：Evidences from panel and time-series data of 125 countries from 1990 to 2011 ［J］. Applied Energy，2017，187：310－325.

⑦　苏凯，陈毅辉，范水生，等. 市域能源碳排放影响因素分析及减碳机制研究——以福建省为例 ［J］. 中国环境科学，2019，39（2）：859－867.

总人口因素与碳排放密切相关。杨艳芳等（2016）利用 STIRPAT 模型，发现人口总量会促进整体的碳排放，但影响作用小于人口城镇化的作用[①]。玛（Ma，2017）等基于 STIRPAT 和岭回归分析，计算出总人口对中国公共建筑碳排放的贡献率为 20.98%[②]。关于城镇化与碳排放关系的观点主要有以下三种：一是城市化对碳排放量增加有正向驱动作用，这可能归因于与城市化相关的能源高消耗和碳排放。苏凯等（2019）得出城镇化水平对福建各市域碳排放均有着显著正向作用的结论。阿里（Ali，2019）等采用回归分布滞后（ARDL）约束检验方法和 VECM 因果模型，他们认为，城市化无论在短期上还是长期上都增加二氧化碳的排放量。二是城市化与碳排放量之间存在相反或不显著的影响趋势。霍腾飞（Huo T F，2020）等研究得出在数量维度上，城市人口对城市建筑碳排放有负向贡献，而在结构维度上，城市人口占总人口比例对城市建筑碳排放的增加有正向影响。王少剑等（2021）根据面板分位数回归结果，得出城镇化率在所有分位数水平上均显著为负。三是城市化与二氧化碳排放量呈非线性相关关系。自 1991 年提出环境库兹涅茨曲线（EKC）假说以来，非线性关系已被广泛应用于城市化与二氧化碳关系的研究中，大多数研究都认为城镇化与二氧化碳排放量呈非线性相关关系，如范建双（2019）和郭莎（Guo S，2019)[③] 等学者。

（2）对于富裕度（A），从表 2 - 1 可知，常用的指标是人均 GDP。周扬（Zhou Y，2016)[④] 和王超（Wang C，2017）等学者均得出了人均 GDP 与碳排放密切相关的相似结论。率晨（Shuai C，2017）等发现富裕度对不同收入水平国家碳排放的影响效应存在异质性，富裕度是影响低收入国家的最大因素。

（3）对于技术进步（T），之前的研究多采用能源强度指标作为技术进步

① Ali R, Bakhsh K, Yasin M A, 2019. Impact of urbanization on CO$_2$ emissions in emerging economy: evidence from Pakistan [J]. Sustainable Cities and Society, 2019, 48: 1 - 6.

② Huo T F, Li X H, Cai W G, et al. Exploring the impact of urbanization on urban building carbon emissions in China: Evidence from a provincial panel data model [J]. Sustainable Cities and Society, 2020, 56: 102068.

③ Guo S, Zhang Y, Qian X, et al. Urbanization and CO$_2$ emissions in resource-exhausted cities: evidence from Xuzhou city, China [J]. Natural Hazards, 2019, 99: 807 - 826.

④ Zhou Y, Liu Y S. Does population have a larger impact on carbon dioxide emissions than income? Evidence from a cross-regional panel analysis in China [J]. Applied Energy, 2016, 180: 800 - 809.

因素的代表，一些专家学者认为能源强度的增加对碳排放存在负向效应，石琼（Shi Q，2017）等研究发现能源强度效应对1995年至2009年间中国建筑业排放量的反作用最大。科翰（Khan，2020）等提出了新能源技术的发展可以有效减少二氧化碳排放的观点[①]。蒋博雅等（2021）研究得出能源强度对江苏省2011～2017年建筑业碳负变的促进作用持续上升[②]。部分专家学者则得出相反的结果，能源强度的增加有助于提高碳排放水平。苏凯（Su K，2020）等基于STIRPAT - PLSR模型，发现能源强度对福建省城市碳排放的正向驱动作用达到了96.35%[③]。严密（Yan M，2020）等运用环境投入产出结构分解（EIO - SDA），得出能源强度效应是新疆碳排放的促进因素之一[④]。以上研究可知，能源强度指标存在回弹效应，但能源强度只能表征技术进步的一个方面，在全面衡量技术进步上具有一定的局限性，并不能准确地体现技术进步对碳排放的作用效应。

针对建筑业影响因素回归模型，学者们在改进STIRPAT模型基础上，引入岭回归、分位数回归模型和面板回归模型进一步探讨不同因素对建筑业碳排放的影响。邹非等（2016）运用岭回归的方法，对不同因素对建筑业二氧化碳排放量的影响进行了定量分析[⑤]。刘兴华等（2019）将STIRPAT模型和岭回归结合，研究了常住人口、公共建筑面积和第三产业增加值等因素对2006～2014年广州市公共和住宅建筑碳排放的影响[⑥]。霍腾飞（Huo T F，2020）等基于STIRPAT模型，利用中国30个省份2000～2015年的面板数据，从数量和结构两个维度系统地探讨城市化对城市建筑碳排放的多重影响。

① Khan K，Su C W，Tao R，et al. Urbanization and carbon emission：causality evidence from the new industrialized economies［J］. Development and Sustainability，2020，22：7193 -7213.

② 蒋博雅，黄宝麟，张宏. 基于LMDI模型的江苏省建筑业碳排放影响因素研究［J］. 环境科学与技术，2021，44（10）：202 -212.

③ Su K，Dao Z W，Wen X L. Influencing factors and spatial patterns of energy-related carbon emissions at the city-scale in Fujian province，Southeastern China［J］. Journal of Cleaner Production，2020，244：118840.

④ Yan M，Sun H，Gu KY. Driving factors and key emission reduction paths of Xinjiang industries carbon emissions：An industry chain perspective［J］. Journal of Cleaner Production，2022，374：133874.

⑤ 邹非，朱庆华，王菁. 中国建筑业二氧化碳排放的影响因素分析［J］. 管理现代化，2016，36（4）：24 -28.

⑥ 刘兴华，廖翠萍，黄莹，等. 基于STIRPAT模型的广州市建筑碳排放影响因素及减排措施分析［J］. 可再生能源，2019，37（5）：769 -775.

霍腾飞（Huo T F，2021）等采用面板阈值回归模型，探讨城市化对城市居住建筑碳排放的动态影响机制，揭示了城市化对城市建筑碳排放的非线性影响机制[①]。

由于线性模型和最小二乘法等传统回归方法需要随机误差项满足经典假定，无法全面地反映变量间的潜在关系，存在较大的局限，分位数回归模型的提出和发展填补了这一空白。分位数回归模型最早由科恩克尔和巴塞特（Koenker，Bassett，1978）提出，后逐渐被应用于经济管理领域的实证分析，如刘映琳等（2019）利用分位数回归检验了研究原油价格波动与三类代表性商品期货的相关性[②]。相较于仅涵盖时间序列或横截面数据的分位数回归模型，面板分位数回归模型不仅可以控制个体差异，还可以分析各种变量在不同分位点之间的相关关系，因此面板分位数回归模型受到了广泛的关注，不少学者也将面板分位数回归模型引入碳排放影响因素的研究中。徐宝军（Xu B J，2018）等应用 STIRPAT 模型和分位数回归方法，探索高、中、低排放水平下 PM2.5 污染差异的主要驱动力[③]。徐德义等（2020）利用面板分位数回归模型，比较三种类型的技术进步对中国 30 个省份的影响，发现三种类型的技术进步的碳减排作用存在差异[④]。刘元欣等（2021）将特定的政策作为虚拟变量引入固定效应面板分位数模型中，探究该政策对于中国碳排放量的约束效应[⑤]。王少剑等（2021）将面板分位数回归模型与环境库茨涅茨曲线（EKC）假说相结合，研究社会经济发展的相关因素对县域人均碳排放的动态影响。综上，面板分位数模型被用于建筑业全生命周期碳排放影响因素的研究仍较为缺乏，忽视其变量间可能存在的非线性关系。

20 世纪中期，空间计量模型首次被提出，并被广泛应用于横截面数据的

①　Huo T F，Cao R J，Du H Y，et al. Nonlinear influence of urbanization on China's urban residential building carbon emissions：New evidence from panel threshold model ［J］. Science of the Total Environment，2021，772：145058.

②　刘映琳，刘永辉，鞠卓. 国际原油价格波动对中国商品期货的影响——基于多重相关性结构断点的分析 ［J］. 中国管理科学，2019，27（2）：31 – 40.

③　Xu B J，Lin B Q. What cause large regional differences in PM2.5 pollutions in China? Evidence from quantile regression model ［J］. Journal of Cleaner Production，2018，174：447 – 461.

④　徐德义，马瑞阳，朱永光. 技术进步能抑制中国二氧化碳吗？——基于面板分位数模型的实证研究徐德义 ［J］. 科技管理研究，2020，16：251 – 259.

⑤　刘元欣，邓欣蕊. 我国碳排放影响因素的实证研究——基于固定效应面板分位数回归模型 ［J］. 山西大学学报（哲学社会科学版），2021，44（6）：86 – 96.

研究。随着空间计量学的不断发展，研究对象从横截面数据延伸到面板数据。面板数据也称之为时间序列截面数据，即具有横截面数据特征也具有时间序列的特征。越来越多的学者从空间视角出发，将各省建筑业视为相互联系的个体，研究建筑业碳排放总量或碳排放效率的空间效应及主要影响因素。马大来等（2015）基于空间面板数据模型，对中国 30 个省份碳排放效率的影响因素进行了实证研究①。王幼松等（2017）选取空间杜宾模型对 2009 ~ 2018 年中国省域建筑业碳排放强度的分布特征及空间效应进行研究。惠明珠等（2018）采用空间自相关研究了中国建筑业碳排放效率的时空分布特征，选取空间杜宾面板计量模型探究了中国建筑业碳排放效率的主要影响因素②。可以发现，目前分析建筑业碳排放影响因素的研究大多聚焦于省域层面，缺乏从不同地区层面对我国建筑业全生命周期碳排放的影响因素进行异质性的分析。

根据国内外相关文献研究可知，专家学者从多个方面对建筑业碳排放进行了不同程度的研究，这为本书研究 2004 ~ 2018 年我国建筑业碳排放时空演化特征和其影响因素提供了科学有效的理论依据，但现有研究仍存在一定的不足。

（1）大部分研究将建筑业碳排放分为直接碳排放和间接碳排放两部分。仅有部分研究基本涵盖建筑全生命周期的各阶段，往往对建筑业全生命周期碳排占比较大的建材生产、施工阶段和运营阶段讨论较多，缺乏对我国建筑业全生命周期碳排放量进行系统的研究。本书基于生命周期理论，以我国建筑业全生命周期碳排放量为研究对象，深入研究其时空演化趋势和影响因素。

（2）现有文献主要集中在人口规模、富裕度、城市化和能源强度等因素对建筑业碳排放的影响，其中，大部分研究主要使用能源强度指标作为技术进步因素的代表，而能源强度只能表征技术进步的一个方面，在全面衡量技术进步上具有一定的局限性。本书选用 SBM - Malmquist 全生命周期能源效率指数，更为全面和客观衡量技术进步的程度，克服了单一要素能源效率的不足，可以更加精确地反映我国建筑业的能源效率。

---

① 马大来，陈仲常，王玲. 中国省际碳排放效率的空间计量 [J]. 中国人口·资源与环境，2015，25（1）：67 – 77.

② 惠明珠，苏有文. 中国建筑业碳排放效率空间特征及其影响因素 [J]. 环境工程，2018，36（12）：182 – 187.

（3）现有研究很少考虑到不同地区建筑业碳排放的空间相关性以及不同碳排放水平下各因素的影响效应，且目前分析建筑业碳排放影响因素的研究大多聚焦于省域层面，缺乏从不同地区层面对我国建筑业全生命周期碳排放的影响因素进行异质性的分析。

因此，本书基于 STIRPAT 模型，采用空间计量模型和面板分位数回归模型，进一步研究我国及三大地区建筑业全生命周期碳排放的影响因素，全面刻画在不同条件分布下各影响因素对建筑业全生命周期和三个代表性阶段碳排放产生的异质效应。

第 3 章

建筑业全生命周期碳排放测算分析

3.1 建筑业全生命周期碳排放测算模型

本书将建筑业全生命周期分为 6 个阶段,这 6 个阶段的碳排放量加总即可得到建筑业全生命周期碳总排放量:

$$Q = Q_1 + Q_2 + Q_3 + Q_4 + Q_5 + Q_6 \qquad (3-1)$$

其中,Q 为建筑业碳总排放量,Q_1、Q_2、Q_3、Q_4、Q_5、Q_6分别代表建材生产阶段、建材运输阶段、建造阶段、运营阶段、拆除阶段和垃圾处理阶段的碳排放量。由于中国目前建筑垃圾真正的回收利用率尚不足 1%[①],因此本书暂不考虑建筑垃圾的回收和利用阶段产生的二氧化碳排放量。

每个阶段的二氧化碳排放量根据 IPCC 推荐的方法进行计算:

$$Emission = AD \times EF \qquad (3-2)$$

其中,AD 表示活动数据,EF 表示排放因子,即单位活动排放量。

3.1.1 建材生产阶段碳排放

依据《2006 年 IPCC 国家温室气体清单指南》[②] 中对于建筑材料制品碳

---

① Nannan Wang. The role of the construction industry in China's sustainable urban development [J]. Habitat International,2014,44:442-450.

② Intergovernmental Panel on Climate Change. IPCC Guidelines for National Greenhouse Gas Inventories,Prepared by the National Greenhouse Gas Inventories Programme,IGES,Japan,2006.

排放测算的规定，本书中建材生产阶段的碳排放指的是建筑材料在生产过程中的碳排放，不包括原料与化石燃料在开采、精炼、供给和传输过程中的能源消耗所排放的碳。建材生产阶段碳排放量的计算公式如下：

$$Q_1 = \sum Q_{1i} = \sum (q_i \times u_i) \tag{3-3}$$

其中，i 代表建筑材料的种类，Q_1 表示建筑材料生产阶段的碳排放量，Q_{1i} 表示建筑材料 i 在生产阶段排放的碳，q_i 表示材料 i 的用量，u_i 表示生产每单位材料 i 所排放的碳，即材料 i 的碳排放因子。

考虑到数据的可靠性和可获得性，本书以《中国建筑业统计年鉴》中建筑业消耗的钢材、水泥、木材、玻璃、铝材为研究对象。

建筑材料在生产过程中的碳排放主要由两部分构成，一是原料在加工过程中由于化学反应所产生的碳，二是建材生产过程中使用的能源所产生的碳。由于不同国家的生产工艺及能源消费结构的差异，直接利用国外建筑材料的碳排放因子是不合实际的。本书主要通过文献研究确定建材生产过程中的化学反应碳排放以及生产过程中的能源使用情况，来计算建材的碳排放因子。建筑材料的二氧化碳排放因子的计算公式如下：

$$u_i = c_i + e_i = c_i + \sum g_{ij} \times f_j \tag{3-4}$$

其中，i 代表建筑材料的种类，j 代表消耗的能源的种类，c_i 表示每单位建筑材料 i 在加工过程中由于化学反应所产生的碳排放，e_i 表示每单位建筑材料 i 在加工过程中使用的能源所产生的碳，g_{ij} 表示生产每单位建筑材料 i 所消耗的能源 j 的数量，f_j 表示能源 j 的碳排放因子（见表 3-1）。根据公式（3-4）计算得到的各建筑材料的二氧化碳排放因子如表 3-2 所示。

表 3-1　　　　　　　　　　　建筑材料 CO_2 排放因子

建筑材料	单位	c_i	e_i	u_i
钢材	t/t	1.24E-03	3.54E+00	3.54E+00
木材	t/m³	0.00E+00	6.51E-02	6.51E-02
水泥	t/t	2.85E-01	5.37E-01	8.22E-01
玻璃	t/重量箱	7.00E-03	9.33E-02	1.00E-01

续表

建筑材料	单位	c_i	e_i	u_i
铝材	t/t	1.60E+00	1.67E+01	1.83E+01

资料来源：龚志起. 建筑材料生命周期中物化环境状况的定量评价研究 [D]. 清华大学, 2004. 赵平, 同继锋, 马眷荣. 建筑材料环境负荷指标及评价体系的研究 [J]. 中国建材科技, 2004, (6)：1–7. 燕鹏飞, 杨军. 一种改进的环境影响评价方法及应用 [J]. 环境与可持续发展, 2007, (5)：10–12. 罗智星, 杨柳, 刘加平等. 建筑材料 CO_2 排放计算方法及其减排策略研究 [J]. 建筑科学, 2011, 27 (4)：1–8. 汪静. 中国城市住区生命周期 CO_2 排放量计算与分析 [D]. 清华大学, 2009. 高源雪. 建筑产品物化阶段碳足迹评价方法与实证研究 [D]. 清华大学, 2012.

表 3-2　　　　　　　　　　能源 CO_2 排放因子

能源	单位	CO_2 排放因子	能源	单位	CO_2 排放因子
原煤	kg/kg	1.98	煤油	kg/kg	3.10
其他洗煤	kg/kg	0.85	柴油	kg/kg	3.16
洗精煤	kg/kg	2.50	燃料油	kg/kg	3.24
型煤	kg/kg	1.69	液化石油气	kg/m³	3.17
焦炭	kg/kg	3.05	天然气	kg/m³	2.00
焦炉煤气	kg/m³	0.78	其他石油制品	kg/kg	2.58
高炉煤气	kg/m³	0.98	热力	kg/10⁹kj	0.11
其他煤气	kg/m³	0.46	电	kg/kWh	0.79
原油	kg/kg	3.07	标煤	kg/kg	2.60
汽油	kg/kg	2.99			

资料来源：祁神军, 张云波, 王晓璇. 我国建筑业直接能耗及碳排放结构特征研究 [J]. 建筑经济, 2012, (12)：58–62.

3.1.2　建材运输阶段碳排放

建材的主要运输方式有铁路、公路和水运。该阶段的碳排放量可由以下公式计算：

$$Q_2 = \sum Q_{2i} = \sum (q_{ir} \times d_{ir} \times h_r) \tag{3-5}$$

其中，i 代表建筑材料的种类，r 代表建筑材料的运输方式，Q_2 表示建筑材料运输阶段的碳排放量；Q_{2i} 代表运输建筑材料 i 排放的碳；q_{ir} 表示使用运

输方式 r 运输的建筑材料 i 的数量；d_{ir} 表示使用运输方式 r 运输建筑材料 i 的平均运距；h_r 表示运输方式 r 的碳排放因子（见表 3 - 3）。

表 3 - 3   运输方式的碳排放因子

碳排放因子	铁路	公路	水运
$h_r(t/t \cdot km)$	9.41E - 06	1.92E - 04	1.83E - 05

资料来源：汪静. 中国城市住区生命周期 CO_2 排放量计算与分析 ［D］. 清华大学，2009.

其中，使用运输方式 r 运输的建筑材料 i 的数量可由下式计算：

$$q_{ir} = q_i \times b_r \qquad\qquad (3-6)$$

q_i 表示建筑材料 i 的数量，b_r 代表运输方式 r 的货运量占比，可从《中国交通年鉴》中查得。

但由于在《中国建筑业统计年鉴》中，玻璃和木材的单位分别是重量箱和立方米，因此我们需要将单位转化为吨。玻璃的比重为 $0.05t$/重量箱，木材的密度为 $0.5t/m^3$ [①]。

对于宏观研究来说，建筑材料运输阶段的碳排放是一个难点，因为难以获得各材料的平均运距。目前大部分国内的研究都采用台湾学者张又升[②]的研究结果，但由于面积和运输方式结构的差异，采用台湾地区的建筑材料平均运距是不合适的。因此，我们利用《中国统计年鉴》中的数据来推算每种建筑材料的平均运距。

《中国统计年鉴》中只有水泥和木材的铁路平均运距，但是根据《铁路货物运输品名分类与代码》[③] 中的规定，钢材与铝材都属于钢铁及有色金属一类，因此钢材与铝材的平均运距取钢铁及有色金属的平均运距；玻璃属于矿建材料，因此玻璃的铁路平均运距取矿建材料的数值。

虽然《中国统计年鉴》中并没有公路和水运的平均运距，但我们知道，平均运距等于货运周转量除以货运量，因此各建筑材料的公路和水运的平均

---

① 洪紫萍，王贵公. 生态材料导论 ［M］. 北京：化学工业出版社，2001.

② 张又升. 建筑物生命周期二氧化碳减量评估 ［D］. 成功大学，2002.

③ 中华人民共和国铁道部. 铁路货物运输品名分类与代码，TB/T 2690—1996 北京：中国铁道出版社，1996 - 5 - 10.

运距可以通过以下公式计算：

$$d_{ir} = \frac{FTK_{ir}}{FT_{ir}} = \frac{FTK_i \times a_r}{FT_i \times b_r} \tag{3-7}$$

其中 FTK_{ir} 和 FT_{ir} 分别代表使用运输方式 r 运输的建筑材料 i 的货运周转量和货运量；FTK_i 和 FT_i 分别表示建筑材料 i 的总货运周转量和货运量，这两个数据可在《中国统计年鉴》中查到；a_r 和 b_r 分别表示运输方式 r 的货运周转量和货运量的占比，其数据可以从《中国交通年鉴》中获得。

3.1.3　建造阶段和拆除阶段的碳排放

建造阶段和拆除阶段的碳排放量主要来源于建造和拆除活动的能源消耗。《中国能源统计年鉴》中的建筑业能耗包括了建筑建造和拆除的能源消耗。根据文献①，同一栋建筑物拆除阶段的能耗是建造阶段的90%，因而我们可以认为拆除阶段的能耗是相同面积建造阶段能耗的90%。我国每年的拆除面积大约为中国统计年鉴中当年的建筑业房屋施工面积的10%，因而我们可以推算出拆除阶段的能耗为同年建造能耗的9%，从而将建造阶段的能耗从原始数据中剥离出来。再根据公式（3-2）即可分别得到建造阶段和拆除阶段的碳排放量。

3.1.4　建筑运营阶段碳排放

建筑运营阶段的二氧化碳排放主要来源于采暖、制冷、炊事、照明等的能源消耗。依据能耗特点，结合我国能源统计数据分类，本书将我国既有建筑能耗分为集中供暖能耗、公共建筑能耗、居住建筑能耗三类，各类能耗计算方法如表3-4所示。根据表3-4计算出运营阶段能源的消耗量后，利用公式（3-2），将能源消耗量乘以相应的能源碳排放因子，即可得到运营阶段的碳排放量。

---

① 王松庆. 严寒地区居住建筑能耗的生命周期评价［D］. 哈尔滨工业大学，2007.

表 3 – 4　　　　　　　　　建筑运营阶段能耗分类

建筑能耗分类		数据来源
集中供暖能耗	锅炉房供暖用煤	大型供热锅炉供热消耗的煤及煤制品（除广东、广西、海南、贵州、云南等5省市地区）
	热电联产余热供热用煤	热电联产集中供热用煤 = 单位供热面积耗煤量×集中供热总面积×热电联产供热比例，单位供热面积耗煤量取为14kgce/m²，热电联产供热比例取为50%
公共建筑能耗	交通运输、仓储及邮电通讯业能耗	交通运输、仓储和邮政业消耗的电力、煤炭、天然气、液化石油气
	批发和零售贸易业、餐饮业能耗	批发和零售贸易业、餐饮业消耗的电力、煤炭、天然气、液化石油气、5%的汽油和50%的柴油
	其他行业能耗	其他行业消耗的电力、煤炭、天然气、液化石油气、5%的汽油和50%的柴油
居民建筑能耗	城镇生活能耗	城镇消费消耗的煤炭、电力、天然气、液化石油气、5%的柴油
	乡村生活能耗	乡村生活消费的所有商品能源，主要是煤及煤制品、电，5%的柴油，但不包括煤油

资料来源：集中供热总面积来源于《中国统计年鉴》中各地区城市集中供热情况，其他数据来源于《中国统计年鉴分》地区能源平衡表。

3.1.5　建筑垃圾处理阶段碳排放

垃圾处理阶段碳排放主要是由垃圾运输产生的，其值可以通过以下公式进行计算：

$$Q_6 = \sum (W_r \times d_r \times h_r) \qquad (3-8)$$

其中，r 代表运输方式，Q_6 表示垃圾处理阶段的碳排放量；W_r 表示采用运输方式 r 运输的建筑垃圾量，d_r 表示采用运输方式 r 的平均运距，h_r 表示运输方式 r 的碳排放因子。

大部分建筑垃圾都采用公路运输，由垃圾运输车运输至垃圾填埋场，其平均运距为 20km[①]。

本书采用文献中使用频率最高的建筑面积估算法来计算垃圾产量[②]。垃圾总量可由下式计算：

$$W = CW + DW = CA \times G_c + DA \times G_d \tag{3-9}$$

其中 CW 和 DW 分别代表建造垃圾和拆除垃圾，CA 代表已建成的施工面积，其值为当年建筑业房屋竣工面积，DA 表示拆除面积，大约为当年的建筑业房屋施工面积的 10%，G_c 表示每建成 1 平方米面积的平均垃圾产生量，为 $0.055t/m^2$，G_d 表示每拆除 1 平方米面积的平均垃圾产生量，为 $1.3t/m^2$[③]。

3.2　建筑业全生命周期碳排放测算实证分析

3.2.1　全生命周期碳排放

根据公式（3-1）~公式（3-9）测算了 2004~2018 年我国建筑业全生命周期各阶段和各地区的二氧化碳排放量，计算结果如表 3-5、表 3-6 所示。

表 3-5　　　　2004~2018 年我国建筑业全生命周期各阶段碳排放　　单位：百万吨

年份	建材生产阶段	建材运输阶段	建造阶段	运营阶段	拆除阶段	垃圾处理阶段	总计
2004	1281	9	55	1011	5	2	2363
2005	1347	10	64	1177	6	2	2606
2006	1545	12	70	1257	6	2	2893
2007	1639	13	74	1373	7	3	3110
2008	2196	35	83	1536	7	3	3861

① 李刚. 城市建筑垃圾资源化研究 [D]. 长安大学, 2009.

② J. Xiao T. Ding. Estimation of building-related construction and demolition waste in Shanghai [J]. Waste Manage, 2014, 34 (11): 2327-2334.

③ 张小娟. 国内城市建筑垃圾资源化研究分析 [D]. 西安建筑科技大学, 2013.

续表

年份	建材生产阶段	建材运输阶段	建造阶段	运营阶段	拆除阶段	垃圾处理阶段	总计
2009	2501	44	93	1715	8	3	4365
2010	3193	57	121	2060	11	4	5446
2011	5414	91	134	2271	12	5	7927
2012	7487	125	140	2431	13	6	10202
2013	5629	81	139	2301	13	6	8169
2014	6649	99	147	2383	13	7	9299
2015	5436	77	148	2544	13	7	8224
2016	5811	82	150	2598	14	7	8661
2017	5882	76	161	2860	14	7	9001
2018	6375	80	166	3103	15	8	9747
均值	4159	59	116	2042	10	5	6392

表 3-6　　　　　2004~2018 年我国各地区建筑业全生命周期碳排放　　单位：百万吨

地区	2004年	2005年	2006年	2007年	2008年	2009年	2010年	2011年	2012年	2013年	2014年	2015年	2016年	2017年	2018年
北京	92	123	113	121	134	164	171	193	182	194	201	199	198	218	227
天津	73	49	55	72	70	83	86	101	114	168	274	154	125	118	122
河北	113	148	176	164	170	190	345	808	859	492	478	485	399	402	324
山西	73	87	74	81	106	126	144	138	147	152	173	169	171	184	194
内蒙古	62	63	66	77	123	119	145	167	183	165	171	170	188	173	232
辽宁	110	126	137	146	169	259	263	401	387	447	444	281	284	230	234
吉林	79	70	66	69	83	90	103	119	1187	276	286	156	148	134	140
黑龙江	55	61	63	67	88	87	111	181	163	166	160	169	173	181	151
上海	93	90	90	98	109	119	132	140	149	150	152	140	147	161	171
江苏	212	216	250	299	369	409	494	1425	1212	753	779	797	789	819	878
浙江	252	296	349	370	439	480	590	731	801	858	883	917	944	1014	974

续表

地区	2004年	2005年	2006年	2007年	2008年	2009年	2010年	2011年	2012年	2013年	2014年	2015年	2016年	2017年	2018年
安徽	60	67	70	82	94	113	146	168	183	213	225	204	232	286	308
福建	52	81	93	84	118	139	186	193	239	304	382	401	454	534	684
江西	33	40	45	47	55	113	77	114	121	136	79	200	215	253	298
山东	139	184	214	223	337	335	406	436	878	449	462	551	476	499	561
河南	88	102	123	144	168	187	218	249	308	280	837	343	382	464	576
湖北	91	105	117	132	151	210	202	328	522	657	766	565	754	646	610
湖南	114	97	111	123	136	159	190	212	232	237	248	309	359	377	465
广东	151	172	213	213	222	240	378	419	528	380	438	394	289	467	479
广西	47	36	41	43	49	55	93	106	191	141	156	156	172	197	183
海南	7	11	7	7	10	13	15	20	24	29	27	25	22	24	29
重庆	46	45	48	57	126	100	141	164	164	186	194	189	205	218	223
四川	91	92	97	111	131	161	364	469	804	487	541	388	501	543	641
贵州	53	49	51	57	72	93	80	90	121	161	181	249	379	194	220
云南	32	38	42	43	57	60	72	79	92	264	281	124	135	143	176
陕西	42	60	68	71	117	118	125	191	164	173	202	216	234	242	341
甘肃	36	36	43	38	73	51	57	94	82	90	95	97	111	90	98
青海	9	9	9	10	13	15	19	15	17	18	19	23	23	27	28
宁夏	9	11	12	13	16	19	24	30	33	38	52	42	36	37	42
新疆	47	44	49	47	53	60	68	146	114	105	115	109	115	125	138
东部	1296	1495	1697	1797	2148	2430	3066	4868	5374	4224	4519	4344	4127	4484	4683
西部	474	482	527	568	832	852	1189	1552	1965	1826	2007	1764	2100	1990	2322
中部	592	629	668	745	881	1083	1190	1508	2863	2119	2773	2116	2434	2527	2742

　　从 2004~2018 年我国建筑业生命周期二氧化碳排放量的走势图 3-1 可以清晰看出，2004~2018 年我国建筑业二氧化碳排放量整体呈现出以 2012 年为分界点的"先急后缓"的增加趋势，由 2004 年的 2363 百万吨增长至 2018 年的 9747 百万吨，年平均增长率为 11.78%。改革开放后，由于我国经

济蓬勃发展，促进了城市化进程，加速了城市基础设施建设、住宅建设以及商业、工业用地的开发，进而推动了建筑业的高速发展，建筑业产值屡创新高，加之城镇化水平稳步提升，市场经济体制的引入为建筑业提供了更大的发展空间和市场需求，激发了私人投资和市场竞争，促进了建筑业的创新和提质升级，建筑业逐渐成为国民经济支柱产业，因此 2004~2012 年间二氧化碳排放量剧增。然而在 2012 年，"十二五"建筑节能专项规划指出合理控制能源消费总量、强化节能减排目标以及大力发展循环经济，住建部也提出推广新型节能建材和再生建材，提高建筑节能标准，国家政策的出台使得我国建筑业在多年保持高速增长后于 2013 年增速下滑，建筑业全年固定资产投资名义增速自 2003 年以来，首次降到 20% 以下，从而导致 2013 年我国建筑业碳排放量自 2004 年以来首次出现下降，由 2012 年的 10202 百万吨下降到 8169 百万吨，降幅达到 20%，我国建筑业在碳减排方面取得了一定进展。随后在我国经济从高速增长转向高质量发展的大背景下，建筑业增加值也从高速增长趋于平缓，建筑业逐渐向数字化、绿色化转型升级的过程中，建筑物化阶段碳排放已基本达峰，建筑运营碳排放仍然呈现增长趋势，因此，2015~2018 年我国建筑业碳排放量相应的呈现出缓慢增加的趋势。

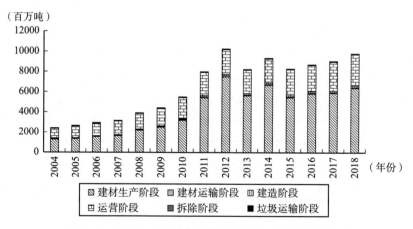

图 3-1　2004~2018 年我国建筑业全生命周期碳排放

建材生产阶段、建材运输阶段、建造阶段、运营阶段、拆除阶段和垃圾处理阶段二氧化碳排放量的占比分别为 65.07%、0.93%、1.82%、31.94%、

0.16%、0.08%（见图3-2）。我国建筑业二氧化碳的排放主要来自建材生产阶段和运营阶段，这2个阶段的排放量占了总排放量的97.01%。值得注意的是，本书中的建筑运营阶段的二氧化碳排放概念和大部分单体建筑运营阶段二氧化碳排放的概念不同，单体建筑运营阶段二氧化碳排放指的是建筑使用年限期间（一般为50年）所排放的二氧化碳总和，而本书中的运营阶段二氧化碳排放指的是一年内我国30个省市所有建筑物运营阶段的二氧化碳排放量总和。大部分单体建筑生命周期二氧化碳排放的研究结果显示，运营阶段的二氧化碳排放量占总体的80%以上。

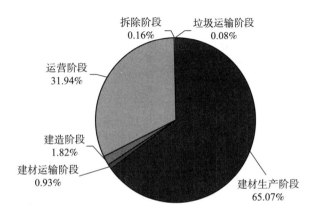

图3-2　全生命周期各阶段碳排放占比

　　考虑到数据的可得性，本研究选取中国30个省、市、自治区（以下全部简称"省"）作为研究对象，不含西藏和港、澳、台地区。按照经济发展水平和地理位置相结合的原则，将全国划分为东部、中部和西部三大经济区。其中，东部地区包括北京、天津、上海、辽宁、江苏、浙江、福建、广东、海南、河北和山东11个省份；中部地区包括山西、吉林、黑龙江、安徽、江西、河南、湖北和湖南8个省份；西部地区包括内蒙古、广西、四川、贵州、云南、陕西、甘肃、青海、宁夏、重庆和新疆11个省份[1]。从三大地区在2004~2018年碳排放量的变化来看，东部地区建筑业碳排放量占了全国建筑

———————————

　　[1]　冯博，王雪青．中国建筑业能源经济效率与能源环境效率研究——基于SBM模型和面板Tobit模型的两阶段分析［J］．北京理工大学学报（社会科学版），2015，17（1）：14-22.

业碳排放量的一半以上，中部地区建筑业碳排放量占比略高于西部地区 5% 。东部地区的碳排放始终是我国建筑业全生命周期碳排放量的最主要来源，且东部地区碳排放量的年均增长率是三个地区中最高的，为 27.67% 。三个地区中碳排放量的年均增长率最低的是西部地区，碳排放量的年均增长率为 20.41% 。中部地区在 2004~2018 年期间碳排放量有缓慢增长，年均增长率为 21.59% 。

从各省份在 2004~2018 年碳排放量的变化来看（见图 3-3），各省份建筑业全生命周期碳排放量差异较大。浙江、江苏和山东位列前三，这十五年间建筑业碳排放量总和均在 6000 百万吨以上，三个省份均位于我国东部地区；碳排放量最低的 3 个省份分别是西部地区的宁夏和青海以及东部地区的海南，15 年间建筑业碳排放量总和均在 500 百万吨以下。排名第一的浙江省 2004~2018 年间建筑业全生命周期碳排放总量是排名最后的青海省建筑业全生命周期碳排放总量的 38 倍之多。

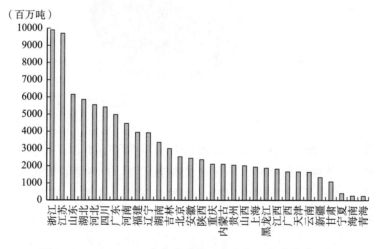

图 3-3   2004~2018 年各省建筑业全生命周期碳排放总量

综上所述，要实现我国建筑业的减排目标，从区域层面上应该协调三大地区建筑业的发展规模和速度，在加大中、西部开发的同时，要注意控制东部地区建筑业发展的规模和速度。从全生命周期阶段上来看，应该将节能减排的重点放在建材生产阶段和运营阶段。

3.2.2　各阶段碳排放

1. 建材生产阶段碳排放

2004~2018 年我国各地区建筑业建材生产阶段碳排放测算结果见表 3-7。

表 3-7　　　　　2004~2018 年我国各地区建材生产阶段碳排放　　　　单位：百万吨

地区	2004年	2005年	2006年	2007年	2008年	2009年	2010年	2011年	2012年	2013年	2014年	2015年	2016年	2017年	2018年
北京	26	40	32	35	39	55	59	69	58	67	70	70	68	78	85
天津	44	15	18	30	23	29	28	38	43	74	135	73	52	42	45
河北	32	49	74	55	57	67	158	538	567	270	223	232	147	142	87
山西	20	31	21	25	36	44	56	43	45	48	59	51	49	53	56
内蒙古	8	9	11	13	37	26	25	27	24	26	25	28	48	31	48
辽宁	28	33	36	35	49	99	99	198	171	231	227	91	87	46	40
吉林	24	5	8	9	18	20	19	26	940	133	140	38	34	25	32
黑龙江	13	11	10	11	16	18	20	52	38	40	26	21	18	21	17
上海	47	35	33	34	38	42	45	48	53	52	55	48	48	56	64
江苏	128	110	129	157	198	213	252	957	806	414	430	440	414	427	448
浙江	151	171	200	203	247	269	320	421	463	517	532	552	556	599	564
安徽	23	28	27	36	39	49	67	81	88	104	114	97	115	149	160
福建	21	33	41	33	57	69	95	96	126	174	225	241	277	330	459
江西	13	16	20	19	23	26	31	59	59	75	30	123	123	148	168
山东	46	50	59	51	112	112	129	135	422	172	179	225	152	161	167
河南	33	35	46	59	73	80	95	102	132	128	474	147	180	229	302
湖北	44	50	49	60	63	93	76	156	311	476	566	347	463	371	344
湖南	67	40	51	55	60	72	84	93	100	105	110	153	179	197	239
广东	57	66	97	73	78	89	139	161	171	150	190	155	130	172	177
广西	23	13	15	15	16	21	33	40	119	61	68	69	84	98	86

续表

地区	2004年	2005年	2006年	2007年	2008年	2009年	2010年	2011年	2012年	2013年	2014年	2015年	2016年	2017年	2018年
海南	3	8	2	2	4	5	5	8	11	17	13	11	6	6	10
重庆	25	20	21	26	63	44	78	89	93	105	116	115	111	120	120
四川	31	35	39	44	55	71	210	329	480	311	348	218	299	324	370
贵州	11	8	9	11	19	28	17	23	43	67	78	117	189	66	99
云南	12	12	16	15	22	22	28	30	35	138	146	48	53	55	68
陕西	11	21	22	29	55	51	53	93	71	74	89	105	107	109	187
甘肃	10	9	13	7	28	15	16	36	31	38	41	30	44	28	30
青海	2	2	1	2	4	5	7	4	5	6	6	8	6	7	7
宁夏	3	3	3	4	4	5	8	13	14	16	29	15	9	8	11
新疆	10	7	13	9	11	13	14	70	38	27	34	24	21	22	20
东部	583	610	720	708	902	1050	1328	2669	2892	2137	2280	2139	1936	2060	2145
西部	147	139	162	174	313	301	490	753	953	870	981	776	970	868	1045
中部	237	216	232	274	329	402	449	612	1712	1109	1520	977	1161	1194	1318

从图 3-4 中可以看出，2004~2018 年建材生产阶段的碳排放处于上升趋势，且分别在 2012 年和 2014 年达到 2 次最高峰。2004~2018 年建材生产阶段的碳排放平均增长速度为 14%，其中在 2012 年之前增速较快，平均增速为 26%，增长速度最快的一年是 2011 年，增速达到 78%，水泥和铝材的用量较 2010 年翻了一倍。2013 年之后迎来第一次的碳排放回落，但在 2014 年又小幅度地上涨，2016 年后缓慢上升。

从图 3-4 我们还可以发现，水泥和钢材是碳排放最大的 2 种建材，且变动趋势与建材生产阶段的碳排放变化趋势一致，因为二者是最为重要的建材用料，用量巨大，两者碳排放均值占建材生产阶段的碳排放均值的 83.21%，而铝材虽然碳排放因子最高，但用量不及水泥和钢材大。因此要降低建材生产阶段的碳排放，不仅要从碳排放因子也就是生产工艺方面进行改进，更是要降低建材的用量，探索新的建造工艺，从两方面入手降低才能有效降低建材生产阶段的碳排放。

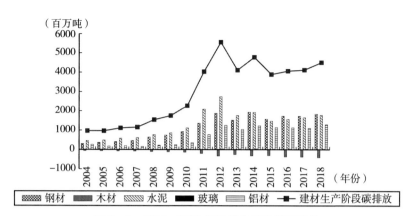

图 3 - 4　2004～2018 年建材生产阶段碳排放

　　三大地区建材生产阶段的占比为东部地区 54%，中部地区 26%，西部地区 20%，仅东部地区的碳排放就超过全国碳排放的一半。而从 30 个省建材生产阶段的碳排放来看，碳排放最大的 2 个省份是浙江和江苏，都来自东部地区，两者每年的碳排放占全国总碳排放的 1/4，碳排放最大的前 6 个城市的碳排放总和占了全国总量的一半，在这 6 个省市中，4 个为东部省市（浙江、江苏、河北、福建），1 个为中部省市（湖北），1 个为西部省市（四川）。由于经济的拉动效应，东部地区较中部和西部地区经济更为发达，吸收了大量的人口资源，建筑业发展迅速，对建材的需求大，因此建材生产阶段的碳排放量也相应增大（见图 3 -5）。

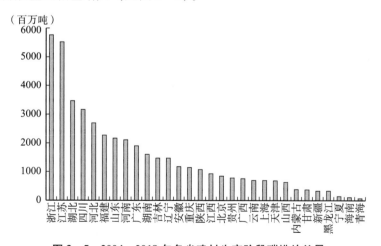

图 3 - 5　2004～2018 年各省建材生产阶段碳排放总量

2. 建材运输阶段碳排放

2004～2018 年我国各地区建筑业建材运输阶段碳排放测算结果见表 3-8。

表 3-8　　　　　　2004～2018 年我国各地区建材运输阶段碳排放　　　单位：百万吨

地区	2004年	2005年	2006年	2007年	2008年	2009年	2010年	2011年	2012年	2013年	2014年	2015年	2016年	2017年	2018年
北京	0.3	0.5	0.4	0.4	0.9	1.4	1.6	1.8	1.5	1.6	1.7	1.6	1.5	1.6	1.7
天津	0.2	0.1	0.2	0.2	0.5	0.7	0.7	0.9	1.0	1.6	3.0	1.3	0.8	0.7	0.9
河北	0.3	0.5	0.8	0.6	1.2	1.5	4.0	13.4	13.6	5.1	4.5	4.0	3.1	2.9	1.7
山西	0.2	0.3	0.2	0.3	0.8	1.1	1.4	1.0	1.1	1.0	1.3	1.1	1.1	1.0	1.1
内蒙古	0.1	0.1	0.1	0.2	0.8	0.5	0.6	0.6	0.5	0.5	0.5	0.6	0.7	0.6	1.0
辽宁	0.3	0.3	0.4	0.4	1.2	2.4	2.5	4.1	4.0	4.8	5.0	1.9	2.0	0.9	0.8
吉林	0.3	0.2	0.1	0.1	0.4	0.6	0.6	0.7	22.8	2.7	3.0	0.7	0.8	0.5	0.4
黑龙江	0.2	0.1	0.1	0.2	0.4	0.5	0.5	1.1	0.7	0.6	0.6	0.5	0.4	0.4	0.5
上海	0.3	0.4	0.4	0.4	0.9	1.1	1.1	1.2	1.3	1.2	1.3	1.1	1.0	1.0	1.0
江苏	1.0	1.2	1.3	1.8	4.5	5.5	6.5	22.1	14.2	8.6	9.6	9.1	8.9	8.1	8.3
浙江	1.5	1.8	2.1	2.4	5.7	6.9	8.2	9.8	10.8	11.0	11.8	11.7	11.6	11.3	9.9
安徽	0.2	0.3	0.3	0.4	1.0	1.3	1.7	1.9	2.1	2.2	2.5	2.0	2.3	2.8	2.9
福建	0.2	0.4	0.5	0.4	1.3	1.9	2.6	2.4	3.1	3.8	5.1	5.2	5.7	6.3	7.2
江西	0.2	0.2	0.2	0.2	0.6	0.7	0.9	1.3	1.5	1.6	0.8	2.1	2.4	2.6	3.0
山东	0.5	0.6	0.6	0.6	2.6	2.7	3.2	3.2	9.9	3.4	3.8	4.4	3.4	3.1	3.3
河南	0.3	0.3	0.4	0.6	1.5	2.0	2.5	2.5	3.1	2.6	11.3	3.3	3.8	4.2	5.1
湖北	0.4	0.5	0.5	0.6	1.4	2.2	1.9	3.5	6.3	5.8	7.2	6.0	8.4	6.7	6.1
湖南	0.8	0.4	0.5	0.7	1.4	1.9	2.2	2.2	2.5	2.3	2.5	2.8	3.4	3.2	4.1
广东	0.6	0.7	0.8	1.0	1.8	1.9	2.7	3.3	6.0	3.0	3.6	2.8	2.5	3.1	3.0
广西	0.2	0.2	0.2	0.2	0.4	0.6	0.6	0.8	1.3	1.6	1.8	1.4	1.7	1.8	1.4
海南	0.0	0.0	0.0	0.0	0.1	0.1	0.1	0.2	0.2	0.2	0.2	0.1	0.1	0.1	0.1
重庆	0.2	0.2	0.2	0.3	1.6	1.5	2.0	2.2	1.9	2.0	2.1	2.0	2.3	2.2	2.1
四川	0.3	0.4	0.4	0.5	1.2	1.8	4.7	5.0	10.7	6.2	7.2	4.2	5.1	5.2	6.6

地区	2004年	2005年	2006年	2007年	2008年	2009年	2010年	2011年	2012年	2013年	2014年	2015年	2016年	2017年	2018年
贵州	0.1	0.1	0.1	0.1	0.3	0.6	0.4	0.5	0.7	1.0	1.2	1.9	3.8	1.1	1.4
云南	0.1	0.1	0.2	0.2	0.5	0.6	0.8	0.9	0.9	3.2	3.5	1.1	1.4	1.4	1.8
陕西	0.1	0.2	0.2	0.3	1.1	1.2	1.3	2.2	1.7	1.6	2.1	2.0	2.3	2.1	2.8
甘肃	0.1	0.1	0.1	0.1	0.6	0.3	0.3	0.9	0.7	0.7	0.8	0.7	0.9	0.5	0.6
青海	0.0	0.0	0.0	0.0	0.1	0.1	0.2	0.1	0.1	0.1	0.1	0.1	0.1	0.1	0.1
宁夏	0.0	0.0	0.0	0.0	0.1	0.1	0.2	0.2	0.2	0.3	0.4	0.3	0.2	0.2	0.2
新疆	0.1	0.1	0.1	0.1	0.3	0.3	0.4	1.4	1.0	0.7	0.9	0.6	0.5	0.5	0.4
东部	5.2	6.5	7.4	8.4	20.8	26.1	33.2	62.4	65.5	44.2	49.5	43	40.6	39.1	38
西部	1.5	1.5	1.7	2	7.1	7.6	11.6	14.6	19.8	17.8	20.4	15	18.8	15.8	18.3
中部	2.5	2.3	2.5	3.1	7.5	10.2	11.7	14.2	40.1	18.9	29.2	18.7	22.5	21.4	23.3

从图 3-6 中可以看出，2004~2018 年，建材运输阶段的碳排放量和建材生产阶段碳排放的趋势大致相同，都可以分为 2 个阶段。2004~2012 年建材运输阶段碳排放持续增长，在 2012 年达到顶峰；2013~2018 年逐渐回落。建材运输阶段的碳排放影响最大的是运输的建材重量，2013 年后建材使用数量有所下降，使得生产阶段和运输阶段的碳排放都有所回落。

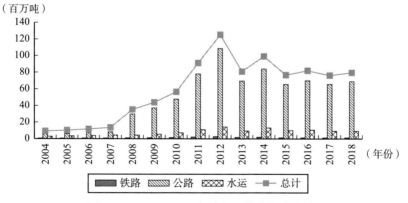

图 3-6　2004~2018 年建材运输阶段碳排放

换一个角度从三种运输方式的碳排放量来看 2004～2018 年建材运输阶段碳排放量的变化（见图 3-7）。我们发现，公路运输的碳排放量始终是三种运输方式中最大的，占运输阶段碳排放的 85%，水运次之，占运输阶段碳排放的 13%，碳排放量最小的是铁路运输，仅占运输阶段碳排放的 2%。从三者占比的变化来看，公路运输碳排放的占比呈现出先急剧增长后波动下降趋势，仍远远大于其他运输方式的碳排放量，水运和铁路运输的占比呈现出先小幅度增长后平稳下降趋势，二者总体趋势变动不大。随着建筑业的蓬勃发展，相较于铁路运输和水运，机动灵活的公路运输的优势日益凸显，这种发展趋势与发达国家运输发展规律基本一致。公路运输的碳排放量曲线几乎与运输阶段总排放量的曲线吻合，这也说明公路运输碳排放量的增加是运输阶段总排放量增加的最主要因素。

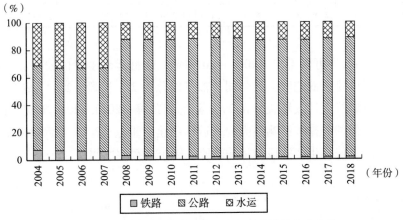

图 3-7　2004～2018 年三种运输方式碳排放占比变化

东部地区是建材运输阶段碳排放量的主要来源，占运输阶段碳排放量的 55%，中部地区是建材运输阶段碳排放量的第二大贡献者，占运输阶段碳排放量的 26%，西部地区碳排放量最小，占运输阶段碳排放量的 19%。浙江和江苏两个省建材运输阶段碳排放量远远大于其他省份（见图 3-8），一方面是因为浙江和江苏是我国建筑业发展态势最好的两个省；另一方面则是因为两个省的交通运输体系建设良好，且不断推进两个省的交通运输合作深化。

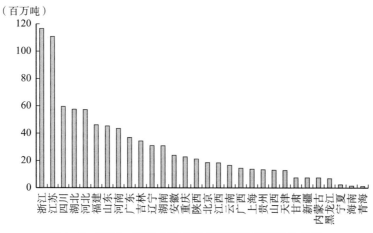

图3-8 2004~2018年各省建材运输阶段碳排放总量

3. 建造阶段和拆除阶段碳排放

2004~2018年我国各地区建筑业建造阶段和拆除阶段碳排放测算结果见表3-9。

表3-9 　　　　2004~2018年我国各地区建造和拆除阶段碳排放 　单位：百万吨

地区	2004年	2005年	2006年	2007年	2008年	2009年	2010年	2011年	2012年	2013年	2014年	2015年	2016年	2017年	2018年
北京	2.7	2.5	2.4	2.6	2.9	3.6	4.0	3.9	3.7	3.2	3.1	3.0	3.0	5.8	3.3
天津	1.0	1.2	1.4	1.7	3.1	3.8	4.2	4.5	4.7	4.8	4.9	1.0	5.4	5.1	4.7
河北	3.7	4.4	4.6	4.9	5.3	5.7	7.1	8.5	8.8	5.9	5.7	10.1	6.8	7.0	7.9
山西	3.2	2.1	2.3	2.4	2.7	3.2	3.6	3.9	4.1	4.3	3.9	6.0	4.0	3.9	4.1
内蒙古	2.5	2.5	2.9	3.0	3.8	4.4	7.5	8.0	8.5	8.5	8.5	1.5	8.4	9.5	9.5
辽宁	2.4	2.5	2.7	3.3	3.3	3.7	4.3	4.8	5.3	7.4	7.4	15.7	7.0	6.9	5.9
吉林	2.0	2.2	2.5	2.6	1.4	1.6	1.9	2.1	3.3	3.3	3.3	10.2	3.5	3.7	3.6
黑龙江	0.4	0.3	0.4	0.4	0.4	0.5	0.7	1.0	1.1	1.3	1.3	3.8	1.4	1.4	0.4
上海	3.8	3.8	4.0	4.0	4.3	4.6	5.0	5.0	5.1	5.2	5.3	5.5	5.5	5.9	5.8
江苏	2.1	4.3	4.7	4.9	5.1	5.5	6.2	7.1	7.9	8.9	9.4	5.5	7.9	8.1	8.8
浙江	2.0	4.4	4.8	5.3	5.7	6.5	7.8	8.5	8.6	9.8	10.1	3.6	10.1	10.6	11.3

续表

地区	2004年	2005年	2006年	2007年	2008年	2009年	2010年	2011年	2012年	2013年	2014年	2015年	2016年	2017年	2018年
安徽	1.6	1.4	1.6	1.8	2.1	2.2	2.7	3.3	3.7	4.5	4.7	5.0	5.3	3.1	6.1
福建	1.1	1.3	1.6	1.7	3.1	3.3	3.7	4.3	4.7	5.1	5.4	1.3	5.7	6.0	6.6
江西	0.2	0.4	0.7	0.7	0.9	1.0	1.2	1.6	1.7	2.0	2.1	2.4	2.6	2.9	3.3
山东	9.8	12.1	12.1	12.2	12.6	14.8	15.4	16.8	15.3	10.0	10.5	6.6	10.6	11.0	10.5
河南	1.2	1.3	1.4	1.5	1.5	2.0	2.7	3.6	3.7	4.0	5.0	5.2	6.0	7.4	8.8
湖北	2.9	3.3	3.9	4.4	4.4	5.4	7.8	8.6	8.3	9.2	9.6	5.3	8.0	8.4	8.8
湖南	1.2	2.8	2.8	3.0	4.0	4.2	7.0	7.9	8.7	6.7	7.4	4.8	8.5	8.6	9.0
广东	3.5	4.2	4.5	5.1	5.3	5.5	13.6	14.6	15.1	14.6	15.8	8.1	12.7	16.5	17.0
广西	0.6	0.8	1.0	1.0	0.8	0.6	0.9	1.1	1.1	1.2	1.3	8.5	1.5	1.7	2.2
海南	0.2	0.3	0.3	0.3	0.3	0.4	0.5	0.6	0.7	0.9	1.1	1.3	1.2	1.3	1.2
重庆	1.1	1.5	1.7	1.9	2.4	2.1	3.1	3.2	3.2	3.7	3.6	3.9	4.0	3.8
四川	2.6	2.8	2.9	4.0	3.5	4.2	6.0	7.2	8.1	8.0	9.0	7.0	11.8	12.4	13.2
贵州	1.1	1.2	1.1	1.0	1.5	1.8	1.9	1.8	2.0	2.8	3.4	7.1	3.9	4.5	4.4
云南	0.9	1.8	2.1	2.2	2.7	3.0	3.5	4.2	4.3	4.2	4.6	9.4	5.1	5.6	6.2
陕西	2.6	1.7	2.3	1.5	3.3	2.7	3.7	3.8	4.1	4.7	5.2	3.5	4.4	4.8	5.0
甘肃	1.4	1.4	1.4	1.5	1.6	1.7	1.9	2.2	2.4	2.4	2.8	9.8	2.6	2.9	2.6
青海	0.4	0.3	0.4	0.4	0.5	0.6	0.7	0.8	0.8	0.9	1.0	1.2	1.0	1.1	1.2
宁夏	0.2	0.3	0.4	0.4	0.8	1.0	1.2	1.3	1.3	1.3	3.1	1.2	1.3	1.3
新疆	1.5	1.0	1.2	1.2	1.3	1.5	1.7	2.0	2.4	3.5	3.4	4.8	4.5	4.6	4.7
东部	32.3	41.0	43.3	46.1	51.0	57.4	72.0	78.5	80.0	75.6	78.3	58.7	76.1	84.0	83.0
西部	14.8	15.2	17.3	18.1	22.2	23.8	31.6	35.4	38.3	41.2	44.2	59.4	48.3	52.4	54.2
中部	12.6	13.9	15.6	16.8	17.4	20.3	27.8	31.9	33.7	35.2	37.4	42.8	39.3	39.1	44.1

　　虽然我国建筑建造阶段和拆除阶段的二氧化碳排放量逐年增长，但单位施工面积和单位拆除面积的二氧化碳排放量却逐渐下降（见图3-9）。一方面是由于每年的施工面积不断增大所致，另一方面也由于施工技术的发展和施工工艺的改善。因此要减少建造阶段和拆除阶段二氧化碳的排放，除了减少施工拆除面积外，更应该注意发展施工技术和改善施工工艺。

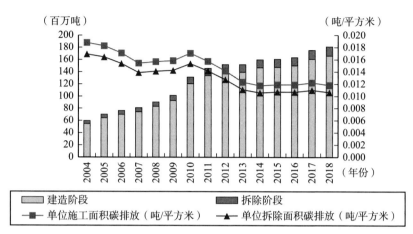

图 3-9   2004~2018 年建造阶段和拆除阶段碳排放

这十五年间东部地区碳排放量占比最大，占比为 50%，西部和中部地区占比相差不大，分别为 27% 和 23%，这是由于 20 世纪 80 年代非均衡发展战略的实施，带来了东部地区经济的高速增长，而经济的快速增长、城市化率的提高、基础设施的完善以及房地产业的迅速发展促进了建筑业的蓬勃发展，从而导致新建建筑和拆除建筑数量远超西部和中部地区（见图 3-10）。东部地区碳排放由 2004 年的 32.3 百万吨增长到 2018 年的 83 百万吨，其变动趋势与建造和拆除阶段整体的变动趋势相近，这说明东部地区在很大程度上影响着我国整体建造和拆除阶段的碳排放量。

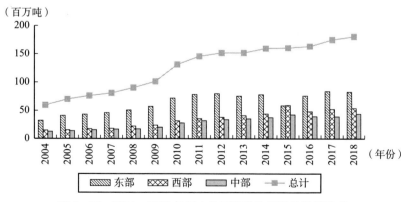

图 3-10   2004~2018 年三大地区建造和拆除阶段碳排放

从 2004～2018 年各省建造和拆除阶段碳排放情况来看（见图 3－11），排名前六位的省份中除湖北和四川外其他各省均属于东部地区，2018 年中部地区的湖北和西部地区的四川建筑业总产值均超过 1 万亿元以上，湖北和四川建筑业总产值位列全国第三位和第五位，因此湖北和四川建造和拆除阶段碳排放量较大。

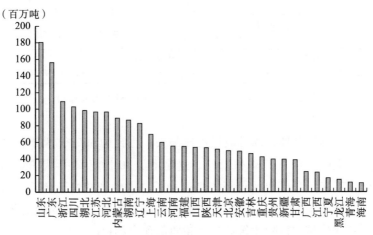

图 3－11　2004～2018 年各省建造阶段和拆除阶段碳排放总量

4. 运营阶段碳排放

2004～2018 年我国各地区建筑业运营阶段碳排放测算结果见表 3－10。

表 3－10　　　　　　**2004～2018 年我国各地区运营阶段碳排放**　　　单位：百万吨

地区	2004年	2005年	2006年	2007年	2008年	2009年	2010年	2011年	2012年	2013年	2014年	2015年	2016年	2017年	2018年
北京	49	55	61	67	70	74	78	82	85	85	86	86	87	87	89
天津	26	29	30	32	34	38	41	44	48	49	49	51	53	54	55
河北	66	73	69	75	87	93	120	127	133	139	141	152	163	169	188
山西	39	39	41	44	55	59	65	73	80	80	83	90	97	104	109
内蒙古	48	49	48	55	68	81	102	121	141	121	128	129	120	122	139
辽宁	68	77	84	90	94	98	112	122	132	124	128	138	144	156	167

续表

地区	2004年	2005年	2006年	2007年	2008年	2009年	2010年	2011年	2012年	2013年	2014年	2015年	2016年	2017年	2018年
吉林	41	53	51	52	54	58	73	77	75	80	78	88	91	92	91
黑龙江	36	44	48	50	64	60	81	104	112	114	119	134	144	146	119
上海	31	34	36	41	45	48	56	58	62	62	59	62	66	68	71
江苏	47	59	64	71	85	97	126	134	147	151	148	157	168	185	212
浙江	48	59	69	80	87	92	129	135	143	116	119	128	143	153	166
安徽	27	28	29	29	33	36	45	46	49	56	55	59	66	70	78
福建	23	28	30	32	34	36	45	49	52	49	56	55	60	65	73
江西	13	15	16	19	19	72	29	30	31	30	32	35	40	44	53
山东	68	102	120	138	154	160	203	221	236	200	200	216	237	248	295
河南	46	56	61	64	68	71	81	102	118	99	110	118	114	120	147
湖北	32	37	42	44	53	60	80	94	93	77	78	82	86	92	103
湖南	22	39	38	43	49	53	63	71	79	81	84	94	92	99	109
广东	68	75	83	94	100	113	173	184	191	153	165	176	88	200	214
广西	12	15	17	20	24	24	47	52	57	40	44	46	49	52	58
海南	3	2	3	4	4	5	7	8	10	9	10	11	12	14	15
重庆	12	15	18	19	21	23	26	29	33	37	36	34	42	41	46
四川	46	40	39	46	51	57	51	57	58	64	70	73	80	87	93
贵州	37	38	38	42	46	49	53	57	63	75	80	84	87	98	86
云南	15	19	18	19	21	24	28	31	36	33	40	41	42	44	48
陕西	23	30	34	29	35	41	47	54	57	59	63	65	70	75	81
甘肃	22	22	24	26	28	29	33	36	36	36	37	40	43	47	52
青海	6	7	7	7	7	7	8	9	9	10	10	13	14	17	18
宁夏	4	7	7	8	10	11	12	13	14	15	16	17	22	24	27
新疆	32	32	31	33	36	41	46	50	50	58	59	68	78	88	103
东部	497	592	649	723	795	856	1091	1165	1238	1137	1162	1233	1222	1399	1545
西部	258	274	281	304	347	388	453	509	556	549	583	611	646	693	750
中部	256	311	327	346	394	471	517	597	637	616	638	700	730	768	808

从图 3 - 12 中可以看出 2004～2018 年建筑运营阶段的碳排放量趋势。2004～2012 年间，建筑运营阶段的碳排放量以年均 9% 的速度增长。居民建筑在建筑运营阶段碳总排放量占比最大，为 37%，公共建筑和集中供暖碳排放量分别占建筑运营阶段碳总排放量的 33% 和 30%。但在十五年期间集中供暖和公共建筑的碳排放量以 10% 的年均增长率呈快速上升趋势，而居民建筑碳排放量在 2012 年达到峰值后有所下降，年均增长率为 7%，是三者中最低的。这也从侧面反映出了这十五年期间公共建筑的快速发展以及政府对市政基础建设的重视，同时也体现了居民节能减排意识的增强。

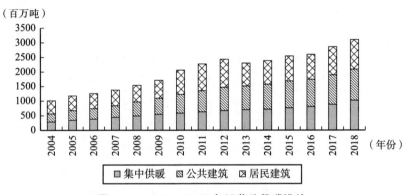

图 3 - 12　2004～2018 年运营阶段碳排放

从三大地区建筑运营阶段碳排放来看（见图 3 - 13），东部地区是建筑运营阶段碳排放量的主要来源，占了建筑运营阶段碳总排放量的 50%，中部地区和西部地区的占比相差不大，分别占建筑运营阶段碳总排放量的 26% 和 24%。而从 30 个省市建筑运营阶段碳排放来看，碳排放最大的 2 个省份是山东和广东，均属于东部地区，碳排放最大的前 6 个城市的碳排放总和占了全国总量的三分之一，均为东部省市，这是由于东部经济最发达，基础建设较其他两个地区更完善，集中供暖的面积大。

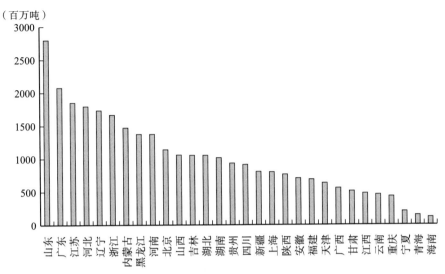

（百万吨）

图 3－13　2004～2018 年各省运营阶段碳排放总量

降低建筑运营阶段的碳排放对降低建筑全生命周期的碳排放有很大的意义。对于新建成的建筑，可以通过加快研究和发展绿色建筑的关键技术以及税收政策来推进绿色建筑的发展。对于既有的建筑，可以通过加快既有建筑隔热系统的更新，发展新的集中供热技术来降低建筑运营阶段的碳排放。另外，加快转变能源消费结构，更多地使用像太阳能、风能这样的清洁能源和可再生能源也可以在很大程度上降低建筑运营阶段的碳排放。

5. 垃圾处理阶段碳排放

2004～2018 年我国各地区建筑业垃圾处理阶段碳排放测算结果见表 3－11。

表 3－11　　　　　**2004～2018 年我国各地区垃圾处理阶段碳排放**　　　单位：百万吨

地区	2004年	2005年	2006年	2007年	2008年	2009年	2010年	2011年	2012年	2013年	2014年	2015年	2016年	2017年	2018年
北京	0.074	0.087	0.091	0.101	0.108	0.124	0.159	0.196	0.226	0.265	0.302	0.319	0.328	0.347	0.380
天津	0.020	0.023	0.026	0.032	0.033	0.038	0.043	0.056	0.068	0.073	0.078	0.086	0.092	0.082	0.071
河北	0.056	0.068	0.075	0.080	0.094	0.104	0.136	0.176	0.202	0.209	0.212	0.202	0.196	0.193	0.197

续表

地区	2004年	2005年	2006年	2007年	2008年	2009年	2010年	2011年	2012年	2013年	2014年	2015年	2016年	2017年	2018年
山西	0.019	0.024	0.027	0.029	0.033	0.037	0.042	0.049	0.062	0.073	0.078	0.077	0.080	0.087	0.091
内蒙古	0.015	0.018	0.022	0.033	0.033	0.036	0.046	0.055	0.060	0.052	0.048	0.041	0.037	0.031	0.030
辽宁	0.051	0.062	0.074	0.081	0.087	0.113	0.161	0.209	0.237	0.253	0.274	0.166	0.116	0.094	0.077
吉林	0.014	0.019	0.022	0.028	0.034	0.035	0.038	0.046	0.078	0.076	0.085	0.073	0.064	0.055	0.049
黑龙江	0.024	0.027	0.029	0.027	0.032	0.032	0.043	0.054	0.052	0.050	0.043	0.034	0.033	0.028	0.022
上海	0.061	0.082	0.093	0.093	0.102	0.107	0.128	0.137	0.153	0.165	0.191	0.198	0.196	0.223	0.254
江苏	0.241	0.314	0.376	0.473	0.537	0.589	0.697	0.842	0.962	1.128	1.226	1.238	1.264	1.318	1.402
浙江	0.304	0.351	0.413	0.494	0.541	0.612	0.712	0.842	0.951	1.054	1.148	1.150	1.136	1.168	1.202
安徽	0.049	0.060	0.073	0.087	0.100	0.112	0.138	0.166	0.195	0.212	0.230	0.240	0.231	0.252	0.267
福建	0.039	0.060	0.079	0.101	0.116	0.124	0.161	0.201	0.235	0.270	0.319	0.331	0.352	0.364	0.399
江西	0.034	0.045	0.050	0.056	0.064	0.073	0.082	0.094	0.116	0.141	0.165	0.174	0.173	0.185	0.199
山东	0.127	0.152	0.175	0.193	0.203	0.230	0.264	0.293	0.330	0.373	0.406	0.397	0.410	0.435	0.454
河南	0.050	0.064	0.086	0.114	0.132	0.148	0.171	0.198	0.226	0.255	0.286	0.303	0.320	0.321	0.362
湖北	0.066	0.075	0.088	0.101	0.111	0.124	0.152	0.190	0.238	0.292	0.363	0.367	0.424	0.461	0.510
湖南	0.068	0.083	0.095	0.111	0.126	0.133	0.160	0.188	0.210	0.251	0.272	0.274	0.291	0.314	0.338
广东	0.135	0.155	0.167	0.186	0.174	0.174	0.187	0.215	0.240	0.292	0.296	0.282	0.304	0.336	0.407
广西	0.027	0.032	0.038	0.046	0.049	0.053	0.062	0.074	0.086	0.104	0.120	0.133	0.149	0.144	0.151
海南	0.003	0.004	0.005	0.005	0.006	0.007	0.008	0.015	0.013	0.013	0.012	0.012	0.012	0.011	0.012
重庆	0.052	0.064	0.069	0.081	0.092	0.098	0.115	0.129	0.156	0.175	0.191	0.192	0.189	0.194	0.205
四川	0.093	0.108	0.122	0.134	0.140	0.155	0.172	0.202	0.226	0.275	0.308	0.307	0.314	0.337	0.334
贵州	0.015	0.018	0.019	0.022	0.024	0.027	0.032	0.037	0.045	0.066	0.075	0.090	0.105	0.100	0.094
云南	0.025	0.028	0.033	0.035	0.040	0.047	0.054	0.062	0.079	0.093	0.094	0.092	0.100	0.102	0.112
陕西	0.023	0.027	0.032	0.039	0.045	0.052	0.065	0.082	0.097	0.117	0.130	0.135	0.137	0.149	0.163
甘肃	0.015	0.018	0.020	0.022	0.023	0.024	0.029	0.035	0.048	0.060	0.066	0.062	0.060	0.055	0.055
青海	0.003	0.002	0.002	0.002	0.002	0.003	0.004	0.004	0.005	0.007	0.006	0.005	0.005	0.005	0.006
宁夏	0.007	0.006	0.007	0.008	0.010	0.013	0.015	0.020	0.022	0.027	0.025	0.019	0.016	0.014	0.013
新疆	0.016	0.017	0.018	0.022	0.026	0.031	0.039	0.052	0.065	0.078	0.085	0.072	0.066	0.058	0.048

续表

地区	2004年	2005年	2006年	2007年	2008年	2009年	2010年	2011年	2012年	2013年	2014年	2015年	2016年	2017年	2018年
东部	1.113	1.360	1.573	1.840	2.002	2.222	2.657	3.183	3.617	4.094	4.462	4.383	4.407	4.571	4.856
西部	0.290	0.340	0.382	0.443	0.484	0.538	0.634	0.752	0.887	1.053	1.148	1.150	1.179	1.191	1.210
中部	0.324	0.397	0.470	0.553	0.633	0.695	0.828	0.985	1.176	1.351	1.522	1.543	1.616	1.703	1.837

从图 3 – 14 中可以看出，2004～2018 年期间垃圾处理阶段碳排放量持续增长，其中拆除垃圾的碳排放量的曲线与垃圾处理阶段碳总排放量的曲线基本吻合，而建造垃圾的碳排放量只有小幅度增长，处于平稳状态。从垃圾处理阶段碳排放量占比情况来看，拆除垃圾的碳排放量是垃圾处理阶段碳排放量的主要来源，占垃圾处理阶段碳排放量的 87%，建造垃圾的碳排放量占垃圾处理阶段碳排放量的 13%。

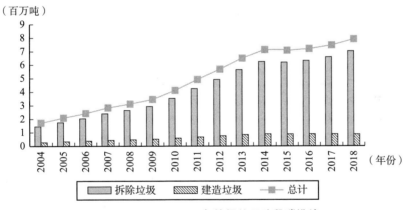

（百万吨）

（年份）

拆除垃圾　　建造垃圾　　总计

图 3 – 14　2004～2018 年垃圾处理阶段碳排放

从三大地区的占比情况来看，东部地区仍然是垃圾处理阶段碳排放量的最大来源，占垃圾处理阶段碳排放量的 63%，中部地区垃圾处理阶段碳排放量占 21%，西部地区垃圾处理阶段碳排放量仅占 16%。而从各省市的占比情况来看，东部地区的江苏和浙江两省每年的垃圾处理阶段碳排放量占全国总碳排放的 1/3，远超其他省份（见图 3 – 15）。

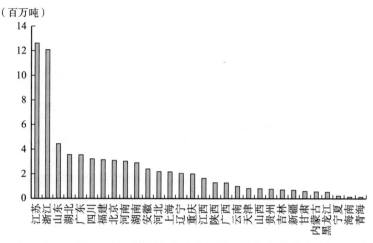

图 3 – 15　2004～2018 年各省垃圾处理阶段碳排放总量

　　我们可以从两个方面降低垃圾处理阶段碳排放量。一是大力发展和使用先进的施工技术,如模块化建造、预制构件等,实现施工过程的高效化和规模化,充分合理地使用原材料,从而减少材料浪费和施工时间,尽可能从源头上避免不必要的建筑垃圾的产生,降低建筑垃圾的产生量。此外,应当大力推广使用高效节能的施工机械设备,以减少能源消耗和排放,提高施工效率。建筑过程中应合理选择和使用原材料。采用环保、可再生和可回收的原材料,如绿色建材、再生材料等,可以降低建筑产生的废弃物量,并减少对自然资源的依赖。

　　二是要提高施工现场建筑垃圾的回收率,通过材料回收利用的方法从终端上减少送往垃圾填埋场的建筑垃圾处理的数量,达到降低垃圾处理阶段二氧化碳排放的目的。要进一步地强化建筑垃圾管理和控制。在项目规划和设计阶段,应制定合理的建筑垃圾管理计划,明确施工过程中的垃圾分类、收集、处理和处置方式。通过合理的垃圾分类和回收措施,可以有效降低建筑垃圾的数量,并将可回收的材料重新利用,减少对环境的影响。

3.3　研 究 结 论

　　本章运用全生命周期法详细测算了 2004～2018 年我国建筑业全生命周期

碳排放，包括建材生产阶段、建材运输阶段、建造阶段、运营阶段、拆除阶段和垃圾处理阶段。计算结果显示，在全生命周期六个阶段中，建材生产阶段是我国建筑业全生命周期的碳排放量的最主要来源，而其中钢材和水泥又是建材生产阶段碳排放量的最大贡献者，因此我们必须将政策的中心和重心放在减少钢材和水泥的用量上，并且通过改进和发展钢材和水泥的生产工艺来达到降低建材生产阶段碳排放量的目的。从区域层面上来看，东部地区是我国建筑业全生命周期的碳排放量的最主要来源，应该协调三大地区的建筑业的发展规模和速度，在加大中、西部开发的同时，要注意控制东部地区建筑业发展的规模和速度。

通过对测算结果的分析，我们识别出了各个阶段的碳排放量的主要来源，针对不同阶段制定相应的政策来减少我国建筑业全生命周期的碳排放量。

1. 建材生产阶段

钢材和水泥是建材生产阶段碳排放量的最大贡献者，因此我们必须将政策的中心和重心放在减少钢材和水泥的用量上，并且通过改进和发展钢材和水泥的生产工艺来达到降低建材生产阶段碳排放量的目的。

2. 建材运输阶段

提高运输方式的能源使用效率是降低建材运输阶段二氧化碳排放的一个方法。另外，更多地使用当地的建材可以在很大程度上缩短建材的平均运距，达到降低建材运输阶段二氧化碳排放的目的。

3. 建造和拆除阶段

要减少建造阶段和拆除阶段二氧化碳的排放，除了减少施工拆除面积外，更应该注意发展施工技术和改善施工工艺。

4. 运营阶段

对于新建成的建筑，可以通过加快研究和发展绿色建筑的关键技术以及税收政策来推进绿色建筑的发展。对于既有的建筑，由于集中供暖是建筑运营阶段碳排放的最主要来源，可以通过加快既有建筑隔热系统的更新，发展新的集中供热技术来降低建筑运营阶段的碳排放。另外，由于集中供暖的碳排放主要来自锅炉耗能所产生的碳，因此转变能源消费结构，更多地使用像太阳能、风能这样的清洁能源和可再生能源也可以在很大程度上降低建筑运营阶段的碳排放。

5. 垃圾处理阶段

大力发展和使用先进的施工技术和机械，充分合理地使用原材料，尽可能从源头上避免不必要的建筑垃圾的产生，降低建筑垃圾的总量。还要提高施工现场建筑垃圾的回收率，强化建筑垃圾管理和控制，通过材料回收利用的方法从终端上减少送往垃圾填埋场的建筑垃圾处理的数量，达到降低垃圾处理阶段二氧化碳排放的目的。

第 **4** 章

建筑业全生命周期能源效率分析

4.1 数据包络分析理论（DEA）

4.1.1 DEA 方法简介

1978 年查恩斯（Charnes）、库珀（Cooper）和罗兹（Rhodes）在欧洲运筹学杂志《European Journal of Operational Research》上发表了论文《衡量决策单位的效率》（Measuring the efficiency of decision making units）[1]，创立了数据包络分析理论（Data Envelopment Analysia，DEA）。

DEA 是以相对有效概念为基础，根据多指标投入和多指标产出对相同类型单位（部门）进行相对有效性或效益评价的一种新的系统分析方法。在处理多输入—多输出的有效性评价方面，DEA 具有绝对优势，主要体现在以下几点：

（1）DEA 通过数据本身获得投入产出的权重，克服了通过专家咨询研讨等主观形式确定权重的缺陷；

（2）DEA 对不同投入或产出的量纲没有约束；

（3）DEA 不需要预先确定投入产出之间可能存在的某种显式关系，可以

---

① W. W. Cooper A. Charnes，E. Rhodes. Measuring the efficiency of decision making units ［J］. European Journal of Operational Research，1978，2：429 － 444.

免除模型构建假设错误中出现的缺陷。

　　由于 DEA 方法的这些优势和特征，使 DEA 方法被广泛应用于各个领域和行业，进行效率的评价和分析，涉及农业、体育、环境、电力、物流、企业管理、税务、教育、金融、医疗卫生等众多领域。随着 DEA 方法的应用范围不断扩展，学者们开始对其进行改进和拓展。自 20 世纪 90 年代以来，研究者们提出了多种 DEA 的变体和改进，包括增加了环境效率考虑的 DEA 模型、考虑不确定性的随机 DEA 模型等。此外，DEA 方法也逐渐被应用于不同领域，如医疗、金融、教育等。DEA 方法在环境效率评估中的应用逐渐受到关注。由于传统的效率评估方法往往没有考虑环境因素，DEA 方法的非参数特性使其能够灵活地融入环境效率的评估。因此，研究者们开始探索将 DEA 方法应用于评估单位的环境效率，如碳排放效率、能源利用效率等。

4.1.2　DEA 基本模型

1. 基于规模收益不变的 CCR 模型

　　CCR 模型假设规模收益不变（Constant Returns to Scale，CRS），其得出的技术效率包含了规模效率的成分，因此通常被称为综合技术效率。

　　假设我们要测量一组共有 n 个 DMU 的技术效率，记为 DMU_j（$j = 1$，2，$\cdots$，n）；每个 DMU 有 m 种投入，记为 x_i（$i = 1$，2，$\cdots$，m），投入的权重表示为 v_i（$i = 1$，2，$\cdots$，m）；每个 DMU 有 q 种投入，记为 y_r（$r = 1$，2，$\cdots$，q），产出的权重表示为 u_r（$r = 1$，2，$\cdots$，q）。当前要测量的 DMU 记为 DMU_k，其产出投入比表示为：

$$h_k = \frac{\sum\limits_{r=1}^{q} u_r y_{rk}}{\sum\limits_{i=1}^{m} v_i x_{ik}} \, (v \geq 0; u \geq 0) \tag{4-1}$$

　　接下来给要测量的技术效率值附加一项条件，将所有 DMU 采用上述权重得出的效率值 θ_j 限定在 [0，1] 的区间内，即

$$\frac{\sum\limits_{r=1}^{q} u_r y_{rk}}{\sum\limits_{i=1}^{m} v_i x_{ik}} \leq 1 \tag{4-2}$$

Charnes、Cooper 和 Rhodes 三人创立的第一个非线性规划的 DEA 模型表示为：

$$
\begin{cases}
\max \dfrac{\displaystyle\sum_{r=1}^{q} u_r y_{rk}}{\displaystyle\sum_{i=1}^{m} v_i x_{ik}} \\[4mm]
\dfrac{\displaystyle\sum_{r=1}^{q} u_r y_{rk}}{\displaystyle\sum_{i=1}^{m} v_i x_{ik}} \leqslant 1 \\[4mm]
v \geqslant 0;\ u \geqslant 0 \\[1mm]
i = 1,2,\cdots,m;\ r = 1,2,\cdots,q;\ j = 1,2,\cdots,n
\end{cases}
\tag{4-3}
$$

这一非线性规划模型的含义在于，在使所有 DMU 的效率值都不超过 1 的条件下，使被评价 DMU 的效率值最大化，因此模型确定的权重 u 和 v 是对被评价 DMU_k 最有利的。从这个意义上讲，CCR 模型是对被评价 DMU 的无效率状况做出的一种保守估计，因为它采用的权重是最有利于被评价者的，采用其他任何权重得出的效率值都不会超过这组权重得出的效率值。

利用 Charnes-Cooper 变换，令：$t = \dfrac{1}{\displaystyle\sum_{i=1}^{m} v_i x_{ik}}$，$\mu = tu$，$\nu = tv$，将非线性模型变换为等价的线性规划模型（P）。

$$
\begin{cases}
\max \displaystyle\sum_{r=1}^{q} \mu_r y_{rk} \\[4mm]
\displaystyle\sum_{r=1}^{q} \mu_r y_{rk} - \sum_{i=1}^{m} v_i x_{ik} \leqslant 0 \\[4mm]
\displaystyle\sum_{i=1}^{m} v_i x_{ik} = 1 \\[2mm]
v \geqslant 0;\ \mu \geqslant 0 \\[1mm]
i = 1,2,\cdots,m;\ r = 1,2,\cdots,q;\ j = 1,2,\cdots,n
\end{cases}
\tag{4-4}
$$

根据对偶理论，其引入松弛变量后的对偶模型（D）为：

$$
\begin{cases}
\min\theta \\
\displaystyle\sum_{j=1}^{n}\lambda_j x_{ij} + s_i^- = \theta x_{ik} \\
\displaystyle\sum_{j=1}^{n}\lambda_j y_{rj} - s_r^+ = y_{rk} \\
\lambda \geqslant 0, s_i^- \geqslant 0, s_r^+ \geqslant 0 \\
i = 1, 2, \cdots, m; r = 1, 2, \cdots, q; j = 1, 2, \cdots, n
\end{cases}
\quad (4-5)
$$

2. 基于规模收益可变的 BCC 模型

CCR 模型假设生产技术的规模收益不变，或者虽然生产技术规模收益可变，但假设所有被评价 DMU 均处于最优生产规模阶段，即处于规模收益不变阶段。但实际生产中，许多生产单位并没有处于最优规模的生产状态，因此 Banker、Charnes 和 Cooper 三人在 1984 年又提出了基于规模收益可变（Variable Returns to Scale，VRS）的 BCC 模型[①]，BCC 模型得到的是排除了规模影响的纯技术效率（Pure Technical Efficiency，PTE）。

BCC 模型是在 CCR 对偶模型的基础上增加了约束条件 $\displaystyle\sum^{n}\lambda_j = 1(\lambda \geqslant 0)$ 构成的，其作用是使得投影点的生产规模与被评价 DMU 的生产规模处于同一水平。

$$
\begin{cases}
\min\theta \\
\displaystyle\sum_{j=1}^{n}\lambda_j x_{ij} + s_i^- = \theta x_{ik} \\
\displaystyle\sum_{j=1}^{n}\lambda_j y_{rj} - s_r^+ = y_{rk} \\
\displaystyle\sum_{j=1}^{n}\lambda_j = 1 \\
\lambda \geqslant 0, s_i^- \geqslant 0, s_r^+ \geqslant 0 \\
i = 1, 2, \cdots, m; r = 1, 2, \cdots, q; j = 1, 2, \cdots, n
\end{cases}
\quad (4-6)
$$

其对偶模型为：

---

① A. Charnes R D Banker, W W Cooper. Some models for estimating technical and scale inefficiencies in data envelopment analysis [J]. Management Science, 1984, 30 (9): 1078 – 1092.

$$\begin{cases} \max \sum\limits_{r=1}^{q} \mu_r y_{rk} - \mu_0 \\ \sum\limits_{r=1}^{q} \mu_r y_{rk} - \sum\limits_{i=1}^{m} v_i x_{ik} - \mu_0 \leqslant 0 \\ \sum\limits_{i=1}^{m} v_i x_{ik} = 1 \\ v \geqslant 0; \mu \geqslant 0 \\ i = 1, 2, \cdots, m; r = 1, 2, \cdots, q; j = 1, 2, \cdots, n \end{cases} \qquad (4-7)$$

3. CCR 模型和 BCC 模型最优解的含义

当求解得到的最优解 $\theta^* < 1$，说明被评价的决策单位无效，需要对投入产出的比例进行调整。

当求解得到的最优解 $\theta^* = 1$，被评价的决策单位为弱有效。它是指无法等比例减少各项投入的数量，除非减少产出的数量；无法等比例增加各项产出的数量，除非增加投入的数量。在这种状态下，虽然不能等比例建设投入或增加产出，但是某一项或几项（但不是全部）投入可能可以减少，或者某一项或几项（但不是全部）产出可能可以增加。

当最优解 $\theta^* = 1$，且 s^- 和 s^+ 均为 0 时，被评价的决策单位为强有效。它是指生产处于这样的一种状态，任何一项投入的数量都无法减少，除非减少产出的数量或者增加另外一种投入的数量；任何一项产出的数量都无法增加，除非增加投入的数量或减少另外一种产出的数量。这种生产状态是一种帕累托最优状态。

4. 规模效率与规模收益

BCC 模型的提出也为规模效率的计算提供了方法。由于 CCR 模型得出的是包含规模效率的综合技术效率，BCC 模型得出的是纯技术效率，那么将综合技术效率除去纯技术效率，就可得到规模效率，计算方法为：

$$SE = TE/PTE \qquad (4-8)$$

一般来说，生产技术的规模收益要先后经历规模收益递增、规模收益不变和规模收益递减三个阶段。可通过 CCR 模型中 λ_j 的最优解来判定规模收益状态：

（1）如果被评价 DMU 的规模效率 = 1，则说明该 DMU 处于规模收益不变的状态；

（2）如果被评价 DMU 的规模效率 <1，并且在任一最优解中 $\sum \lambda^* < 1$，则说明该 DMU 处于规模收益递增的状态；

（3）如果被评价 DMU 的规模效率 <1，并且在任一最优解中 $\sum \lambda^* > 1$，则说明该 DMU 处于规模收益递减的状态。

4.2　建筑业全生命周期能源效率静态评价

4.2.1　建筑业全生命周期能源效率静态评价方法

1. 经典的 SBM 模型

在径向 DEA 模型中，对无效率程度的测量只包含了所有投入（产出）等比例缩减（增加）的比例。对于无效 DMU 来说，其当前状态与强有效目标直接的差距，除了等比例改进的部分之外，还包括松弛改进的部分。而松弛改进的部分在效率值的测量中并未能得到体现。为了解决松弛改进的问题，多田熏·托恩（Kaoru Tone, 2001）[①] 提出了 SBM（Slack Based Measure）模型：

$$\min\rho = \frac{1 - \dfrac{1}{m}\sum_{i=1}^{m} s_i^- / x_{ik}}{1 + \dfrac{1}{q}\sum_{r=1}^{q} s_r^+ / y_{rk}}$$

$$\text{s. t. } X\lambda + s^- = x_k$$
$$Y\lambda - s^+ = y_k$$
$$\lambda, s^-, s^+ \geqslant 0 \tag{4-9}$$

SBM 模型采用 ρ^* 表示被评价 DMU 的效率值，它同时从投入和产出两个角度来对无效率状况进行测量，因此称为非导向模型。在非导向 SBM 模型

---

① Kaoru Tone. A slacks-based measure of efficiency in data envelopment analysis [J]. European Journal of Operational Research, 2001, 130: 498-509.

中，投入和产出数据中均不能出现 0。

如果 SBM 模型的效率值等于 1，则说明被评价 DMU 为强有效，不存在径向模型的弱有效问题。在径向模型中，无效率用所有投入（产出）可以等比例缩减（增加）的程度来测量；在 SBM 模型中，无效率则用所有投入（产出）可以缩减（增加）的平均比例来测量。

2. Super Efficiency - SBM 模型

Tone 在 2002 年提出了超效率 SBM 模型[1]：

$$\min \rho = \frac{1 - \frac{1}{m} \sum_{i=1}^{m} s_i^- / x_{ik}}{1 + \frac{1}{q} \sum_{r=1}^{q} s_r^+ / y_{rk}}$$

$$\text{s. t.} \quad \sum_{j=1, j \neq k}^{n} x_{ij} \lambda_j - s_i^- \leqslant x_{ik}$$

$$\sum_{j=1, j \neq k}^{n} y_{rj} \lambda_j + s_r^- \geqslant y_{rk}$$

$$\lambda, s^-, s^+ \geqslant 0$$

$$i = 1, 2, \cdots, m; r = 1, 2, \cdots, q; j = 1, 2, \cdots, n; (j \neq k)$$

$$(4 - 10)$$

Super Efficiency - SBM 模型与经典 SBM 模型不同的是，Super Efficiency - SBM 模型将被评价 DMU 从参考集中剔除，也就是说被评价 DMU 的效率是参考其他 DMU 构成的前沿面得出的，有效 DMU 的超效率值一般会大于 1，从而可以对有效的 DMU 进行再排序。

3. 包含非期望产出的 SBM 模型

2007 年 Tone 定义了包含非期望产出的 SBM 模型[2]：

$$Y\lambda - s^+ = y_k \qquad (4 - 11)$$

4. 包含非期望产出的 Super Efficiency - SBM 模型

Tone 没有给出包含非期望产出的 Super Efficiency - SBM 模型的规划式，

① Kaoru Tone. A slacks-based measure of super-efficiency in data envelopment analysis [J]. European Journal of Operational Research, 2002, 143 (1): 32 - 41.

② WW Cooper, K Tone, LM Seiford. Data Envelopment Analysis: A Comprehensive Text with Models, Applications, References and DEA - Solver Software [J]. Journal of the Operational Research Society, 2007, 14 (90): 145 - 156.

但根据 Super Efficiency – SBM 模型可推出包含非期望产出的 Super Efficiency – SBM 模型为：

$$
\min\rho = \cfrac{1 - \cfrac{1}{m}\sum\limits_{i=1}^{m} s_i^- / x_{ik}}{1 + \cfrac{1}{q_1 + q_2}\left(\sum\limits_{r=1}^{q_1} s_r^+ / y_{rk} + \sum\limits_{r=1}^{q_2} s_t^{b-} / b_{rk}\right)}
$$

$$
\text{s. t.} \sum_{j=1, j \neq k}^{n} x_{ij}\lambda_j - s_i^- \leqslant x_{ik}
$$

$$
\sum_{j=1, j \neq k}^{n} y_{rj}\lambda_j + s_r^- \geqslant y_{rk}
$$

$$
\sum_{j=1, j \neq k}^{n} b_{tj}\lambda_j + s_t^{b-} \leqslant b_{tk}
$$

$$
\lambda, s^-, s^+ \geqslant 0
$$

$$
i = 1, 2, \cdots, m; \ r = 1, 2, \cdots, q; \ j = 1, 2, \cdots, n; \ (j \neq k)
$$

$$
(4 - 12)
$$

根据以上四种 SBM 模型的特点，本书选取包含非期望产出的 Super Efficiency – SBM 模型来计算我国建筑业全生命周期能源效率。

4.2.2 全生命周期能源效率

合理地选取投入、产出指标，主要遵循以下几点原则：第一，指标要满足评价要求，客观地反映评价对象的效率水平；第二，应避免指标之间有较强的线性关系；第三，所选指标的相关数据要易于获取。

基于以上原则，本研究选取的投入产出指标如下：

（1）能源投入：能源是生产过程中的重要投入要素，建筑业所消耗的能源种类较多，主要包括煤炭、原油、天然气和电力等 12 种能源。本书将各种能源消耗统一折算成"万吨标准煤"后进行加和，求得的能源消耗总量作为能源投入。2004～2018 年我国建筑业全生命周期能源投入数据见表 4 –1，原始数据来源于《中国能源统计年鉴》。

表 4-1　　　　　　2004~2018 年我国建筑业全生命周期能源投入　　单位：万吨标准煤

地区	2004年	2005年	2006年	2007年	2008年	2009年	2010年	2011年	2012年	2013年	2014年	2015年	2016年	2017年	2018年
北京	1586	1766	1940	2093	2191	2306	2336	2407	2445	2478	2497	2453	2386	2435	2270
天津	882	971	1021	1077	1189	1324	1432	1535	1662	1712	1737	1607	1845	1833	1853
河北	2157	2404	2212	2382	2817	2973	4215	4403	4516	4251	4257	4704	4960	5074	5525
山西	1365	1271	1351	1414	1793	1962	2183	2450	2638	2653	2714	3054	3194	3390	3514
内蒙古	1764	1752	1735	2005	2449	2931	3778	4361	5087	4330	4548	4385	4195	4258	4768
辽宁	2247	2544	2751	2978	3065	3228	4035	4440	4724	4029	4122	4520	4589	4977	5291
吉林	1378	1871	1787	1820	1823	1980	2589	2764	2608	2717	2638	3217	3076	3132	3078
黑龙江	1151	1424	1553	1626	2055	1967	3065	3946	4248	3896	3989	4638	4867	4932	4424
上海	912	954	982	1135	1217	1318	1582	1632	1715	1582	1543	1508	1653	1678	1666
江苏	1307	1736	1811	1983	2417	2760	3779	3937	4244	3980	3955	4189	4274	4665	5351
浙江	1418	1838	2153	2486	2676	2830	4786	4927	5140	3339	3486	3480	4047	4285	4534
安徽	864	837	848	849	978	1044	1420	1399	1464	1583	1569	1688	1806	1807	2055
福建	597	742	801	814	878	896	1306	1368	1418	1127	1279	1117	1320	1413	1596
江西	356	406	439	513	519	2328	1005	977	918	696	764	857	937	1056	1284
山东	2435	3749	4346	4941	5434	5687	7281	7912	8380	6175	6191	6659	7312	7630	9158
河南	1395	1722	1886	1939	1993	2049	2462	3133	3697	2733	3191	3258	3117	3367	4115
湖北	1031	1170	1328	1420	1717	1956	2961	3493	3346	2446	2526	2501	2501	2658	2929
湖南	621	1264	1174	1302	1517	1645	2191	2477	2726	2464	2553	2707	2704	2874	3104
广东	1605	1873	2012	2314	2421	2743	6180	6327	6248	3572	3814	4183	2495	4600	4816
广西	330	431	502	590	683	630	1771	1945	2151	1006	1041	1168	1137	1165	1312
海南	86	59	83	92	109	126	240	269	305	202	226	269	283	307	327
重庆	375	464	544	569	650	708	774	860	996	1156	1139	1133	1244	1254	1229
四川	1521	1311	1333	1558	1615	1787	1405	1554	1633	1761	2023	2106	2334	2541	2590
贵州	1223	1243	1233	1350	1518	1594	1776	1866	1989	2397	2577	2670	2781	3058	2636
云南	476	565	523	565	601	683	877	961	1136	932	1033	1066	1106	1143	1223
陕西	853	992	1184	938	1226	1383	1563	1769	1848	1867	1973	2016	2052	2197	2314

续表

地区	2004年	2005年	2006年	2007年	2008年	2009年	2010年	2011年	2012年	2013年	2014年	2015年	2016年	2017年	2018年
甘肃	746	756	816	882	922	953	1093	1170	1158	1149	1188	1563	1413	1507	1647
青海	285	315	325	292	279	285	306	334	326	364	367	473	504	617	677
宁夏	162	233	241	257	354	396	426	460	499	540	585	673	763	833	920
新疆	1168	1146	1091	1171	1270	1453	1649	1791	1791	2057	2081	2453	2794	3068	3523

图 4－1 是三大地区及全国的能源消耗。东部地区的能源消耗始终是三大地区中最大的，2004～2018 年东部地区的能源消耗量总数是西部地区的 2 倍。观察 2004 年和 2018 年三大地区的能源消耗量，我们发现三大地区间能源消耗的差距正在不断加大。

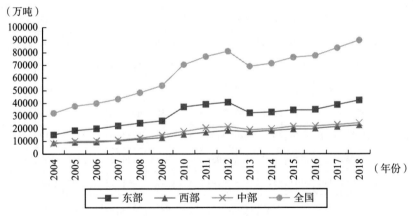

图 4－1　2004～2018 年我国三大地区建筑业能源消耗量

（2）劳动力投入：劳动时间是衡量生产过程中劳动投入的最好指标，但其数据无法获得。因此，本书参考相关文献，选择"建筑业从业人员数"衡量建筑业的劳动力投入。2004～2018 年我国建筑业全生命周期劳动力投入数据见表 4－2，原始数据来源于《中国建筑业统计年鉴》。

表4-2　　　　2004～2018年我国建筑业全生命周期劳动力投入　　　单位：万人

地区	2004年	2005年	2006年	2007年	2008年	2009年	2010年	2011年	2012年	2013年	2014年	2015年	2016年	2017年	2018年
北京	111.7	119.4	131.2	135.3	138.5	162.4	203.9	184.3	89.0	82.7	160.9	162.4	165.6	172.6	198.5
天津	38.1	39.1	38.5	45.3	49.6	59.3	65.5	65.3	59.0	81.7	101.3	90.5	99.2	94.3	96.6
河北	113.9	118.8	122.4	119.7	137.7	130.4	136.9	152.3	138.5	123.3	146.3	139.2	145.3	150.8	111.2
山西	59.0	62.5	63.2	65.9	78.0	85.7	96.4	105.8	94.6	105.4	106.5	99.5	112.3	104.4	109.0
内蒙古	39.9	46.6	49.9	68.5	69.3	74.9	74.4	73.6	54.7	53.7	51.0	40.6	41.3	35.9	32.7
辽宁	118.1	127.8	143.9	152.5	163.5	210.1	270.1	347.9	251.4	240.4	242.0	170.9	130.5	111.4	101.1
吉林	42.6	43.8	47.2	55.2	70.8	69.9	79.1	66.6	64.2	55.7	80.7	88.2	80.1	62.3	47.8
黑龙江	63.1	62.7	63.9	63.0	81.5	91.9	96.5	92.1	100.3	101.9	85.7	73.6	67.0	59.9	41.0
上海	99.5	103.6	109.3	110.0	110.6	122.6	124.7	127.6	113.9	118.3	132.0	126.4	126.1	120.7	122.9
江苏	305.4	342.2	379.8	437.1	492.2	540.5	599.0	606.5	701.0	782.5	828.3	833.3	845.8	894.9	885.2
浙江	271.2	311.6	354.1	400.7	431.2	482.9	561.1	555.7	631.2	673.2	742.2	782.6	777.3	787.4	670.0
安徽	91.4	97.6	109.6	120.7	141.0	143.2	161.6	156.8	160.4	185.0	174.5	167.1	169.5	175.7	209.5
福建	56.9	72.5	80.6	104.9	142.1	155.9	186.0	273.6	200.0	245.8	279.6	293.6	321.9	382.8	416.7
江西	53.6	61.6	61.7	62.7	68.1	79.4	90.1	83.1	99.3	112.3	135.4	165.7	168.4	228.7	180.8
山东	238.7	271.8	282.3	288.0	298.9	305.2	344.7	307.3	308.3	304.7	332.5	311.2	322.6	349.2	329.3
河南	99.8	127.9	140.9	174.3	201.1	221.0	239.6	235.5	208.8	252.3	257.4	279.7	272.6	284.1	285.1
湖北	102.3	110.1	114.2	126.3	134.8	146.0	161.7	213.8	171.6	173.6	206.4	232.8	258.6	254.6	224.1
湖南	112.8	115.3	125.2	132.2	148.3	147.3	163.3	162.5	157.3	197.4	211.5	221.3	229.1	267.6	262.2
广东	153.8	166.2	166.2	177.5	171.0	175.5	190.2	219.2	182.6	204.2	222.8	224.4	230.2	263.6	303.3
广西	34.5	42.2	40.7	44.1	46.9	50.2	57.5	60.5	66.4	71.0	88.5	98.7	114.1	139.4	121.7
海南	7.3	6.8	7.4	7.1	8.3	9.9	11.4	6.9	6.4	7.2	7.3	7.7	8.1	8.1	7.3
重庆	82.1	82.6	87.7	93.6	121.9	120.5	144.6	189.6	151.8	160.5	183.0	200.0	217.6	239.6	208.6
四川	167.2	174.6	180.6	196.2	218.6	233.7	280.3	369.7	242.9	271.2	304.3	296.4	324.3	395.1	427.4
贵州	27.9	27.8	27.4	27.5	28.5	31.9	31.8	34.8	32.6	38.6	49.9	55.7	71.4	80.1	90.3
云南	49.6	55.1	63.1	64.0	65.5	70.8	78.5	89.3	91.3	99.1	107.8	113.6	132.2	150.7	151.8

续表

地区	2004年	2005年	2006年	2007年	2008年	2009年	2010年	2011年	2012年	2013年	2014年	2015年	2016年	2017年	2018年
陕西	43.0	48.4	52.8	64.2	95.7	96.7	113.6	90.9	99.2	120.6	138.7	127.4	136.7	152.6	160.8
甘肃	44.4	45.9	47.8	44.8	46.4	49.1	50.2	50.6	52.5	58.2	64.4	60.9	62.8	62.3	54.0
青海	10.5	10.4	10.3	10.5	9.9	12.0	12.6	12.1	12.9	13.2	14.1	12.8	14.4	14.3	10.0
宁夏	15.7	15.2	15.5	15.9	17.2	20.5	23.1	24.0	18.6	21.3	23.8	19.7	19.1	22.6	20.5
新疆	31.5	31.5	31.1	35.1	40.5	44.6	53.6	58.5	65.0	78.4	81.5	79.4	76.5	78.1	62.9

我国建筑业从业人数在 2004～2018 年期间以年均 6% 的速率增长，2004 年我国建筑业从业人员总数为 26855914 人，2018 年建筑业从业人数达到 59420490 人（见图 4－2）。从 2004～2018 年我国三大地区建筑业从业人员数来看，除了 2012 年和 2018 年建筑业从业人数有所下降，建筑业从业人数连续多年稳步增长，建筑业对拉动城乡就业，提供就业岗位做出了巨大的贡献。东部地区建筑业从业人数位居三大地区之首，人数是西部地区的 2.7 倍之多。

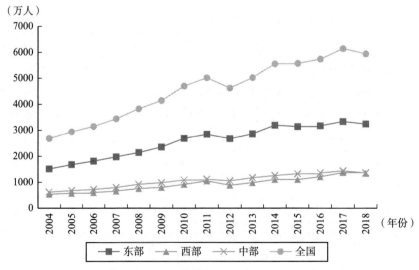

图 4－2   2004～2018 年我国三大地区建筑业从业人员数

（3）资本投入：建筑业的资本构成较为复杂，并且无法获得各省建筑业固定资产的折旧率，因此不能用资本存量来度量建筑业的资本投入。鉴于此，我们选择"建筑业总资产"作为资本投入指标。2004～2018 年我国建筑业全生命周期资本投入数据见表 4－3，原始数据来源于《中国建筑业统计年鉴》。

表 4－3　　　　　2004～2018 年我国建筑业全生命周期资本投入　　　　单位：亿元

地区	2004年	2005年	2006年	2007年	2008年	2009年	2010年	2011年	2012年	2013年	2014年	2015年	2016年	2017年	2018年
北京	2856	3271	3574	4662	5591	6997	8898	10809	11760	13683	16281	18366	20264	23159	27221
天津	660	738	918	1200	1601	1989	2397	3079	3925	4487	5272	5722	6017	6231	7125
河北	946	976	1057	1250	1601	1885	2200	2620	3244	3792	4156	4482	4973	6095	6540
山西	792	850	950	1086	1355	1636	2027	2503	2976	3420	3794	4034	4845	5456	5947
内蒙古	301	344	387	494	590	743	974	1322	1618	1789	1796	1873	1976	2107	2219
辽宁	1125	1254	1457	1701	1940	2407	3181	3990	5105	5503	6332	6878	5985	5965	6005
吉林	462	486	523	520	654	634	873	1108	1678	1929	2087	2345	2419	2485	2672
黑龙江	674	704	820	914	1040	1083	1195	1460	1640	1803	1796	1727	1958	2018	2062
上海	2024	2078	2517	2909	3692	4154	4837	5654	6553	7275	7943	8645	9050	9944	10909
江苏	2745	3210	3907	4524	5395	6267	7387	9775	11556	13424	15078	16433	17835	18960	20732
浙江	2199	2594	3067	3675	4164	4890	6188	7550	8660	9832	10910	11654	12088	12897	13719
安徽	680	772	920	1173	1396	1702	2115	2598	3170	3654	4267	4734	5496	6125	7076
福建	635	773	897	1044	1246	1461	1735	2082	2548	3127	3812	4266	4758	5482	6424
江西	417	449	499	557	695	811	945	1125	1547	1931	2361	2698	3447	4077	5919
山东	2034	2337	2652	3057	3506	4071	4811	5976	6948	8177	9120	9921	11136	12846	13907
河南	821	923	1124	1477	1894	2383	2853	3559	4144	4947	5763	6170	7044	7994	9800
湖北	1069	1140	1343	1968	2255	3113	3756	4874	5853	6352	7558	8895	9853	11452	13033
湖南	754	821	940	1105	1283	1462	1726	2099	2518	2981	3439	3995	4632	5352	6293
广东	2553	2593	2824	3283	3747	4339	5101	6137	7295	8822	9884	10737	12200	14384	18753
广西	406	456	458	520	614	689	777	978	1124	1384	1569	1709	1898	2253	2904
海南	70	60	62	41	83	95	84	148	169	206	214	215	252	271	339

续表

地区	2004年	2005年	2006年	2007年	2008年	2009年	2010年	2011年	2012年	2013年	2014年	2015年	2016年	2017年	2018年
重庆	617	667	806	955	1203	1517	1959	2643	3193	4026	4566	4904	5326	5707	6076
四川	1357	1446	1492	1641	2067	2451	3382	4712	5240	6096	6989	7765	9859	10807	12275
贵州	271	286	318	347	397	463	594	731	1020	1452	1802	2609	3544	4252	5270
云南	541	636	725	825	1003	1126	1450	1738	2097	2592	3058	3694	4591	5510	6086
陕西	535	583	662	869	1255	2142	1836	2104	2749	3384	4012	4670	5344	6175	7150
甘肃	347	341	348	400	430	480	551	668	1132	1362	1489	1690	1863	2240	2499
青海	109	112	120	143	176	196	222	290	363	417	483	510	568	620	691
宁夏	140	163	180	189	216	251	296	366	441	528	636	690	748	817	806
新疆	377	378	408	454	549	649	780	1051	1300	1620	1785	2038	2319	2708	3194

图4-3为2004~2018年我国三大地区建筑业总资产,从图中可以看出,三大地区在2004~2018年间,建筑业总资产稳步增长,东部地区增长速度最大,西部地区和中部地区的曲线基本重合。

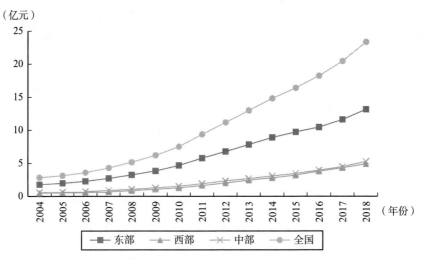

图4-3 2004~2018年我国三大地区建筑业总资产

（4）机械设备投入：机械设备是建筑业重要的生产要素。建筑业需要大量的机械设备投入，尤其是在施工阶段。本书选择"自有施工机械设备年末总功率"来表示建筑业机械设备投入量。2004～2018 年我国建筑业全生命周期机械设备投入数据见表 4-4，原始数据来源于《中国建筑业统计年鉴》。

表 4-4　　　　　2004～2018 年我国建筑业全生命周期机械投入　　　单位：万千瓦

地区	2004年	2005年	2006年	2007年	2008年	2009年	2010年	2011年	2012年	2013年	2014年	2015年	2016年	2017年	2018年
北京	482	447	431	398	497	503	429	377	374	444	458	376	367	364	443
天津	250	246	297	293	317	441	418	391	501	437	443	478	522	485	363
河北	651	716	722	698	776	843	1034	1194	1471	1130	1604	1251	1029	1183	1179
山西	384	395	381	416	472	502	527	589	658	610	694	692	697	719	733
内蒙古	293	204	217	221	235	200	208	216	244	249	344	189	199	186	193
辽宁	606	645	644	702	825	882	949	1118	1316	1766	1767	1550	1011	878	540
吉林	235	261	182	115	268	170	164	204	488	254	277	235	256	281	254
黑龙江	444	342	334	366	372	359	328	364	313	284	339	332	324	293	252
上海	294	313	296	309	338	362	362	422	371	402	397	228	270	312	218
江苏	1164	1387	1617	1985	2667	2827	3057	3706	4006	4815	5390	3975	3672	3415	3903
浙江	837	888	1011	1141	1303	1358	1591	1778	1836	2037	2210	2085	2188	2210	1882
安徽	450	470	516	532	580	591	663	798	913	1115	1287	786	754	862	1001
福建	278	307	351	423	445	530	577	641	637	721	1023	1015	1048	1032	1285
江西	234	233	215	199	233	255	261	306	398	443	484	526	532	661	663
山东	1918	1119	1016	1277	1238	1380	1520	1889	1651	1706	1978	1742	2177	1925	1752
河南	559	628	746	940	1120	1205	1268	1405	1660	1635	1650	3257	2263	1700	1707
湖北	662	778	799	1031	917	1215	1292	1162	1457	1420	1688	1322	1234	1502	1576
湖南	595	575	673	646	692	769	841	896	1000	1206	1320	1108	1010	1014	1040
广东	1512	1248	1041	1006	932	859	877	972	1407	1125	1300	1640	1667	2094	2058
广西	254	255	259	297	292	293	291	315	256	280	321	279	292	306	325
海南	56	62	66	33	36	43	23	15	15	18	24	29	31	29	29
重庆	285	258	262	261	347	419	337	457	461	461	461	417	456	470	431

续表

地区	2004年	2005年	2006年	2007年	2008年	2009年	2010年	2011年	2012年	2013年	2014年	2015年	2016年	2017年	2018年
四川	653	672	673	717	689	691	681	731	774	795	1024	1019	1015	1179	1180
贵州	123	123	121	117	129	113	143	152	143	179	218	217	341	386	404
云南	302	305	330	324	312	289	290	405	724	512	689	520	509	523	844
陕西	296	258	308	422	549	646	599	627	492	565	1115	688	716	649	712
甘肃	349	252	234	284	1151	844	246	218	270	341	440	365	372	378	348
青海	97	92	104	95	96	100	67	110	74	76	126	97	109	111	97
宁夏	88	82	86	85	90	87	80	85	77	73	112	61	53	73	45
新疆	204	190	197	203	229	234	238	246	242	313	406	237	233	257	286

　　图4-4为2004~2018年我国三大地区建筑业年末自有施工机械设备总功率，我们发现东部地区和中部地区建筑业年末自有施工机械设备总功率在2004~2014年期间有较大增长，西部地区总体增长缓慢，这也导致了三大地区建筑业年末自有施工机械设备总功率的差异逐年增大。

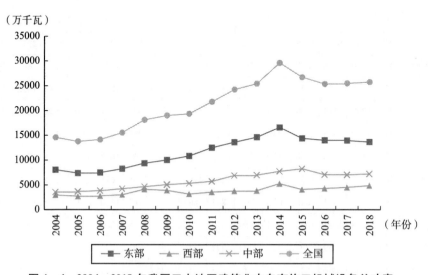

图4-4　2004~2018年我国三大地区建筑业末自有施工机械设备总功率

（5）建材投入：本书选取钢材、水泥、铝材、玻璃和木材5种建材的消耗量来表示建筑业建材投入量，原始数据来源于《中国建筑业统计年鉴》。由于5种建材消耗量的单位并非统一，无法进行加总汇合，需要对5种建材消耗量数据进行必要的处理。由于SBM模型要求投入和产出都不能出现0值，我们利用公式（4-13）对5种建材的消耗量数据进行标准化处理，得到无量纲数据后再加总作为建材的投入量。

$$x^* = x/\max \qquad\qquad (4-13)$$

经过标准处理后加总得到的2004~2018年我国建筑业全生命周期建材投入数据见表4-5。在经过标准化处理累加之后，可以发现我国建材的消耗分布很不平均，东部地区是建材的最大消费者，中部地区次之，西部地区的建材消耗量最小（见图4-5）。东部地区的建材消耗量是中部地区的2倍、西部地区的3倍。

表4-5　　　　　　　　　2004~2018年我国建筑业建材投入

地区	2004年	2005年	2006年	2007年	2008年	2009年	2010年	2011年	2012年	2013年	2014年	2015年	2016年	2017年	2018年
北京	0.83	1.10	0.83	0.75	0.63	0.78	0.73	0.39	0.23	0.49	0.41	0.48	0.45	0.49	0.53
天津	1.06	0.42	0.35	0.78	0.45	0.42	0.33	0.20	0.16	0.46	0.62	0.46	0.31	0.24	0.26
河北	0.81	1.10	1.19	1.17	1.05	1.07	1.65	1.52	1.31	1.44	1.22	1.79	1.00	1.00	0.66
山西	0.51	0.66	0.38	0.40	0.45	0.52	0.55	0.19	0.13	0.28	0.29	0.35	0.30	0.31	0.34
内蒙古	0.21	0.24	0.23	0.29	0.57	0.46	0.34	0.15	0.10	0.18	0.15	0.24	0.36	0.21	0.39
辽宁	0.85	1.01	0.89	0.80	0.85	1.43	1.36	1.16	0.71	2.07	1.36	0.82	0.69	0.37	0.34
吉林	0.62	0.65	0.21	0.25	0.30	0.32	0.28	0.19	1.41	0.74	0.67	0.42	0.48	0.35	0.27
黑龙江	0.48	0.35	0.26	0.30	0.38	0.36	0.31	0.52	0.16	0.26	0.13	0.15	0.15	0.16	0.19
上海	1.22	0.91	0.72	0.72	0.68	0.67	0.60	0.57	0.23	0.45	0.34	0.38	0.35	0.39	0.44
江苏	3.70	2.93	2.63	3.39	3.80	3.84	3.60	4.56	2.94	3.78	2.63	3.94	3.53	3.57	3.35
浙江	4.79	5.00	4.69	4.81	5.00	4.97	4.86	3.09	1.82	3.16	4.96	4.96	4.01	4.98	4.40
安徽	0.62	0.81	0.57	0.77	0.91	0.94	0.93	0.51	0.35	0.89	0.67	0.82	0.86	1.07	1.10
福建	0.71	1.37	1.21	1.10	1.44	1.54	1.87	0.93	0.58	1.34	1.52	2.55	2.67	3.14	4.16
江西	0.47	0.55	0.45	0.49	0.55	0.50	0.42	0.28	0.57	0.20	1.09	1.13	1.30	1.37	

续表

地区	2004年	2005年	2006年	2007年	2008年	2009年	2010年	2011年	2012年	2013年	2014年	2015年	2016年	2017年	2018年
山东	1.30	1.38	1.23	1.20	2.48	1.89	1.67	0.86	1.74	1.14	1.03	1.93	1.47	1.54	1.42
河南	0.90	1.06	0.94	1.24	1.36	1.09	1.06	0.58	0.41	0.78	3.12	1.82	1.82	2.35	2.30
湖北	1.21	1.27	1.04	1.37	1.21	1.65	1.29	1.01	1.98	3.02	3.46	2.66	3.54	3.26	2.73
湖南	2.07	1.18	1.12	1.32	1.21	1.20	1.16	0.70	0.45	0.79	0.71	1.38	1.74	2.19	2.12
广东	2.07	2.37	2.62	2.78	2.27	2.26	2.33	1.17	1.75	1.72	1.33	1.50	1.24	1.41	1.34
广西	0.85	0.52	0.41	0.44	0.40	0.41	0.66	0.33	0.42	0.77	0.64	1.11	1.02	1.10	0.79
海南	0.12	0.30	0.06	0.05	0.11	0.13	0.09	0.07	0.04	0.09	0.08	0.11	0.06	0.06	0.08
重庆	0.70	0.46	0.38	0.49	1.67	1.18	1.11	0.70	0.36	0.71	0.61	0.96	0.92	1.08	0.96
四川	0.97	1.12	0.90	0.95	1.04	1.18	2.37	1.78	1.50	1.96	1.79	2.03	2.94	2.80	3.10
贵州	0.30	0.23	0.20	0.26	0.50	0.40	0.38	0.15	0.16	0.38	0.38	0.91	1.16	0.55	0.68
云南	0.30	0.31	0.28	0.27	0.30	0.30	0.31	0.17	0.12	0.85	0.74	0.43	0.58	0.62	0.89
陕西	0.35	0.57	0.42	0.54	0.84	0.68	0.62	0.41	0.28	0.52	0.52	0.96	0.92	0.93	1.26
甘肃	0.26	0.22	0.29	0.13	0.42	0.23	0.23	0.19	0.15	0.24	0.23	0.32	0.30	0.20	0.19
青海	0.05	0.05	0.02	0.03	0.04	0.06	0.07	0.02	0.02	0.03	0.03	0.07	0.04	0.04	0.04
宁夏	0.09	0.08	0.07	0.08	0.08	0.10	0.12	0.09	0.06	0.10	0.14	0.16	0.09	0.07	0.08
新疆	0.25	0.25	0.20	0.20	0.20	0.24	0.21	0.50	0.16	0.27	0.24	0.25	0.18	0.17	0.16

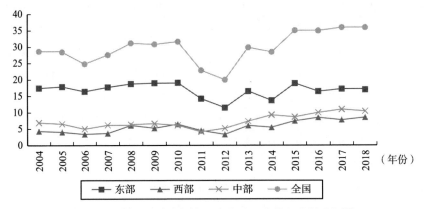

图 4 – 5　2004 ~ 2018 年我国三大地区建筑业建材消耗量

（6）建筑业总产值：建筑产品种类繁多，无法采用实物量来衡量各省建筑业的产出水平。本书参考以往研究，选择"建筑业总产值"作为衡量建筑业期望产出的指标。2004～2018 年我国建筑业总产值数据见表 4 - 6，原始数据来源于《中国建筑业统计年鉴》。

表 4 - 6　　　　　2004～2018 年我国建筑业总产值　　　　　单位：亿元

地区	2004年	2005年	2006年	2007年	2008年	2009年	2010年	2011年	2012年	2013年	2014年	2015年	2016年	2017年	2018年
北京	1657	1894	2168	2577	3066	4060	5196	6046	6588	7464	8210	8437	8841	9737	10942
天津	654	754	984	1222	1454	1911	2424	2986	3259	3694	4123	4489	4892	4262	3782
河北	1004	1285	1449	1615	2045	2525	3231	3973	4865	5245	5626	5253	5518	5656	5722
山西	713	849	940	1061	1355	1826	2143	2325	2668	3034	3103	2931	3318	3567	4097
内蒙古	355	381	467	681	780	965	1126	1395	1441	1571	1403	1123	1221	1122	1069
辽宁	1245	1482	1775	2100	2505	3385	4690	6218	7547	8629	7851	5414	3927	3688	3636
吉林	411	486	608	738	995	1143	1349	1627	1990	2211	2521	2216	2284	2218	2025
黑龙江	516	573	700	876	1037	1342	1770	2029	2374	2472	2151	1680	1717	1560	1217
上海	1689	1889	2285	2524	3246	3831	4300	4298	4843	5206	5500	5652	6046	6426	7113
江苏	3656	4369	5425	7011	8602	10265	12406	15123	18424	21994	24593	24786	25792	27957	30955
浙江	3896	4719	5656	6972	8156	9589	12008	14907	17333	20200	22668	23981	24989	27236	20671
安徽	789	964	1168	1517	1855	2240	2865	3597	4230	4966	5483	5696	6047	6830	7918
福建	672	874	1162	1544	1853	2204	2936	3693	4425	5462	6689	7606	8531	9994	11411
江西	462	566	669	786	1033	1323	1690	2095	2790	3470	4123	4602	5179	6167	6873
山东	1969	2509	2792	3289	3822	4579	5497	6483	7281	8468	9313	9382	10087	11478	11940
河南	817	1066	1531	2152	2824	3596	4401	5279	6009	7003	7912	8048	8808	10087	11202
湖北	1112	1349	1667	2111	2605	3422	4345	5586	7043	8465	10060	10593	11862	13391	15176
湖南	1028	1219	1463	1829	2115	2507	3162	3915	4408	5284	6021	6631	7304	8423	9608
广东	1901	2200	2593	3000	3270	3809	4715	5774	6514	7864	8357	8866	9652	11372	13863
广西	329	425	513	613	753	934	1222	1553	1867	2290	2609	2953	3449	4210	4401
海南	59	60	65	82	111	144	199	255	283	286	276	279	308	323	358
重庆	690	784	895	1129	1496	1915	2534	3329	3976	4731	5552	6257	7036	7606	7345

续表

地区	2004年	2005年	2006年	2007年	2008年	2009年	2010年	2011年	2012年	2013年	2014年	2015年	2016年	2017年	2018年
四川	1309	1469	1753	2110	2593	3337	4163	5257	6240	7210	8067	8768	9960	11400	13668
贵州	255	271	312	349	394	524	623	825	1039	1379	1640	1948	2363	2933	3352
云南	448	539	672	757	907	1196	1511	1868	2384	2907	3055	3269	3867	4726	5334
陕西	523	659	830	1173	1651	2309	3064	2908	3529	4000	4558	4753	5329	6227	7009
甘肃	294	313	344	437	481	580	752	926	1365	1721	1815	1849	1947	1825	1808
青海	89	91	108	125	143	204	280	319	326	414	433	410	411	407	441
宁夏	111	113	131	155	192	259	343	428	467	569	625	525	511	549	567
新疆	342	359	383	451	625	787	964	1320	1622	2080	2306	2256	2258	2419	2134

作为建筑业最重要的产出之一，2004~2018 年我国三大地区建筑业总产值都处于稳步上升阶段，东部地区建筑业总产值的增速最大，中部地区次之，西部地区增速小于东部和中部地区（见图 4-6）。

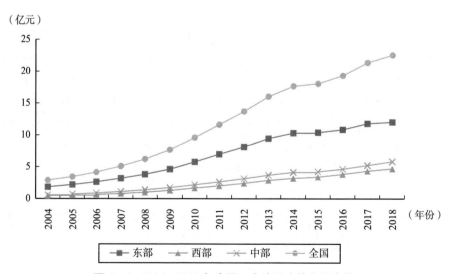

图 4-6　2004~2018 年我国三大地区建筑业总产值

（7）竣工面积：本书选取竣工面积作为衡量各省建筑业产出水平的第二期望产出指标。2004～2018 年我国建筑业竣工面积数据见表 4 - 7，原始数据来源于《中国建筑业统计年鉴》。

表 4 - 7　　　　　2004～2018 年我国建筑业竣工面积　　单位：万平方米

地区	2004年	2005年	2006年	2007年	2008年	2009年	2010年	2011年	2012年	2013年	2014年	2015年	2016年	2017年	2018年
北京	5258	4862	4786	4946	4803	5226	5933	6456	8406	8950	9275	9886	10704	9844	9900
天津	1619	1484	1736	2101	1644	2240	2419	2638	2877	3636	3232	3547	3429	3218	2387
河北	5837	5744	6024	6311	7010	7751	9101	10642	12420	12808	12583	11613	11145	9836	9230
山西	1526	1639	1647	1834	2321	2286	2585	2538	3162	3722	3940	3634	3353	3553	3755
内蒙古	1604	1623	2089	3186	3239	3141	3805	4065	3659	3631	3649	3103	2539	2032	1823
辽宁	4751	5111	6260	6051	6708	9228	13003	16692	17465	19786	16514	10398	6853	5318	4876
吉林	1750	1745	1933	2543	3378	3946	4273	4195	6027	6344	7335	5603	5211	3834	3142
黑龙江	2414	2250	2380	2381	2415	3420	3620	4438	4341	4390	3885	2968	2747	2127	1470
上海	4557	5643	6506	6090	5724	5720	6217	5985	6476	7074	7581	7259	7481	8067	7886
江苏	21760	25392	28715	34992	40736	43308	48560	54650	61242	68993	76795	76824	74990	75454	75895
浙江	20381	24637	29151	34086	37339	40240	45099	51152	55468	61549	66483	68316	68819	66565	54210
安徽	4759	5081	5917	7214	7874	8812	10512	11898	13346	14851	15339	15554	14591	14981	16199
福建	3587	4191	4826	6010	7638	7435	9096	10944	12344	13861	15393	16631	18121	16895	17644
江西	3400	4031	4359	4571	5239	5944	6488	7813	10149	11881	12725	14256	14836	15042	15635
山东	11263	11883	13538	15163	15541	16647	19180	19277	21527	23737	24221	23657	23721	23344	21800
河南	4187	4787	6530	9178	10394	11994	13156	15147	16398	18179	19818	17964	19426	20226	20577
湖北	6647	6897	7376	8425	9153	10281	12813	16468	20397	22774	24867	26829	28614	30837	32838
湖南	6251	6846	7452	8202	9078	10074	10537	11750	13399	15891	16583	17390	18629	19840	20153
广东	9835	10028	10629	11141	10914	11116	10164	12421	13485	14439	13886	14373	15662	16687	18629
广西	1956	2210	2479	2894	3142	3614	4094	4670	5029	5788	6733	7721	7998	8439	8480
海南	302	205	315	282	341	391	509	584	812	915	779	745	652	563	620
重庆	5168	5155	5306	5751	6485	7473	8292	8989	11602	12240	12816	13543	13752	13448	12863

续表

地区	2004年	2005年	2006年	2007年	2008年	2009年	2010年	2011年	2012年	2013年	2014年	2015年	2016年	2017年	2018年
四川	8838	8692	9178	9631	9854	11394	12086	13660	15750	18212	19544	20667	21089	21648	24822
贵州	1251	1150	1108	1204	1211	1244	1350	1530	1863	2473	2801	3196	4112	4714	4912
云南	2503	2470	3137	3149	3337	3771	4393	4444	5919	6718	7247	6941	7102	7452	7346
陕西	1884	1893	2128	2352	3020	3128	3781	5679	5387	6404	6918	7087	6759	6982	7136
甘肃	1606	1455	1638	1473	1843	1724	2014	2410	3227	3977	4172	4083	3915	3032	2713
青海	263	194	161	174	189	212	273	324	344	467	479	350	302	339	373
宁夏	579	564	577	649	741	948	1076	1386	1524	1940	1493	1227	1018	792	860
新疆	1483	1429	1645	1850	2156	2518	2891	3466	4554	5769	6115	5247	4670	3810	3101

我国竣工面积在 2004～2018 年期间年均增长率为 7.8%，2004～2014 年期间竣工面积都呈现稳定快速的增长，2014～2018 年期间除了东部地区的竣工面积开始回落外，西部地区和中部地区竣工面积保持小幅度增长（见图 4-7）。

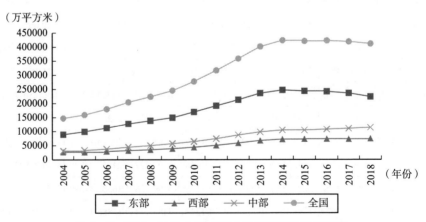

图 4-7　2004～2018 年我国三大地区建筑业竣工面积

（8）二氧化碳排放量：二氧化碳是建筑业最主要的非期望产出物，也是全球关注最多的环境污染物，因此选择全生命周期二氧化碳排放量来衡量建筑业的非期望产出。

　　我国建筑业在 2004～2018 年期间所排放的二氧化碳以年均 11.8% 的速度增长，其中 2011 年增长最为明显，增幅达到 45.6%，2012 年我国建筑业排放的二氧化碳总量达到顶峰（见图 4 - 8）。

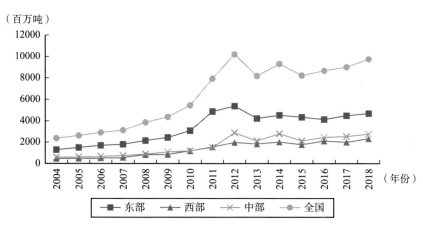

图 4 - 8　2004～2018 年我国三大地区建筑业全生命周期二氧化碳排放量

　　基于我国 2004～2018 年 30 个省市建筑业投入、产出指标的数据，运用 MAXDEA PRO6.6 中的 Super Efficiency - SBM 超效率模型计算我国建筑业全生命周期能源效率。计算结果见表 4 - 8。

表 4 - 8　　　　　　　2004～2018 年我国各地区建筑业全生命周期能源效率

地区	2004年	2005年	2006年	2007年	2008年	2009年	2010年	2011年	2012年	2013年	2014年	2015年	2016年	2017年	2018年	平均值
北京	1.24	1.12	1.01	1.05	1.08	1.07	1.14	1.19	1.63	1.49	1.25	1.37	1.36	1.34	1.71	1.27
天津	1.07	1.12	1.08	1.11	1.01	1.06	1.12	1.11	1.06	1.08	1.11	1.20	1.19	1.24	1.23	1.12
河北	1.03	1.03	1.01	0.65	0.70	1.00	0.59	0.56	1.02	1.04	1.02	0.55	1.00	0.56	1.03	0.85
山西	1.12	1.03	1.01	1.06	1.08	1.09	0.58	1.01	1.05	1.04	0.50	1.00	1.01	0.62	1.02	0.95
内蒙古	1.23	1.00	1.00	1.05	0.58	1.02	1.04	1.10	1.03	1.02	0.39	1.06	0.40	1.04	1.08	0.94
辽宁	1.05	1.01	1.01	1.04	1.06	1.03	0.75	1.03	1.04	1.02	0.48	0.57	0.43	0.54	0.78	0.86

续表

地区	2004年	2005年	2006年	2007年	2008年	2009年	2010年	2011年	2012年	2013年	2014年	2015年	2016年	2017年	2018年	平均值
吉林	1.05	1.22	1.22	1.21	1.13	1.22	1.32	1.24	0.41	1.01	0.42	1.04	1.02	1.08	1.02	1.04
黑龙江	0.62	1.01	1.04	1.03	1.08	1.04	1.06	1.03	1.11	1.10	0.45	1.17	1.02	0.61	1.04	0.96
上海	1.20	1.16	1.22	1.21	1.21	1.21	1.20	1.10	1.06	1.07	1.03	1.13	1.09	1.13	1.23	1.15
江苏	1.23	1.30	1.35	1.28	1.22	1.21	1.26	1.15	1.16	1.19	1.25	1.23	1.27	1.27	1.46	1.25
浙江	1.12	1.12	1.13	1.11	1.14	1.13	1.11	1.40	1.46	1.47	1.16	1.14	1.12	1.11	1.06	1.19
安徽	1.09	1.04	1.01	1.00	0.83	1.00	0.83	1.09	1.07	0.88	0.53	1.03	1.01	1.00	0.77	0.95
福建	1.02	0.57	0.56	0.73	0.67	0.61	0.59	1.00	0.74	0.63	0.46	1.01	1.01	1.02	1.06	0.78
江西	1.25	1.05	1.11	1.11	1.23	1.14	1.16	1.19	1.18	1.22	1.87	1.13	1.09	1.09	1.07	1.19
山东	1.21	1.06	1.04	1.19	1.06	1.02	1.03	1.09	0.50	1.04	0.60	0.59	0.64	0.63	0.62	0.89
河南	0.65	0.57	1.02	1.03	1.04	1.11	1.08	1.18	1.19	1.19	0.39	1.02	0.64	0.68	1.01	0.92
湖北	1.12	1.10	1.10	1.02	1.10	1.10	1.16	1.06	1.03	1.04	1.05	1.04	1.04	1.05	1.09	1.07
湖南	1.02	1.01	1.01	1.01	1.00	1.02	1.01	1.02	1.01	1.03	0.58	1.01	1.00	1.00	1.00	0.98
广东	0.73	0.57	0.51	0.51	0.56	1.00	0.47	0.57	0.45	1.01	0.51	1.01	1.01	1.00	1.02	0.73
广西	0.50	0.61	0.62	0.67	1.01	1.05	0.60	1.02	0.59	1.00	0.41	1.04	1.03	1.05	1.08	0.82
海南	1.63	1.89	2.03	2.31	1.90	1.70	2.01	1.94	1.82	1.74	1.92	2.02	1.96	2.07	1.74	1.91
重庆	1.09	1.25	1.15	1.11	0.60	1.09	1.07	1.05	1.07	1.08	1.02	1.10	1.08	1.09	1.09	1.06
四川	1.18	1.01	1.01	1.02	1.00	0.88	0.63	1.07	1.02	1.03	0.52	0.68	0.59	0.58	1.02	0.88
贵州	0.63	0.63	0.55	0.54	0.45	0.53	0.43	0.58	0.48	0.46	0.34	0.37	0.32	0.47	0.46	0.48
云南	1.13	1.01	1.17	1.12	1.22	1.16	1.16	1.09	1.25	1.26	0.38	1.10	1.02	1.08	1.06	1.08
陕西	1.04	0.62	1.01	1.03	1.03	1.01	1.07	1.02	1.02	1.03	0.38	0.63	0.60	1.00	0.58	0.87
甘肃	0.70	1.11	0.52	1.05	0.49	1.01	1.01	0.68	0.66	0.74	0.41	1.05	1.01	0.72	1.00	0.81
青海	1.81	1.65	2.38	2.04	2.60	1.92	1.68	2.53	2.60	3.16	2.84	1.45	1.53	1.44	1.80	2.10
宁夏	1.29	1.17	1.06	1.08	1.20	1.24	1.07	1.13	1.04	1.10	0.55	1.01	1.02	1.05	1.04	1.07
新疆	1.05	1.00	1.01	0.76	1.04	1.07	1.10	0.50	1.10	1.22	1.02	1.37	1.29	1.28	1.15	1.06
东部	1.14	1.09	1.09	1.11	1.05	1.10	1.03	1.10	1.08	1.16	0.98	1.08	1.10	1.08	1.18	1.09
西部	1.06	1.01	1.04	1.04	1.02	1.09	0.99	1.07	1.08	1.19	0.75	0.99	0.90	0.98	1.04	1.02
中部	0.99	1.00	1.06	1.06	1.06	1.09	1.03	1.10	1.01	1.08	0.72	1.06	0.98	0.89	1.00	1.01

图 4 - 9 为 2004～2018 年我国三大地区建筑业全生命周期能源效率，从图中我们发现，三大地区在 2004～2018 年期间建筑业全生命周期能源效率处于波动状态，2014 年各地全生命周期能源效率都降至十五年间的最低值。2004～2018 年期间东部地区建筑业全生命周期能源效率的均值为 1.09，是三大地区中效率最高的，中部地区次之，建筑业全生命周期能源效率的均值为 1.02，西部地区建筑业全生命周期能源效率的均值为 1.01。从各省份来看，全国共有 14 各省份在 2004～2018 年期间建筑业全生命周期能源效率均值大于 1，处于相对最优的水平。

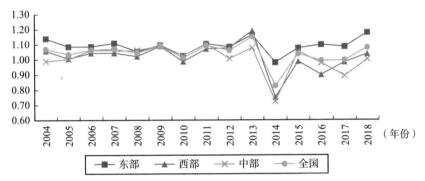

图 4 - 9　2004～2018 年我国三大地区建筑业全生命周期能源效率

为进一步研究我国各省建筑业能源效率的技术有效性和规模有效性，将能源效率分解为纯技术效率和规模效率。纯技术效率主要反映评价单元的科技水平、政策环境与管理模式等因素对能源利用效率的影响，规模效率反映评价单元的规模因素对能源利用效率的影响。因此，建筑业全生命周期能源效率指标可分解为建筑业全生命周期能源纯技术效率和建筑业全生命周期能源规模效率。

从图 4 - 10 中 2004～2018 年我国三大地区建筑业全生命周期能源纯技术效率可以看出，东部地区在这十五年期间的全生命周期能源纯技术效率始终高于中西部地区，除了 2005 年、2008 年、2009 年、2014 年和 2018 年的纯技术效率低于 1，其他年份均大于 1，处于相对最优水平，全生命周期能源纯技术效率均值为 1.02。中部和西部地区建筑业全生命周期能源纯技术效率的均值分别为 0.78 和 0.8，都没有到达有效水平。

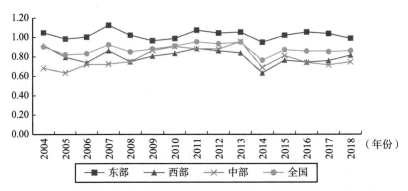

图 4 – 10　2004 ~ 2018 年我国三大地区建筑业全生命周期能源纯技术效率

2004 ~ 2018 年我国三大地区建筑业全生命周期能源规模技术效率曲线和建筑业全生命周期能源效率曲线走势大致相同，三大地区在 2004 ~ 2018 年期间建筑业全生命周期能源效率处于波动状态。2004 ~ 2018 年期间东部地区建筑业全生命周期能源效率的均值为 1.00，是三大地区中效率最高的，也是三大地区中唯一达到有效前沿面的地区，中部地区和西部地区建筑业全生命周期能源规模效率的均值都为 0.93。

东部地区在这十五年期间的全生命周期能源纯技术效率始终高于中西部地区，除了 2005 年、2008 年、2009 年、2014 年和 2018 年的纯技术效率低于1，其他年份均大于1，处于相对最优水平，全生命周期能源纯技术效率均值为 1.02。中部和西部地区建筑业全生命周期能源纯技术效率的均值分别为 0.78 和 0.8，都没有到达有效水平（见图 4 – 11）。

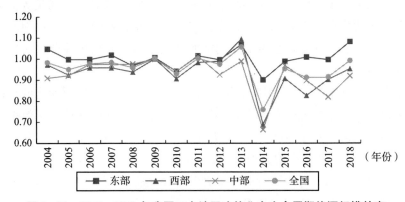

图 4 – 11　2004 ~ 2018 年我国三大地区建筑业全生命周期能源规模效率

　　从建筑业全生命周期能源效率分解的结果来看，东部地区建筑业全生命周期能源效率的纯技术效率和规模效率都要优于中西部地区，特别是技术效率带动了东部地区建筑业全生命周期能源效率的提升。相比中西部地区的省份，东部地区的科技水平较高，二氧化碳减排技术运用广泛，建筑业能源利用过程中能更好地满足建筑业产值最大化与二氧化碳排放最小化。这也表明制约各省建筑业能源效率提高的主要因素是科技水平、政策环境与管理模式，能源规模效率的改进空间有限，未来中国能源利用水平的提升不能一味的致力于扩大能源等生产要素的投入规模。

　　由于建材生产阶段和运营阶段的碳排放是我国建筑业全生命周期碳排放的最主要来源，因此对建材生产阶段和运营阶段的能源效率进行测算和分析。

4.2.3　建材生产阶段能源效率

　　基于数据的可得性，选取建材生产阶段碳排放最大的钢材和水泥 2 种建材的投入产出数据进行建材生产阶段能源效率的测算。现有的相关统计中并没有细分至钢材和水泥的建材产品类的经济指标数据，而根据 GB/T 4754—2017《国民经济行业分类》，钢材属于黑色金属冶炼和压延加工业，水泥属于非金属矿物制品业，因此本研究选用黑色金属冶炼和压延加工业和非金属矿物制品业的相应数据作为钢材和水泥的投入产出数据。

　　建材生产阶段选取的投入产出指标具体如下：

　　（1）能源投入：能源是建材生产过程中的重要投入要素，本书选用 CEADs 中国碳核算数据库分行业地区的省级清单中黑色金属冶炼和压延加工业和非金属矿物制品业的能源消耗数据作为能源投入。原始数据来源于《中国能源统计年鉴》。

　　（2）资本投入：本书选取各省黑色金属冶炼和压延加工业和非金属矿物制品业的固定资产净值作为资本投入，原始数据来源于《中国工业经济统计年鉴》。

　　（3）劳动力投入：本书选取各省黑色金属冶炼和压延加工业和非金属矿物制品业的平均用工人数作为劳动力的投入，原始数据来源于《中国工业经济统计年鉴》。

（4）产量：本书选取各省钢材和水泥的产量作为期望产出，原始数据来源于《中国统计年鉴》。

（5）二氧化碳排放量：本书选取第 1 章测算得到的各省钢材和水泥在建材生产阶段的二氧化碳排放量作为建材生产阶段的非期望产出。

基于以上 2004～2018 年我国 30 个省市建材生产阶段的投入、产出指标数据，运用 MAXDEA PRO6.6 中的 Super Efficiency – SBM 超效率模型计算我国建筑业建材生产阶段能源效率，计算结果见表 4 – 9。

表 4 – 9　　　　　　　2004～2018 年我国各地区建材生产阶段能源效率

地区	2004年	2005年	2006年	2007年	2008年	2009年	2010年	2011年	2012年	2013年	2014年	2015年	2016年	2017年	2018年	平均值
北京	0.58	0.73	1.01	0.54	0.49	0.54	1.29	1.10	1.07	1.16	0.36	1.08	1.06	2.09	1.30	0.96
天津	1.16	1.15	1.16	1.16	1.14	1.12	1.16	1.16	1.15	1.15	1.36	1.21	1.23	1.09	1.13	1.17
河北	0.64	0.73	0.64	0.69	1.00	0.79	0.56	0.57	0.56	0.50	0.26	0.25	0.25	1.04	0.66	0.61
山西	0.30	0.38	0.34	0.36	0.36	0.34	0.39	0.36	0.40	0.31	0.27	0.31	0.39	0.37	0.35
内蒙古	0.35	0.44	0.36	0.40	0.46	0.39	0.36	0.33	0.38	0.35	0.24	0.27	0.27	0.27	0.30	0.34
辽宁	0.35	0.39	0.37	0.35	0.40	0.31	0.23	0.29	0.26	0.26	0.19	0.16	0.17	0.31	0.26	0.29
吉林	0.53	0.57	0.46	0.46	0.51	0.51	0.38	0.36	0.36	0.41	0.24	0.22	0.21	0.34	0.29	0.39
黑龙江	0.45	0.49	0.43	0.55	0.63	0.70	0.63	0.62	0.57	0.52	0.36	0.36	0.34	0.45	0.51	0.51
上海	0.59	1.05	0.51	0.39	0.43	0.45	0.34	0.36	0.37	0.38	0.16	0.15	0.14	0.40	0.31	0.40
江苏	1.02	0.93	0.92	0.93	1.01	0.83	0.66	0.69	0.67	0.61	0.40	0.34	0.43	0.75	0.61	0.73
浙江	1.19	1.05	1.11	1.14	1.10	1.17	0.83	1.09	1.02	1.05	0.57	0.68	1.01	1.10	1.09	1.01
安徽	0.59	0.78	0.64	0.63	0.77	0.67	0.61	0.61	0.58	0.60	0.38	0.42	0.36	0.55	0.51	0.58
福建	0.48	0.50	0.45	0.48	0.46	0.46	0.56	0.56	0.52	0.59	0.54	0.52	0.47
江西	1.04	1.09	0.86	0.78	0.62	0.61	0.56	0.56	0.54	0.49	0.36	0.33	0.31	0.46	0.45	0.60
山东	0.70	0.70	0.79	0.65	0.69	0.60	0.54	0.49	0.49	0.48	0.30	0.35	0.38	0.64	0.60	0.56
河南	0.56	0.63	0.58	0.65	0.67	0.62	0.44	0.44	0.38	0.41	0.24	0.26	0.27	0.37	0.39	0.46
湖北	0.54	0.63	0.54	0.52	0.58	0.45	0.41	0.43	0.39	0.39	0.28	0.35	0.33	0.51	0.58	0.46
湖南	0.50	0.51	0.44	0.51	0.52	0.46	0.40	0.36	0.38	0.38	0.29	0.31	0.25	0.47	0.40	0.41

续表

地区	2004年	2005年	2006年	2007年	2008年	2009年	2010年	2011年	2012年	2013年	2014年	2015年	2016年	2017年	2018年	平均值
广东	0.62	0.68	0.66	0.58	0.60	0.53	0.45	0.48	0.41	0.50	0.34	0.41	0.38	0.61	0.62	0.53
广西	0.52	0.61	0.55	0.68	0.68	0.63	0.56	0.55	0.61	1.02	1.01	0.59	0.57	1.07	0.70	0.69
海南	1.16	1.11	1.21	1.23	1.17	1.23	1.31	1.30	1.30	1.32	1.31	1.30	1.28	1.26	1.25	1.25
重庆	0.60	0.54	0.52	0.59	0.49	0.48	0.39	0.43	0.47	0.49	0.31	0.33	0.35	0.42	0.53	0.46
四川	0.48	0.52	0.48	0.51	0.52	0.50	0.38	0.33	0.33	0.33	0.26	0.25	0.26	0.35	0.41	0.40
贵州	0.42	0.46	0.39	0.48	0.56	0.64	0.46	0.48	0.55	0.54	0.46	0.41	0.45	0.65	0.71	0.51
云南	0.61	0.57	0.50	0.57	0.67	0.63	0.58	0.59	0.61	0.68	0.52	0.49	0.49	0.67	0.68	0.59
陕西	0.69	0.87	1.09	1.10	1.18	1.09	1.03	0.66	0.70	0.78	0.53	0.56	0.41	0.66	0.63	0.80
甘肃	0.34	1.14	0.39	0.43	0.46	0.41	0.31	0.37	0.40	0.27	0.25	0.25	0.32	0.32		0.40
青海	0.30	0.40	0.30	0.33	0.30	0.30	0.24	0.27	0.32	0.26	0.18	0.17	0.18	0.20	0.18	0.26
宁夏	0.14	0.14	0.20	0.30	0.28	0.24	0.16	0.24	0.21	0.23	0.23	0.24	0.29	0.22		0.23
新疆	0.79	0.69	0.58	0.62	0.71	0.61	0.54	0.46	0.52	0.48	0.34	0.29	0.33	0.55	0.47	0.53
东部	0.77	0.82	0.80	0.74	0.78	0.73	0.71	0.72	0.71	0.72	0.51	0.58	0.61	0.90	0.76	0.72
西部	0.48	0.58	0.49	0.55	0.57	0.54	0.45	0.43	0.46	0.51	0.40	0.35	0.35	0.49	0.47	0.47
中部	0.56	0.63	0.54	0.56	0.58	0.55	0.47	0.47	0.45	0.45	0.31	0.32	0.28	0.44	0.44	0.47

　　图 4 - 12 为 2004 ~ 2018 年我国三大地区建材生产阶段能源效率，从图中我们发现，2004 ~ 2018 年我国三大地区建材生产阶段能源效率都在 1 以下，建材生产阶段能源效率全国均值仅为 0.57，说明建材生产阶段能源效率没有达到有效水平，还有很大的提升空间。2004 ~ 2018 年期间东部地区建材生产阶段能源效率的均值为 0.72，是三大地区中效率最高的，中部地区和西部地区建材生产阶段能源效率的均值都为 0.47。从各省份来看（见图 4 - 13），全国仅有海南、天津和浙江 3 个省份在 2004 ~ 2018 年期间建筑业建材生产阶段能源效率均值大于 1，处于效率相对最优的水平。

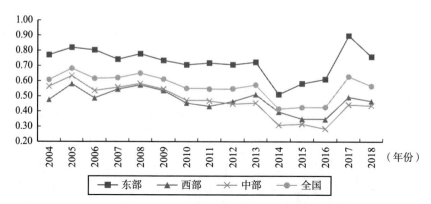

图 4-12 2004~2018 年我国三大地区建材生产阶段能源效率

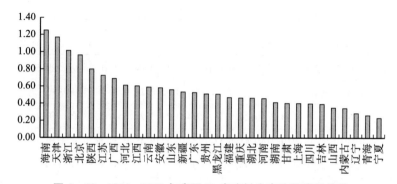

图 4-13 2004~2018 年我国 30 省建材生产阶段能源效率

4.2.4 运营阶段能源效率

运营阶段选取的投入产出指标具体如下：

（1）能源投入：能源是运营阶段最主要的投入，本书将建造运营阶段的集中供暖、公共建造和居民建造的各种能源消耗统一折算成"万吨标准煤"后进行加和，求得的能源消耗总量作为运营阶段的能源投入。原始数据来源于《中国能源统计年鉴》。

（2）房屋建筑面积投入：本书选取各省年末房屋建筑面积作为投入指标数据，原始数据来源于《中国建筑业统计年鉴》。

（3）地区生产总值：本书选取各省地区生产总值作为运营阶段的期望产出，原始数据来源于《中国统计年鉴》。

（4）二氧化碳排放量：本书选取第 1 章测算得到的运营阶段各省二氧化

碳排放量作为建材生产阶段的非期望产出。

基于以上 2004～2018 年我国 30 个省市建材生产阶段的投入、产出指标数据，运用 MAXDEA PRO6.6 中的 Super Efficiency – SBM 超效率模型计算中国建筑业运营阶段能源效率，计算结果见表 4 – 10。

表 4 – 10　　　　　　　2004～2018 年我国各地区运营阶段能源效率

地区	2004年	2005年	2006年	2007年	2008年	2009年	2010年	2011年	2012年	2013年	2014年	2015年	2016年	2017年	2018年	平均值
北京	0.49	0.52	0.51	0.53	0.52	0.54	0.75	0.75	0.78	0.61	0.62	0.64	0.47	0.69	0.75	0.61
天津	0.42	0.47	0.45	0.44	0.48	0.50	0.65	0.69	0.77	0.54	0.53	0.50	0.38	0.48	0.48	0.52
河北	0.41	0.44	0.47	0.47	0.45	0.46	0.47	0.48	0.47	0.39	0.38	0.35	0.27	0.33	0.32	0.41
山西	0.30	0.37	0.36	0.39	0.38	0.36	0.44	0.47	0.46	0.38	0.35	0.31	0.24	0.31	0.32	0.36
内蒙古	0.28	0.32	0.33	0.33	0.32	0.34	0.36	0.34	0.34	0.31	0.30	0.30	0.26	0.30	0.30	0.32
辽宁	0.32	0.34	0.34	0.35	0.35	0.35	0.34	0.33	0.31	0.28	0.26	0.24	0.17	0.21	0.21	0.29
吉林	0.22	0.22	0.24	0.25	0.26	0.27	0.29	0.30	0.31	0.27	0.26	0.22	0.18	0.20	0.20	0.24
黑龙江	0.29	0.30	0.29	0.28	0.27	0.27	0.27	0.26	0.27	0.24	0.23	0.19	0.16	0.17	0.18	0.24
上海	0.84	0.92	0.91	0.88	0.83	0.88	0.96	0.92	0.87	0.78	0.91	0.88	0.56	0.95	1.01	0.87
江苏	1.07	1.02	1.03	1.04	0.80	1.01	0.79	0.78	0.72	0.60	0.67	0.63	0.38	0.59	0.54	0.78
浙江	0.72	0.67	1.01	0.61	0.53	0.52	0.46	0.44	0.41	0.44	0.45	0.42	0.25	0.38	0.38	0.51
安徽	0.57	0.62	0.62	0.66	0.63	0.69	0.75	0.83	0.83	0.65	0.73	0.65	0.40	0.65	0.67	0.66
福建	0.81	0.78	0.77	0.84	0.85	1.02	1.05	1.06	1.06	1.04	1.09	0.58	1.11	1.07	0.94
江西	0.67	0.65	0.74	0.72	0.78	0.33	0.73	1.02	1.01	1.03	1.05	0.77	0.43	0.65	0.59	0.74
山东	0.62	0.54	0.50	0.47	0.47	0.48	0.49	0.47	0.46	0.43	0.47	0.47	0.32	0.41	0.37	0.47
河南	0.54	0.56	0.56	0.59	0.61	0.65	0.74	0.63	0.57	0.59	0.56	0.55	0.38	0.59	0.52	0.58
湖北	0.44	0.48	0.47	0.50	0.47	0.50	0.51	0.48	0.50	0.54	0.58	0.54	0.35	0.54	0.53	0.50
湖南	0.61	0.43	0.49	0.50	0.49	0.53	0.60	0.59	0.57	0.52	0.54	0.51	0.35	0.51	0.48	0.52
广东	1.02	1.02	1.03	1.05	1.06	1.03	1.03	1.04	1.03	1.04	1.05	1.07	1.31	1.07	1.06	1.06
广西	0.69	0.51	0.63	0.62	0.57	0.68	0.47	0.48	0.47	0.60	0.62	0.61	0.40	0.61	0.58	0.57
海南	0.72	1.19	1.02	1.03	0.80	0.83	0.75	0.77	0.84	0.88	0.87	0.80	0.53	0.76	0.75	0.84
重庆	0.64	0.59	0.52	0.54	0.55	0.58	0.74	0.77	0.70	0.53	0.61	0.63	0.37	0.63	0.62	0.60
四川	0.36	0.45	0.48	0.54	0.49	0.51	1.05	0.54	0.67	0.67	0.63	0.63	0.37	0.60	0.64	0.63
贵州	0.31	0.33	0.34	0.35	0.37	0.39	0.45	0.51	1.05	1.08	1.10	1.11	1.11	1.10	1.09	0.71
云南	0.56	0.54	0.63	0.66	0.68	0.67	0.74	0.76	0.73	0.76	0.74	0.70	0.45	0.75	0.76	0.67

地区	2004年	2005年	2006年	2007年	2008年	2009年	2010年	2011年	2012年	2013年	2014年	2015年	2016年	2017年	2018年	平均值
陕西	0.40	0.44	0.42	0.51	0.52	0.53	0.65	0.70	0.82	0.63	0.62	0.57	0.40	0.54	0.55	0.55
甘肃	0.24	0.26	0.26	0.27	0.27	0.27	0.32	0.34	0.36	0.32	0.32	0.28	0.20	0.25	0.25	0.28
青海	0.31	0.33	0.32	0.35	0.39	0.40	0.49	0.51	0.57	0.48	0.47	0.44	0.38	0.42	0.43	0.42
宁夏	0.28	0.25	0.26	0.29	0.29	0.30	0.37	0.38	0.37	0.31	0.29	0.27	0.20	0.25	0.25	0.29
新疆	0.29	0.32	0.34	0.33	0.33	0.31	0.38	0.39	0.40	0.34	0.34	0.29	0.22	0.26	0.27	0.32
东部	0.68	0.72	0.73	0.70	0.65	0.69	0.70	0.70	0.70	0.65	0.66	0.64	0.47	0.64	0.63	0.66
西部	0.40	0.39	0.41	0.43	0.43	0.45	0.55	0.56	0.62	0.55	0.55	0.53	0.40	0.52	0.52	0.49
中部	0.46	0.45	0.47	0.49	0.49	0.45	0.54	0.57	0.56	0.53	0.54	0.47	0.31	0.45	0.44	0.48

图 4 - 14 为 2004～2018 年我国三大地区运营阶段能源效率，从图中我们发现，2004～2018 年我国三大地区运营阶段能源效率都在 1 以下，运营阶段能源效率全国均值仅为 0.55，其中 2016 年运营阶段能源效率最低为 0.40，说明作为全生命周期碳排放量最大的阶段，运营阶段能源效率远没有达到有效水平，还有巨大的提升空间。2004～2018 年期间东部地区运营阶段能源效率的均值为 0.66，是三大地区中效率最高的，中部地区和西部地区建材生产阶段能源效率的均值为 0.49 和 0.48。从各省份来看（见图 4 - 15），全国仅有广东省在 2004～2018 年期间建筑业运营阶段能源效率均值大于 1，处于效率相对最优的水平；有 11 个省份的运营阶段能源效率均值小于 0.5，处于较低效率水平。

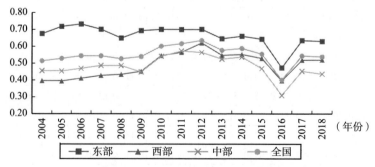

图 4 - 14　2004～2018 年我国三大地区运营阶段能源效率

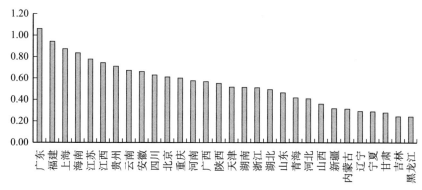

图 4-15 2004~2018 年我国 30 省运营阶段能源效率

4.3 建筑业全生命周期能源效率动态评价

4.3.1 建筑业全生命周期能源效率动态评价方法

运用 SBM 模型计算出的静态能源效率是针对某一时间的生产技术而言的，但是在一个较长的时段中，生产技术是在发生变化的。当被评价 DMU 的数据为包含多个时间点观测的面板数据时，就可以对生产率的变化情况、技术效率和技术进步各自对生产率变动所起的作用进行分析，这就是常用的 Malmquist 全要素生产率指数分析。

Malmquist 生产率指数的概念最早源于马姆奎斯特（Malmquist），因此将这一类指数命名为 Malmquist 指数。Malmquist 指数可以分解为两个方面的变化：一是被评价 DMU 在两个时期内的技术效率的变化（Technical Efficiency Change，EC），二是生产技术的变化（Technological Change，TC），在 DEA 分析中反映前沿面的变动情况。

费尔（Fare R）等采用两个时期 Malmquist 指数的几何平均数作为被评价 DMU 的 Malmquist 指数，即：

$$M(x^{t+1},\ y^{t+1},\ x^t,\ y^t) = \sqrt{\frac{E^t(x^{t+1},\ y^{t+1})}{E^t(x^t,\ y^t)}\frac{E^{t+1}(x^{t+1},\ y^{t+1})}{E^{t+1}(x^t,\ y^t)}} \quad (4-14)$$

其中，$M(x^{t+1},\ y^{t+1},\ x^t,\ y^t)$ 为 Malmquist 指数，表示 t 和 $t+1$ 两相邻时期全要素生产效率的变化情况。$E^t(x^t,\ y^t)$ 和 $E^{t+1}(x^{t+1},\ y^{t+1})$ 分别是两个时期的技术效率值，Fare R 等将其作为两个时期的技术效率变化：

$$EC = \frac{E^{t+1}(x^{t+1},\ y^{t+1})}{E^t(x^t,\ y^t)} \quad (4-15)$$

$EC > 1$ 说明技术效率进步了，$EC < 1$ 则表示技术效率退步了。

Fare R 等又将技术变化表示为：

$$TC = \sqrt{\frac{E^t(x^t,\ y^t)}{E^{t+1}(x^t,\ y^t)}\frac{E^t(x^{t+1},\ y^{t+1})}{E^{t+1}(x^{t+1},\ y^{t+1})}} \quad (4-16)$$

$TC > 1$ 表示前沿面前移，$TC < 1$ 表示前沿面后退，前沿面的前移代表着技术进步。

Malmquist 指数、技术效率变化和技术变化三者之间的数量关系为：

$$MI = EC * TC \quad (4-17)$$

即 Malmquist 指数可以分解为技术效率变化和技术变化两部分。

$$M(x^{t+1},\ y^{t+1},\ x^t,\ y^t) = \frac{E^{t+1}(x^{t+1},\ y^{t+1})}{E^t(x^t,\ y^t)}\sqrt{\frac{E^t(x^t,\ y^t)}{E^{t+1}(x^t,\ y^t)}\frac{E^t(x^{t+1},\ y^{t+1})}{E^{t+1}(x^{t+1},\ y^{t+1})}}$$
$$(4-18)$$

本书采用 Malmquist 指数法对我国建筑业全生命周期能源效率进行动态评价，对 2004～2018 年我国建筑业全生命周期能源效率的变化情况进行分析。

4.3.2 全生命周期能源效率 Malmquist 指数

为了分析我国建筑业全生命周期能源效率的动态变化情况，本书使用了 2004～2018 年的面板数据，选用 Malmquist 指数测算了我国各省的建筑业全生命周期能源效率变化情况，并对该结果分区域进行深入分析，计算结果见表 4-11～表 4-13。

表 4-11　2004～2018 年我国各省建筑业全生命周期能源效率 Malmquist 指数（MI）

地区	2004～2005年	2005～2006年	2006～2007年	2007～2008年	2008～2009年	2009～2010年	2010～2011年	2011～2012年	2012～2013年	2013～2014年	2014～2015年	2015～2016年	2016～2017年	2017～2018年	平均值
北京	0.99	1.08	1.11	1.00	1.09	1.29	1.35	2.01	0.92	0.78	1.04	1.19	1.00	1.03	1.13
天津	1.10	1.15	1.03	0.90	1.15	1.26	1.63	1.60	0.47	0.79	1.36	1.13	0.84	0.74	1.08
河北	0.96	1.01	0.98	0.98	1.07	1.05	1.05	1.20	1.19	0.91	0.90	1.12	0.89	1.33	1.04
山西	1.09	1.07	1.03	1.06	1.05	1.02	1.09	1.30	0.92	0.98	0.91	0.97	1.12	1.10	1.05
内蒙古	0.97	1.18	1.34	0.83	0.97	1.09	1.14	1.08	0.94	0.89	0.96	0.93	0.99	0.89	1.01
辽宁	1.00	1.12	0.96	1.05	1.10	1.17	1.09	1.22	1.07	0.82	0.80	0.85	1.09	1.14	1.03
吉林	0.99	1.25	1.42	0.91	1.44	0.90	1.05	0.76	1.55	0.88	0.90	0.98	1.01	1.04	1.08
黑龙江	1.01	1.06	1.05	0.96	1.31	1.19	1.00	1.29	0.96	0.92	0.82	0.99	0.89	0.86	1.02
上海	1.13	1.19	0.98	1.12	1.06	1.08	0.95	1.35	0.93	1.06	1.22	1.02	0.99	1.22	1.09
江苏	1.24	0.87	1.16	0.93	0.89	0.94	0.71	1.05	1.21	1.43	0.85	0.98	1.05	1.13	1.03
浙江	0.93	1.08	1.01	0.99	0.97	0.86	1.20	1.03	0.98	1.03	1.00	0.97	1.02	0.73	0.98
安徽	0.96	1.13	1.04	0.88	0.98	1.01	1.13	1.10	0.91	1.09	1.16	0.98	1.04	0.98	1.03
福建	0.94	1.07	1.18	1.08	0.83	1.03	1.11	1.19	1.03	0.98	1.18	0.98	1.54	1.00	1.08
江西	1.56	1.01	0.85	0.91	0.80	1.21	1.15	1.18	1.00	1.38	0.50	1.05	0.92	1.09	1.04
山东	1.01	1.08	1.02	0.93	1.04	1.03	1.06	0.98	1.24	1.01	0.94	1.02	1.08	1.06	1.03
河南	1.02	1.27	1.21	0.90	1.04	1.02	1.14	1.13	0.99	0.86	0.93	1.16	1.12	1.02	1.06
湖北	0.98	0.96	0.93	1.05	0.95	1.13	1.09	1.43	1.65	0.66	1.09	1.01	1.11	1.34	1.10

续表

地区	2004~2005年	2005~2006年	2006~2007年	2007~2008年	2008~2009年	2009~2010年	2010~2011年	2011~2012年	2012~2013年	2013~2014年	2014~2015年	2015~2016年	2016~2017年	2017~2018年	平均值
湖南	1.13	1.02	0.99	1.00	1.02	0.85	1.07	1.03	1.00	1.03	0.97	1.07	1.02	1.12	1.02
广东	1.02	1.07	1.00	1.00	1.04	0.95	1.14	1.07	1.29	0.95	1.00	1.30	0.85	1.12	1.06
广西	1.08	1.15	1.08	1.00	1.12	0.94	1.10	1.09	1.18	0.99	1.13	1.10	1.47	0.79	1.09
海南	0.81	1.41	1.52	0.71	1.07	3.34	0.76	1.53	0.89	0.62	0.81	1.05	1.00	1.08	1.19
重庆	1.00	0.65	0.90	0.73	1.09	1.06	0.99	1.31	1.04	1.20	1.24	1.00	1.01	1.00	1.02
四川	0.92	1.15	0.93	0.86	1.08	0.95	1.03	1.21	1.11	0.93	1.09	1.01	0.98	1.18	1.03
贵州	0.95	0.98	1.05	0.92	1.17	1.01	1.21	1.21	1.02	0.94	0.99	0.89	1.21	0.99	1.04
云南	0.93	1.19	0.99	0.99	1.12	1.07	1.09	1.22	0.84	0.93	1.17	1.01	1.10	0.94	1.04
陕西	1.00	1.10	1.08	0.95	1.02	1.29	1.22	1.24	0.88	0.89	1.10	1.01	1.10	0.95	1.06
甘肃	1.01	1.08	0.98	0.92	1.02	1.35	1.16	1.23	1.05	0.95	0.97	1.00	0.88	1.04	1.04
青海	0.92	1.10	1.02	1.00	1.11	1.32	1.21	1.26	1.00	0.90	0.76	0.88	1.00	1.51	1.07
宁夏	0.89	1.01	1.11	1.04	1.16	1.08	1.19	1.22	1.11	0.72	1.05	1.03	0.79	1.35	1.05
新疆	1.00	1.10	1.06	1.07	1.06	1.06	1.05	1.32	1.02	1.00	1.09	0.99	0.91	0.85	1.04
东部	1.01	1.10	1.09	0.97	1.03	1.27	1.10	1.29	1.02	0.94	1.01	1.06	1.03	1.05	1.07
西部	0.97	1.06	1.05	0.94	1.08	1.11	1.12	1.22	1.02	0.94	1.05	0.99	1.04	1.04	1.05
中部	1.09	1.10	1.07	0.96	1.07	1.04	1.09	1.15	1.12	0.97	0.91	1.03	1.03	1.07	1.05

表 4 - 12　2004～2018 年我国各省建筑业全生命周期能源效率的技术效率变化指数（EC）

地区	2004～2005年	2005～2006年	2006～2007年	2007～2008年	2008～2009年	2009～2010年	2010～2011年	2011～2012年	2012～2013年	2013～2014年	2014～2015年	2015～2016年	2016～2017年	2017～2018年	平均值
北京	0.57	0.93	1.15	1.51	0.65	1.53	1.11	1.11	1.00	0.87	0.98	1.00	1.01	0.99	1.03
天津	1.01	1.04	0.99	0.96	1.01	1.02	1.06	0.95	0.53	0.87	2.15	1.01	0.99	0.46	1.00
河北	0.73	0.95	0.99	1.10	1.08	0.92	0.83	1.20	1.90	0.60	0.85	1.12	0.85	1.19	1.02
山西	0.70	1.12	1.03	1.02	0.99	0.95	1.25	1.07	1.05	0.50	1.42	0.97	1.03	1.02	1.01
内蒙古	0.46	1.06	1.99	0.44	1.13	1.11	1.89	0.53	1.06	0.61	1.24	0.83	1.04	0.78	1.01
辽宁	0.53	1.06	1.26	0.98	0.80	1.23	0.93	1.09	1.41	0.47	1.09	0.80	1.09	1.02	0.98
吉林	0.99	2.71	1.05	0.99	1.03	1.00	0.97	0.37	1.62	0.79	1.09	0.95	1.03	0.94	1.11
黑龙江	0.99	1.07	1.08	0.87	1.36	1.60	0.46	2.21	1.00	0.38	2.54	0.50	0.84	0.76	1.12
上海	1.02	1.05	0.95	1.03	0.98	0.98	0.94	0.98	1.00	0.99	1.08	0.98	1.00	1.09	1.01
江苏	1.04	1.05	1.01	0.99	0.98	1.03	0.90	0.99	0.99	0.97	1.09	1.01	1.04	1.05	1.01
浙江	1.04	1.01	0.98	1.01	1.03	0.92	0.99	0.97	1.01	1.02	1.03	1.00	1.03	0.93	1.00
安徽	0.63	1.09	1.03	1.03	1.02	1.03	1.38	0.95	0.70	0.82	1.76	0.99	0.81	0.93	1.01
福建	0.79	1.13	1.15	0.93	0.93	1.08	1.06	1.06	0.90	0.83	1.19	1.52	1.01	1.04	1.04
江西	1.17	1.01	0.99	1.01	0.99	1.03	0.97	1.04	0.99	1.36	0.60	1.00	0.90	1.28	1.03
山东	0.98	0.62	1.64	0.49	1.15	1.03	1.14	0.62	1.63	0.65	1.23	1.08	1.02	0.97	1.02
河南	0.95	1.19	1.07	1.08	1.57	0.99	1.05	0.97	1.03	0.42	1.23	1.09	1.02	1.00	1.05
湖北	0.94	1.04	0.94	1.14	0.93	1.62	0.69	1.47	1.04	1.02	0.98	0.99	1.03	1.06	1.06

续表

地区	2004~2005年	2005~2006年	2006~2007年	2007~2008年	2008~2009年	2009~2010年	2010~2011年	2011~2012年	2012~2013年	2013~2014年	2014~2015年	2015~2016年	2016~2017年	2017~2018年	平均值
湖南	1.08	1.00	1.01	1.03	1.02	1.04	1.39	0.73	1.37	0.54	1.23	0.98	1.00	1.54	1.07
广东	0.93	1.00	0.97	1.05	1.01	0.89	1.07	0.87	1.27	0.91	1.12	1.26	0.81	1.06	1.02
广西	1.19	1.10	1.01	1.13	1.11	0.85	1.08	0.86	1.20	0.84	1.19	1.08	1.44	1.02	1.08
海南	0.77	1.48	2.53	0.43	0.99	2.42	1.11	1.08	0.94	0.89	0.58	1.10	0.91	1.02	1.16
重庆	1.03	1.00	0.99	0.55	1.25	1.46	1.01	1.00	0.85	1.13	1.02	1.00	1.01	1.05	1.02
四川	0.63	1.07	1.01	1.04	1.06	0.88	0.95	1.00	0.96	0.83	1.31	0.91	0.99	1.18	0.99
贵州	1.01	0.97	0.94	0.80	1.16	1.03	1.21	0.97	0.99	0.87	1.02	0.86	1.38	0.94	1.01
云南	0.61	1.10	1.49	1.00	1.02	0.98	1.00	1.07	0.46	0.81	1.75	0.92	1.08	0.82	1.01
陕西	0.50	1.08	1.86	0.47	1.15	1.91	0.95	1.00	0.72	0.63	1.35	0.97	1.05	0.89	1.04
甘肃	0.89	0.89	2.66	0.31	1.27	1.31	0.95	1.14	1.18	0.62	1.36	0.97	0.94	0.93	1.10
青海	0.36	2.99	0.95	0.34	1.01	1.18	2.43	0.99	1.05	0.31	1.07	1.02	0.93	1.23	1.13
宁夏	0.70	0.96	1.09	1.07	1.10	1.07	0.99	1.03	1.09	0.58	1.21	1.09	0.88	1.12	1.00
新疆	0.74	1.00	1.08	1.93	0.61	1.21	0.61	1.38	1.62	0.47	2.20	1.00	1.00	0.48	1.09
东部	0.86	1.03	1.24	0.95	0.96	1.19	1.01	0.99	1.14	0.82	1.13	1.08	0.98	0.98	1.03
西部	0.74	1.20	1.37	0.82	1.08	1.18	1.19	1.00	1.01	0.70	1.34	0.97	1.07	0.95	1.04
中部	0.93	1.28	1.02	1.02	1.11	1.16	1.02	1.10	1.10	0.73	1.36	0.93	0.96	1.07	1.06

表 4 - 13 　　　　2004～2018 年我国各省建筑业全生命周期能源效率的技术变化指数（TC）

地区	2004~2005年	2005~2006年	2006~2007年	2007~2008年	2008~2009年	2009~2010年	2010~2011年	2011~2012年	2012~2013年	2013~2014年	2014~2015年	2015~2016年	2016~2017年	2017~2018年	平均值
北京	1.73	1.15	0.97	0.66	1.67	0.85	1.22	1.80	0.92	0.89	1.06	1.19	0.98	1.04	1.15
天津	1.09	1.11	1.04	0.94	1.15	1.24	1.54	1.68	0.88	0.91	0.63	1.12	0.85	1.60	1.13
河北	1.31	1.06	0.99	0.89	0.99	1.14	1.27	1.00	0.62	1.51	1.06	0.99	1.04	1.11	1.07
山西	1.55	0.95	1.00	1.04	1.06	1.07	0.87	1.22	0.88	1.94	0.64	1.00	1.09	1.08	1.10
内蒙古	2.13	1.11	0.67	1.90	0.86	0.98	0.60	2.06	0.89	1.47	0.78	1.12	0.95	1.13	1.19
辽宁	1.88	1.06	0.76	1.08	1.37	0.95	1.17	1.12	0.76	1.75	0.73	1.06	1.00	1.12	1.13
吉林	1.00	0.46	1.35	0.92	1.40	0.89	1.09	2.05	0.96	1.11	0.83	1.03	0.98	1.10	1.08
黑龙江	1.01	1.00	0.98	1.10	0.97	0.74	2.16	0.58	0.96	2.41	0.32	1.99	1.06	1.13	1.17
上海	1.11	1.13	1.03	1.08	1.08	1.10	1.02	1.39	0.93	1.07	1.12	1.04	0.99	1.12	1.09
江苏	1.19	0.83	1.15	0.95	0.90	0.91	0.79	1.06	1.22	1.48	0.78	0.97	1.01	1.08	1.02
浙江	0.89	1.06	1.03	0.98	0.94	0.93	1.22	1.06	0.97	1.01	0.98	0.98	0.98	0.79	0.99
安徽	1.53	1.03	1.01	0.85	0.96	0.99	0.82	1.17	1.30	1.33	0.66	1.00	1.29	1.06	1.07
福建	1.19	0.95	1.02	1.15	0.89	0.95	1.05	1.12	1.15	1.17	1.00	0.65	1.52	0.96	1.06
江西	1.33	1.00	0.86	0.90	0.80	1.18	0.93	1.14	1.01	1.02	0.84	1.05	1.02	0.85	1.01
山东	1.03	1.73	0.62	1.90	0.90	1.00	1.09	1.58	0.76	1.55	0.76	0.95	1.05	1.08	1.13
河南	1.08	1.07	1.14	0.83	0.67	1.02	1.09	1.16	0.96	2.04	0.75	1.07	1.10	1.03	1.07
湖北	1.04	0.92	0.99	0.92	1.02	0.70	1.58	0.97	1.59	0.64	1.11	1.02	1.08	1.27	1.06

续表

地区	2004~2005年	2005~2006年	2006~2007年	2007~2008年	2008~2009年	2009~2010年	2010~2011年	2011~2012年	2012~2013年	2013~2014年	2014~2015年	2015~2016年	2016~2017年	2017~2018年	平均值
湖南	1.05	1.02	0.98	0.97	1.00	0.82	0.77	1.41	0.73	1.89	0.79	1.09	1.02	0.73	1.02
广东	1.09	1.07	1.03	0.95	1.02	1.07	1.07	1.23	1.02	1.04	0.90	1.03	1.05	1.06	1.04
广西	0.91	1.04	1.08	0.89	1.01	1.11	1.02	1.26	0.98	1.18	0.95	1.02	1.03	0.78	1.02
海南	1.06	0.96	0.60	1.66	1.09	1.38	0.68	1.42	0.94	0.70	1.39	0.95	1.10	1.06	1.07
重庆	0.97	0.65	0.91	1.34	0.87	0.73	0.98	1.31	1.23	1.06	1.22	0.99	1.00	0.96	1.02
四川	1.47	1.08	0.92	0.83	1.02	1.08	1.09	1.22	1.15	1.13	0.83	1.11	0.98	1.00	1.06
贵州	0.94	1.01	1.11	1.15	1.01	0.98	1.00	1.24	1.04	1.08	0.97	1.04	0.88	1.06	1.04
云南	1.52	1.08	0.66	0.99	1.10	1.09	1.09	1.14	1.83	1.14	0.67	1.09	1.02	1.14	1.11
陕西	2.01	1.02	0.58	2.01	0.89	0.68	1.27	1.24	1.22	1.42	0.82	1.04	1.05	1.07	1.16
甘肃	1.14	1.21	0.37	2.96	0.80	1.03	1.22	1.08	0.89	1.52	0.71	1.04	0.93	1.12	1.14
青海	2.57	0.37	1.07	2.96	1.10	1.12	0.50	1.27	0.95	2.92	0.71	0.87	1.08	1.23	1.34
宁夏	1.28	1.06	1.02	0.98	1.05	1.01	1.20	1.17	1.02	1.25	0.87	0.95	0.89	1.21	1.07
新疆	1.35	1.11	0.98	0.56	1.74	0.88	1.71	0.96	0.63	2.12	0.50	0.99	0.91	1.76	1.16
东部	1.23	1.10	0.93	1.11	1.09	1.05	1.09	1.31	0.93	1.19	0.95	0.99	1.05	1.09	1.08
西部	1.48	0.98	0.85	1.51	1.04	0.97	1.06	1.27	1.08	1.48	0.82	1.02	0.98	1.13	1.12
中部	1.20	0.93	1.04	0.94	0.98	0.93	1.19	1.21	1.05	1.55	0.74	1.16	1.08	1.03	1.07

图 4 - 16 为 2004 ~ 2018 年我国三大地区建筑业全生命周期能源效率
Malmquist 指数，从图中我们发现，全国的建筑业全生命周期能源效率正在逐
步提高。Malmquist 指数大于 1 说明效率相比前一年有了提高和改善，全国建
筑业全生命周期能源效率 Malmquist 指数除了 2007 ~ 2008 年以及 2013 ~ 2014
年期间小于 1，其他年份都大于 1，全国平均值为 1.06，这表明在 2004 ~
2018 年间我国建筑业全生命周期能源效率整体上有了很大的提高，提高幅度
达 6%。

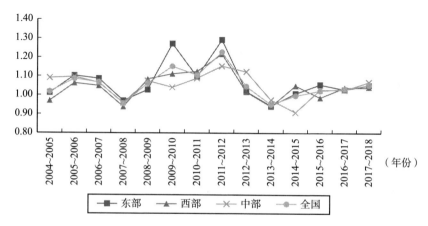

图 4 - 16   2004 ~ 2018 年我国三大地区建筑业全生命周期能源效率 Malmquist 指数

2004 ~ 2018 年全国建筑业全生命周期能源效率 Malmquist 指数波动经历
了三次大的涨跌：2004 ~ 2006 全国建筑业全生命周期能源效率 Malmquist 指
数增大至局部最高点后开始下降直到 2008 年；2008 ~ 2010 年开始回升，之
后小幅下降后在 2012 年上升至最高点；2013 ~ 2014 年下降至最低点后缓慢
回升至 2018 年。我们知道，2008 年全球出现金融危机，这对我国建筑业也
造成了很大影响，而在金融危机爆发后我国政府迅速出台了刺激经济发展的
"四万亿"政府投资计划，其中大量资金投入到工程建设领域中，使得建筑
业得到快速发展，生产效率水平得到显著提升。在 2012 年之后，建筑业发展
速度开始减缓，生产效率也有所下降。

分析比较三大地区的建筑业全生命周期能源效率 Malmquist 指数可知，建
筑业全生命周期能源效率 Malmquist 指数均值由东向西递减，东部地区能源效

率年均增长率为 6.9% , 中部地区为 5.0% , 西部地区为 4.6% , 说明区域间建筑业全生命周期能源效率的变化并不均衡, 存在一定的空间差异性。

为研究各省份建筑业全生命周期能源效率变化的影响因素, 本书将建筑业全生命周期能源效率 Malmquist 指数进一步分解成纯技术效率变化指数 (EC) 和技术变化指数 (TC), 建筑业全生命周期能源效率 Malmquist 指数各项分解指数的动态变化如图所示。2004 ~ 2018 年纯技术效率变化指数 (EC) 和技术变化指数 (TC) 都呈现出较大的波动, 纯技术效率变化指数 (EC) 在 2014 ~ 2015 年达到最大值 1.26 , 技术变化指数 (TC) 在 2013 ~ 2014 年达到最大值 1.39 (见图 4 – 17)。纯技术效率变化指数 (EC) 和技术变化指数 (TC) 的年均增长率分别为 4.1% 和 9.3% , 由此可见, 我国建筑业能源效率提升的主要原因是科技的进步, 而科技进步也是未来建筑产业能源效率持续提高的真正源泉。

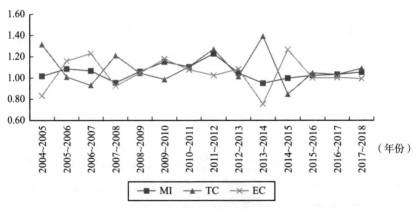

图 4 – 17　建筑业全生命周期能源效率 Malmquist 指数各项分解指数的动态变化

4.3.3　建材生产阶段能源效率 Malmquist 指数

基于我国 2004 ~ 2018 年 30 个省建材生产阶段投入、产出指标的面板数据, 选用 Malmquist 指数测算了我国各省建材生产阶段能源效率变化情况, 计算结果见表 4 – 14 ~ 表 4 – 16。

表 4-14　2004~2018 年我国各省建材生产阶段能源效率 Malmquist 指数（MI）

地区	2004~2005年	2005~2006年	2006~2007年	2007~2008年	2008~2009年	2009~2010年	2010~2011年	2011~2012年	2012~2013年	2013~2014年	2014~2015年	2015~2016年	2016~2017年	2017~2018年	平均值
北京	1.06	1.11	0.68	0.79	1.27	2.78	0.56	0.87	1.22	0.95	0.99	1.00	4.30	0.37	1.28
天津	0.57	1.68	1.79	0.17	2.03	1.15	0.95	0.72	0.70	5.91	0.85	1.05	0.10	9.14	1.91
河北	1.02	1.06	1.14	0.74	1.18	0.84	1.11	0.79	0.87	0.85	0.98	1.13	1.07	1.75	1.04
山西	1.06	0.98	1.00	0.75	1.20	1.23	1.14	1.08	1.04	0.99	0.86	1.01	1.00	1.13	1.03
内蒙古	1.15	0.97	1.12	0.91	0.96	1.09	1.02	1.05	0.96	0.88	1.13	1.05	0.79	1.18	1.02
辽宁	0.99	1.05	1.03	0.93	0.97	0.93	1.37	0.88	1.02	0.97	0.90	1.10	1.02	1.21	1.03
吉林	0.94	0.95	1.02	0.88	1.17	0.90	1.11	0.95	1.10	0.80	0.89	0.95	1.17	1.06	0.99
黑龙江	1.02	0.99	1.23	0.98	1.23	1.09	1.06	0.84	0.98	0.91	0.97	1.03	0.93	1.23	1.03
上海	0.96	1.05	0.86	0.78	1.26	0.93	1.23	1.15	0.92	0.96	0.70	1.05	1.13	0.97	1.00
江苏	0.92	1.04	1.10	0.85	1.04	0.95	1.06	0.97	0.94	1.01	0.96	1.04	1.03	1.07	1.00
浙江	0.85	1.06	1.07	0.82	1.16	1.03	1.17	0.88	1.09	1.04	0.99	1.04	0.94	1.05	1.01
安徽	1.15	1.03	0.93	0.99	1.06	1.10	1.09	0.92	1.04	0.93	1.00	0.93	1.05	1.06	1.02
福建	0.98	1.05	1.11	0.90	1.09	0.89	1.04	1.14	1.15	1.01	0.92	1.04	0.99	1.02	1.02
江西	1.39	1.01	0.91	0.49	1.21	1.02	1.06	0.97	0.95	1.01	0.88	0.94	1.03	1.12	1.00
山东	0.87	1.19	0.89	0.89	1.02	1.05	0.96	1.00	0.97	0.99	1.00	1.11	1.09	1.08	1.01
河南	0.97	1.03	1.09	0.85	1.04	0.87	1.02	0.85	1.04	0.90	0.96	0.87	1.13	1.12	0.98
湖北	1.09	0.95	0.95	0.95	0.89	1.09	1.14	0.90	0.99	1.06	1.10	1.02	1.03	1.12	1.02

续表

地区	2004~2005年	2005~2006年	2006~2007年	2007~2008年	2008~2009年	2009~2010年	2010~2011年	2011~2012年	2012~2013年	2013~2014年	2014~2015年	2015~2016年	2016~2017年	2017~2018年	平均值
湖南	0.98	0.97	1.09	0.93	0.94	1.00	0.97	1.01	1.01	1.02	1.03	0.86	1.26	0.95	1.00
广东	0.93	1.05	0.94	0.87	1.02	1.02	1.13	0.87	1.19	1.02	1.04	0.95	1.07	1.05	1.01
广西	1.05	1.09	1.17	0.82	1.07	1.06	1.06	1.05	1.13	1.07	1.05	0.99	0.98	1.02	1.04
海南	1.17	1.26	0.54	0.62	1.51	1.64	1.91	0.57	1.41	1.41	1.41	1.01	0.08	0.01	1.04
重庆	0.82	1.09	1.02	0.76	1.15	0.96	1.21	1.05	1.00	0.86	1.03	1.09	0.86	1.33	1.02
四川	0.92	1.07	1.03	0.91	1.04	0.96	1.01	0.90	1.01	1.04	0.96	1.07	0.95	1.24	1.01
贵州	0.97	1.02	1.18	1.05	1.18	0.86	1.18	1.03	1.02	1.02	0.92	1.11	1.03	1.10	1.05
云南	0.93	1.03	1.10	0.96	1.12	1.11	1.12	0.97	1.11	1.01	0.96	1.06	0.99	1.12	1.04
陕西	1.11	2.49	0.64	0.69	1.25	0.86	0.96	1.01	1.09	0.95	1.02	0.78	1.08	0.99	1.07
甘肃	6.16	0.20	1.12	0.86	1.00	0.87	1.38	0.93	1.11	0.91	0.91	1.04	0.92	1.10	1.32
青海	1.26	0.91	0.98	0.85	1.09	0.97	1.18	1.17	0.83	0.86	1.00	1.13	0.85	1.00	1.00
宁夏	0.83	1.79	1.43	0.78	0.99	0.73	1.70	1.06	1.07	0.98	1.11	1.08	0.92	0.79	1.09
新疆	0.85	0.99	1.06	0.97	1.00	1.06	0.93	1.09	0.93	0.98	0.82	1.17	1.15	0.96	1.00
东部	0.94	1.15	1.01	0.76	1.23	1.20	1.14	0.89	1.04	1.47	0.98	1.05	1.17	1.70	1.12
西部	1.46	1.15	1.08	0.87	1.08	0.96	1.16	1.03	1.02	0.96	0.99	1.05	0.96	1.08	1.06
中部	1.07	0.99	1.03	0.85	1.09	1.04	1.07	0.94	1.02	0.95	0.96	0.95	1.07	1.10	1.01

表 4 - 15　　2004～2018 年我国各省建材生产阶段能源效率的技术效率变化指数（EC）

地区	2004～2005年	2005～2006年	2006～2007年	2007～2008年	2008～2009年	2009～2010年	2010～2011年	2011～2012年	2012～2013年	2013～2014年	2014～2015年	2015～2016年	2016～2017年	2017～2018年	平均值
北京	1.27	1.38	0.53	0.92	1.10	2.38	0.85	0.98	1.08	0.31	3.00	0.99	1.97	0.62	1.24
天津	0.99	1.01	1.00	0.98	0.99	1.03	1.00	0.99	1.00	1.18	0.89	1.02	0.88	1.03	1.00
河北	1.14	0.88	1.07	1.45	0.78	0.71	1.02	0.98	0.90	0.52	0.98	0.99	4.12	0.64	1.16
山西	1.24	0.90	1.07	1.00	0.97	0.98	1.04	1.13	1.06	0.73	0.86	0.94	1.55	0.95	1.03
内蒙古	1.26	0.83	1.11	1.14	0.84	0.93	0.94	1.12	0.94	0.67	1.12	1.00	1.03	1.08	1.00
辽宁	1.14	0.94	0.94	1.14	0.78	0.73	1.26	0.89	1.00	0.73	0.87	1.05	1.79	0.85	1.01
吉林	1.09	0.80	1.01	1.10	0.99	0.75	0.95	0.99	1.15	0.58	0.93	0.94	1.65	0.85	0.98
黑龙江	1.10	0.87	1.28	1.15	1.11	0.90	0.97	0.92	0.93	0.70	0.97	0.97	1.32	1.12	1.02
上海	1.79	0.49	0.76	1.12	1.05	0.75	1.05	1.02	0.99	0.44	0.93	0.94	2.81	0.78	1.07
江苏	0.91	0.99	1.01	1.09	0.82	0.79	1.04	0.98	0.91	0.65	1.07	1.00	1.74	0.81	0.99
浙江	0.88	1.06	1.03	0.97	1.07	0.71	1.31	0.94	1.03	0.55	1.19	1.47	1.09	0.99	1.02
安徽	1.31	0.82	1.00	1.21	0.87	0.92	1.00	0.94	1.04	0.64	1.10	0.86	1.53	0.93	1.01
福建	1.04	0.91	1.14	1.03	0.96	0.76	1.00	1.21	1.22	0.67	1.02	1.02	1.50	0.89	1.03
江西	1.04	0.79	0.90	0.79	0.99	0.93	1.00	0.96	0.91	0.74	0.91	0.92	1.50	0.97	0.95
山东	1.01	1.12	0.82	1.06	0.87	0.90	0.91	0.99	0.98	0.63	1.16	1.07	1.69	0.95	1.01
河南	1.11	0.92	1.13	1.03	0.93	0.70	1.01	0.86	1.08	0.59	1.08	0.83	1.68	1.08	1.00
湖北	1.16	0.86	0.95	1.13	0.77	0.90	1.06	0.90	1.02	0.71	1.26	0.94	1.53	1.13	1.02

续表

地区	2004~2005年	2005~2006年	2006~2007年	2007~2008年	2008~2009年	2009~2010年	2010~2011年	2011~2012年	2012~2013年	2013~2014年	2014~2015年	2015~2016年	2016~2017年	2017~2018年	平均值
湖南	1.02	0.87	1.15	1.01	0.90	0.86	0.90	1.05	1.01	0.76	1.07	0.82	1.89	0.85	1.01
广东	1.09	0.97	0.88	1.04	0.88	0.85	1.05	0.87	1.21	0.68	1.21	0.91	1.63	1.02	1.02
广西	1.19	0.90	1.23	1.00	0.93	0.89	0.99	1.10	1.69	0.98	0.59	0.96	1.87	0.66	1.07
海南	0.96	1.09	1.02	0.95	1.05	1.07	0.99	1.00	1.01	0.99	0.99	0.99	0.98	0.99	1.01
重庆	0.90	0.96	1.14	0.82	0.99	0.81	1.10	1.10	1.05	0.62	1.06	1.08	1.17	1.28	1.01
四川	1.08	0.92	1.06	1.03	0.96	0.76	0.93	0.95	1.00	0.79	0.95	1.04	1.32	1.18	1.00
贵州	1.10	0.85	1.24	1.16	1.13	0.72	1.05	1.14	0.99	0.85	0.91	1.09	1.43	1.10	1.05
云南	0.94	0.87	1.14	1.18	0.94	0.92	1.02	1.03	1.12	0.76	0.94	1.01	1.35	1.01	1.02
陕西	1.26	1.24	1.01	1.07	0.92	0.95	0.64	1.07	1.10	0.68	1.06	0.74	1.58	0.96	1.02
甘肃	3.33	0.34	1.11	1.08	0.88	0.75	1.30	0.93	1.09	0.68	0.91	0.99	1.28	1.01	1.12
青海	1.35	0.75	1.09	0.93	0.99	0.81	1.10	1.20	0.81	0.70	0.92	1.07	1.11	0.93	0.98
宁夏	0.98	1.44	1.46	0.93	0.86	0.67	1.48	1.15	1.03	0.83	1.00	1.04	1.21	0.73	1.06
新疆	0.88	0.83	1.07	1.15	0.86	0.88	0.85	1.12	0.93	0.71	0.86	1.12	1.68	0.84	0.99
东部	1.11	0.98	0.93	1.07	0.94	0.97	1.04	0.99	1.03	0.67	1.21	1.04	1.84	0.87	1.05
西部	1.30	0.90	1.15	1.04	0.94	0.82	1.04	1.08	1.07	0.75	0.94	1.01	1.37	0.98	1.03
中部	1.14	0.86	1.06	1.05	0.94	0.87	0.99	0.97	1.02	0.68	1.02	0.90	1.58	0.98	1.00

表 4 - 16　　2004～2018 年我国各省建材生产阶段能源效率的技术变化指数（TC）

地区	2004~2005年	2005~2006年	2006~2007年	2007~2008年	2008~2009年	2009~2010年	2010~2011年	2011~2012年	2012~2013年	2013~2014年	2014~2015年	2015~2016年	2016~2017年	2017~2018年	平均值
北京	0.83	0.81	1.29	0.86	1.15	1.17	0.66	0.88	1.14	3.06	0.33	1.02	2.18	0.59	1.14
天津	0.58	1.66	1.79	0.18	2.05	1.12	0.94	0.73	0.70	5.02	0.95	1.03	0.12	8.86	1.84
河北	0.89	1.20	1.07	0.51	1.51	1.18	1.09	0.81	0.97	1.65	1.00	1.15	0.26	2.75	1.14
山西	0.85	1.09	0.94	0.75	1.25	1.26	1.10	0.95	0.98	1.36	1.00	1.07	0.64	1.18	1.03
内蒙古	0.91	1.17	1.01	0.80	1.15	1.17	1.09	0.93	1.02	1.31	1.01	1.04	0.77	1.10	1.03
辽宁	0.87	1.13	1.09	0.82	1.24	1.26	1.08	0.98	1.03	1.34	1.03	1.05	0.57	1.42	1.06
吉林	0.87	1.19	1.01	0.80	1.18	1.20	1.17	0.95	0.96	1.38	0.95	1.02	0.71	1.24	1.04
黑龙江	0.93	1.13	0.96	0.86	1.11	1.20	1.08	0.91	1.05	1.31	0.99	1.06	0.71	1.10	1.03
上海	0.54	2.14	1.13	0.70	1.21	1.24	1.18	1.12	0.92	2.17	0.75	1.12	0.40	1.25	1.13
江苏	1.01	1.05	1.09	0.78	1.26	1.20	1.02	0.99	1.03	1.55	0.90	1.04	0.59	1.31	1.06
浙江	0.97	1.00	1.04	0.84	1.09	1.46	0.89	0.93	1.06	1.91	0.83	0.71	0.86	1.06	1.05
安徽	0.87	1.26	0.94	0.82	1.22	1.19	1.09	0.98	1.00	1.46	0.91	1.08	0.69	1.14	1.05
福建	0.94	1.15	0.97	0.87	1.14	1.18	1.04	0.95	0.95	1.51	0.89	1.02	0.66	1.15	1.03
江西	1.33	1.27	1.01	0.63	1.23	1.10	1.06	1.01	1.04	1.37	0.97	1.03	0.68	1.16	1.06
山东	0.86	1.07	1.09	0.84	1.17	1.17	1.04	1.00	0.98	1.57	0.86	1.04	0.64	1.15	1.03
河南	0.87	1.12	0.97	0.83	1.12	1.24	1.02	1.00	0.97	1.51	0.88	1.05	0.67	1.04	1.02
湖北	0.93	1.10	1.00	0.84	1.14	1.21	1.07	1.01	0.97	1.49	0.87	1.09	0.67	0.99	1.03

续表

地区	2004~2005年	2005~2006年	2006~2007年	2007~2008年	2008~2009年	2009~2010年	2010~2011年	2011~2012年	2012~2013年	2013~2014年	2014~2015年	2015~2016年	2016~2017年	2017~2018年	平均值
湖南	0.96	1.11	0.95	0.92	1.05	1.16	1.07	0.97	1.00	1.35	0.97	1.06	0.67	1.13	1.03
广东	0.85	1.08	1.07	0.83	1.16	1.19	1.07	0.99	0.98	1.51	0.86	1.04	0.65	1.04	1.02
广西	0.89	1.21	0.95	0.82	1.15	1.20	1.08	0.95	0.67	1.08	1.79	1.03	0.53	1.55	1.06
海南	1.22	1.16	0.53	0.66	1.44	1.53	1.93	0.57	1.40	1.42	1.43	1.02	0.08	0.01	1.03
重庆	0.92	1.13	0.90	0.93	1.17	1.19	1.10	0.96	0.95	1.39	0.97	1.01	0.73	1.04	1.03
四川	0.85	1.16	0.97	0.88	1.09	1.27	1.09	0.96	1.00	1.31	1.01	1.03	0.72	1.06	1.03
贵州	0.88	1.20	0.95	0.91	1.04	1.20	1.12	0.91	1.04	1.21	1.01	1.02	0.72	1.00	1.01
云南	0.98	1.19	0.97	0.82	1.19	1.21	1.10	0.94	0.99	1.32	1.02	1.05	0.73	1.11	1.04
陕西	0.88	2.00	0.63	0.64	1.36	0.91	1.50	0.94	0.99	1.40	0.97	1.05	0.68	1.03	1.07
甘肃	1.85	0.60	1.01	0.79	1.15	1.16	1.07	1.00	1.02	1.34	1.00	1.05	0.72	1.09	1.06
青海	0.93	1.22	0.90	0.91	1.10	1.20	1.08	0.97	1.02	1.22	1.09	1.05	0.77	1.07	1.04
宁夏	0.84	1.25	0.98	0.84	1.15	1.10	1.15	0.92	1.03	1.18	1.10	1.04	0.76	1.07	1.03
新疆	0.97	1.19	0.99	0.84	1.16	1.21	1.10	0.98	0.99	1.38	0.96	1.05	0.69	1.14	1.04
东部	0.87	1.22	1.11	0.72	1.31	1.25	1.09	0.91	1.01	2.06	0.89	1.02	0.64	1.87	1.14
西部	0.99	1.21	0.93	0.83	1.15	1.17	1.13	0.95	0.97	1.29	1.08	1.04	0.71	1.11	1.04
中部	0.95	1.16	0.97	0.80	1.16	1.20	1.08	0.97	1.00	1.40	0.94	1.06	0.68	1.12	1.04

图 4 - 18 为 2004 ~ 2018 年我国三大地区建材生产阶段能源效率 Malmquist 指数,从图中我们发现,全国建材生产阶段能源效率 Malmquist 指数基本都大于 1,全国平均值为 1.07,这表明在 2004 ~ 2018 年间我国建材生产阶段能源效率整体上有了很大的提高,提高幅度达 7%。

分析比较三大地区的建材生产阶段能源效率 Malmquist 指数可知,区域间建筑业建材生产阶段能源效率的变化存在较大的空间差异性,东部地区建材生产阶段能源效率年均增长率为 12.3%,西部地区为 6%,而中部地区仅为 1%,相较于中部和西部地区,东部地区在这十五年期间建材生产阶段的能源效率得到了较大的提升。

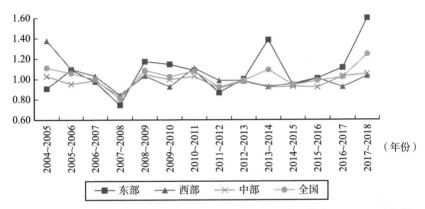

图 4 - 18 2004 ~ 2018 年我国三大地区建材生产阶段能源效率 Malmquist 指数

建材生产阶段能源效率 Malmquist 指数各项分解指数的动态变化如图 4 - 19 所示。2004 ~ 2018 年纯技术效率变化指数(EC)和技术变化指数(TC)都呈现出较大的波动,纯技术效率变化指数(EC)在 2016 ~ 2017 年达到最大值 1.60,技术变化指数(TC)在 2013 ~ 2014 年达到最大值 1.60。纯技术效率变化指数(EC)和技术变化指数(TC)的年均增长率分别为 3.0% 和 7.6%,由此可见,2004 ~ 2018 年技术进步是建材生产阶段能源效率提升的最主要原因。

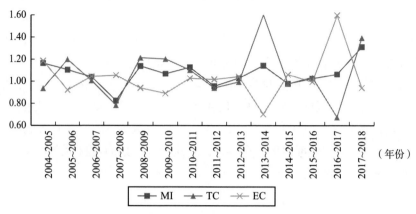

图4-19　建材生产阶段能源效率 Malmquist 指数各项分解指数的动态变化

4.3.4　运营阶段能源效率 Malmquist 指数

基于我国 2004～2018 年 30 个省运营阶段投入、产出指标的面板数据，选用 Malmquist 指数测算了我国各省运营阶段能源效率变化情况，计算结果见表 4-17～表 4-19。

图 4-20 为 2004～2018 年我国三大地区运营阶段能源效率 Malmquist 指数，从图中我们发现，三大地区和全国运营阶段能源效率 Malmquist 指数走势基本一致，均值在 1.1 上下小幅度波动，各年份的均值都大于 1，这表明在 2004～2018 年间我国运营阶段能源效率整体稳步上升，年均增长达 7%。

分析比较三大地区的运营阶段能源效率 Malmquist 指数可知，相较于全生命周期能源效率以及建材生产阶段能源效率 Malmquist 指数，运营阶段能源效率区域间的变化差异不大，西部地区运营阶段能源效率年均增长率最大，为 8.1%，东部地区次之，年均增长率为 6.1%，中部地区年均增长率最低，为 5.9%。这表明在 2004～2018 年间，伴随着西部大开发政策的实施，西部地区在运营阶段的能源效率得到了较大的提升。

表 4 - 17　2004~2018 年我国各省运营阶段能源效率 Malmquist 指数 (MI)

地区	2004~2005年	2005~2006年	2006~2007年	2007~2008年	2008~2009年	2009~2010年	2010~2011年	2011~2012年	2012~2013年	2013~2014年	2014~2015年	2015~2016年	2016~2017年	2017~2018年	平均值
北京	1.05	1.09	1.18	1.09	1.04	1.12	1.11	1.06	1.07	1.05	1.06	1.07	1.10	1.27	1.10
天津	1.12	1.04	1.11	1.21	1.03	1.13	1.13	1.06	1.04	1.03	0.98	1.01	1.06	1.06	1.07
河北	1.07	1.16	1.14	1.07	1.01	1.02	1.12	1.01	1.00	0.99	0.98	1.02	1.04	1.01	1.04
山西	1.18	1.07	1.23	1.12	0.94	1.19	1.17	1.03	0.99	0.97	0.93	0.97	1.18	1.07	1.07
内蒙古	1.11	1.13	1.15	1.11	1.05	1.06	1.07	1.03	1.08	1.02	1.03	1.05	1.06	1.05	1.07
辽宁	1.05	1.10	1.16	1.12	0.98	0.95	1.05	0.99	1.04	0.98	0.95	0.98	1.02	1.05	1.03
吉林	1.01	1.16	1.21	1.12	1.04	1.06	1.14	1.06	1.01	0.99	0.93	0.99	1.02	1.01	1.05
黑龙江	1.05	1.07	1.12	1.07	1.00	1.00	1.10	1.06	1.06	0.99	0.91	0.98	1.02	1.06	1.03
上海	1.06	1.09	1.10	1.07	1.02	1.01	1.08	1.02	1.11	1.09	1.03	1.08	1.09	1.09	1.07
江苏	0.98	1.07	1.08	0.98	0.96	0.94	1.09	0.99	1.08	1.05	1.02	1.02	1.02	0.96	1.02
浙江	0.94	1.18	0.99	0.98	0.94	0.88	1.04	0.97	1.27	0.99	0.99	0.98	1.03	1.04	1.01
安徽	1.06	1.08	1.17	1.07	1.05	1.01	1.19	1.05	1.02	1.06	0.97	1.02	1.07	1.07	1.06
福建	0.99	1.09	1.20	1.11	1.09	0.97	1.12	1.05	1.22	0.98	1.06	1.01	1.08	1.04	1.07
江西	1.05	1.16	1.10	1.17	0.57	1.57	1.21	1.07	1.26	0.99	0.96	0.97	0.98	0.96	1.07
山东	0.91	1.03	1.09	1.10	1.02	1.00	1.07	1.02	1.14	1.03	1.02	0.99	1.02	0.96	1.03
河南	1.04	1.10	1.18	1.14	1.02	1.06	1.00	0.98	1.17	0.98	1.02	1.08	1.05	0.98	1.06
湖北	1.10	1.08	1.18	1.07	1.04	1.00	1.08	1.05	1.21	1.04	0.99	1.04	1.03	1.02	1.07

续表

地区	2004~2005年	2005~2006年	2006~2007年	2007~2008年	2008~2009年	2009~2010年	2010~2011年	2011~2012年	2012~2013年	2013~2014年	2014~2015年	2015~2016年	2016~2017年	2017~2018年	平均值
湖南	0.80	1.20	1.15	1.10	1.04	1.06	1.11	1.03	1.08	1.04	1.00	1.06	1.02	0.99	1.05
广东	1.06	1.10	1.13	1.12	0.99	0.84	1.12	1.05	1.33	1.04	1.05	2.16	0.65	1.24	1.13
广西	0.83	1.25	1.12	1.07	1.12	0.79	1.13	1.02	1.37	1.03	1.02	1.03	1.05	1.01	1.06
海南	1.47	0.87	1.14	1.06	1.01	0.93	1.16	1.05	1.29	1.03	0.99	1.04	1.05	1.19	1.09
重庆	0.97	0.98	1.15	1.12	1.02	1.11	1.16	0.99	0.98	1.09	1.08	1.00	1.09	1.03	1.06
四川	1.20	1.14	1.13	1.14	1.02	1.37	1.13	1.07	1.00	0.97	1.00	1.01	1.06	1.10	1.09
贵州	1.09	1.10	1.20	1.17	1.06	1.12	1.20	1.15	1.10	1.09	1.29	1.16	1.18	1.40	1.17
云南	0.99	1.24	1.16	1.14	0.98	1.01	1.16	1.03	1.23	0.98	1.00	1.05	1.09	1.06	1.08
陕西	1.11	1.05	1.30	1.15	1.03	1.15	1.13	1.10	1.07	1.02	0.97	1.01	1.07	1.06	1.09
甘肃	1.08	1.10	1.16	1.10	1.02	1.13	1.16	1.08	1.06	1.02	0.93	0.99	1.01	1.05	1.06
青海	1.03	1.07	1.23	1.24	1.02	1.17	1.15	1.09	1.05	1.03	1.00	1.09	1.03	1.07	1.09
宁夏	0.94	1.14	1.22	1.16	1.03	1.16	1.14	1.01	0.99	0.99	0.98	0.99	1.11	1.05	1.06
新疆	1.08	1.14	1.12	1.12	0.94	1.18	1.10	1.02	1.01	1.02	0.91	0.95	1.10	1.09	1.06
东部	1.06	1.07	1.12	1.08	1.01	0.98	1.14	1.02	1.15	1.02	1.01	1.12	1.01	1.08	1.06
西部	1.04	1.12	1.18	1.14	1.03	1.11	1.14	1.06	1.09	1.02	1.02	1.03	1.08	1.09	1.08
中部	1.04	1.11	1.17	1.11	0.96	1.12	1.12	1.04	1.10	1.01	0.96	1.02	1.05	1.02	1.06

表 4－18　2004～2018 年我国各省运营阶段能源效率的技术效率变化指数（EC）

地区	2004～2005 年	2005～2006 年	2006～2007 年	2007～2008 年	2008～2009 年	2009～2010 年	2010～2011 年	2011～2012 年	2012～2013 年	2013～2014 年	2014～2015 年	2015～2016 年	2016～2017 年	2017～2018 年	平均值
北京	1.05	0.99	1.04	0.98	1.05	1.37	1.01	1.04	0.78	1.02	1.03	0.74	1.47	1.08	1.05
天津	1.14	0.95	0.98	1.10	1.03	1.31	1.06	1.12	0.70	0.99	0.93	0.76	1.26	1.01	1.02
河北	1.08	1.08	1.00	0.95	1.02	1.03	1.02	0.97	0.84	0.95	0.93	0.76	1.24	0.96	0.99
山西	1.20	0.98	1.09	0.99	0.93	1.25	1.05	0.98	0.83	0.92	0.88	0.77	1.31	1.03	1.01
内蒙古	1.13	1.04	1.00	0.99	1.04	1.06	0.96	1.00	0.91	0.97	0.99	0.88	1.15	0.99	1.01
辽宁	1.05	1.00	1.02	1.02	0.99	0.98	0.96	0.95	0.90	0.94	0.91	0.72	1.22	1.00	0.97
吉林	1.00	1.07	1.07	1.02	1.04	1.07	1.04	1.05	0.85	0.97	0.87	0.78	1.16	0.98	1.00
黑龙江	1.03	0.97	0.99	0.94	1.01	1.00	0.97	1.02	0.90	0.95	0.86	0.80	1.11	1.04	0.97
上海	1.09	1.00	0.97	0.94	1.06	1.09	0.96	0.95	0.89	1.16	0.98	0.63	1.71	1.06	1.03
江苏	0.95	1.01	1.01	0.77	1.27	0.78	0.99	0.91	0.84	1.12	0.94	0.60	1.57	0.91	0.98
浙江	0.93	1.52	0.60	0.88	0.98	0.88	0.95	0.93	1.09	1.03	0.92	0.61	1.52	1.00	0.99
安徽	1.09	1.00	1.07	0.95	1.10	1.08	1.11	1.00	0.79	1.12	0.89	0.62	1.63	1.03	1.03
福建	0.96	0.98	1.09	1.01	1.21	1.00	1.01	1.02	1.01	0.98	1.05	0.53	1.92	0.96	1.05
江西	0.96	1.15	0.97	1.08	0.43	2.21	1.40	0.98	1.02	1.02	0.73	0.56	1.52	0.91	1.07
山东	0.87	0.93	0.95	0.99	1.04	1.01	0.96	0.99	1.02	1.00	0.97	0.69	1.30	0.89	0.97
河南	1.05	1.00	1.06	1.03	1.06	1.15	0.84	0.91	1.03	0.96	0.98	0.69	1.54	0.89	1.01
湖北	1.09	0.97	1.06	0.94	1.06	1.02	0.96	1.04	1.07	1.08	0.93	0.64	1.56	0.98	1.03

续表

地区	2004~2005年	2005~2006年	2006~2007年	2007~2008年	2008~2009年	2009~2010年	2010~2011年	2011~2012年	2012~2013年	2013~2014年	2014~2015年	2015~2016年	2016~2017年	2017~2018年	平均值
湖南	0.71	1.12	1.03	0.99	1.07	1.14	0.98	0.97	0.90	1.05	0.95	0.68	1.47	0.94	1.00
广东	1.00	1.01	1.01	1.01	0.97	1.00	1.01	0.99	1.01	1.01	1.02	1.23	0.82	0.99	1.01
广西	0.73	1.24	0.98	0.93	1.20	0.69	1.01	0.97	1.28	1.04	0.99	0.65	1.53	0.96	1.01
海南	1.66	0.86	1.01	0.78	1.03	0.90	1.03	1.09	1.05	0.99	0.92	0.66	1.44	0.99	1.03
重庆	0.92	0.88	1.05	1.01	1.06	1.28	1.04	0.91	0.75	1.16	1.04	0.58	1.72	0.97	1.03
四川	1.26	1.06	1.00	1.03	1.05	2.06	0.98	1.00	0.65	0.99	0.92	0.60	1.62	1.06	1.09
贵州	1.10	1.01	1.04	1.06	1.05	1.15	1.14	2.06	1.03	1.02	1.01	0.99	0.99	0.99	1.12
云南	0.97	1.17	1.04	1.03	0.99	1.09	1.04	0.95	1.04	0.98	0.95	0.64	1.66	1.02	1.04
陕西	1.10	0.95	1.21	1.02	1.02	1.23	1.08	1.17	0.77	0.98	0.93	0.70	1.36	1.02	1.04
甘肃	1.09	1.01	1.02	0.99	1.03	1.18	1.05	1.05	0.90	0.99	0.88	0.73	1.21	1.00	1.01
青海	1.04	0.99	1.09	1.12	1.02	1.21	1.05	1.11	0.84	0.99	0.92	0.87	1.11	1.01	1.03
宁夏	0.90	1.05	1.09	1.02	1.03	1.23	1.03	0.97	0.83	0.94	0.94	0.76	1.24	1.00	1.00
新疆	1.10	1.06	0.98	1.01	0.93	1.22	1.03	1.04	0.84	0.99	0.85	0.75	1.22	1.03	1.00
东部	1.07	1.03	0.97	0.95	1.06	1.03	1.00	1.00	0.92	1.02	0.96	0.72	1.41	0.99	1.01
西部	1.03	1.04	1.04	1.02	1.04	1.22	1.04	1.11	0.90	1.00	0.95	0.74	1.35	1.00	1.03
中部	1.02	1.03	1.04	0.99	0.96	1.24	1.04	0.99	0.92	1.01	0.89	0.69	1.41	0.97	1.02

表 4 – 19 2004～2018 年我国各省运营阶段能源效率的技术变化指数 (TC)

地区	2004～2005年	2005～2006年	2006～2007年	2007～2008年	2008～2009年	2009～2010年	2010～2011年	2011～2012年	2012～2013年	2013～2014年	2014～2015年	2015～2016年	2016～2017年	2017～2018年	平均值
北京	0.99	1.10	1.14	1.11	0.99	0.82	1.10	1.01	1.38	1.03	1.03	1.45	0.75	1.18	1.08
天津	0.98	1.09	1.14	1.10	1.00	0.86	1.07	0.94	1.49	1.04	1.05	1.33	0.84	1.05	1.07
河北	0.99	1.08	1.13	1.13	0.99	0.99	1.10	1.04	1.19	1.04	1.05	1.34	0.84	1.06	1.07
山西	0.98	1.09	1.13	1.13	1.01	0.96	1.11	1.05	1.19	1.05	1.06	1.26	0.90	1.04	1.07
内蒙古	0.98	1.08	1.15	1.12	1.02	1.00	1.11	1.03	1.18	1.05	1.04	1.20	0.92	1.06	1.07
辽宁	1.00	1.10	1.14	1.10	1.00	0.97	1.10	1.04	1.15	1.04	1.05	1.35	0.84	1.05	1.07
吉林	1.01	1.08	1.14	1.10	1.00	0.99	1.10	1.02	1.19	1.03	1.06	1.27	0.88	1.04	1.06
黑龙江	1.02	1.10	1.13	1.14	0.98	1.01	1.14	1.04	1.18	1.05	1.06	1.23	0.92	1.02	1.07
上海	0.98	1.09	1.14	1.13	0.97	0.93	1.13	1.07	1.24	0.95	1.06	1.71	0.63	1.03	1.08
江苏	1.03	1.05	1.07	1.28	0.76	1.20	1.10	1.08	1.29	0.94	1.09	1.71	0.65	1.05	1.09
浙江	1.01	0.77	1.66	1.11	0.96	0.99	1.10	1.04	1.16	0.96	1.08	1.61	0.68	1.04	1.08
安徽	0.97	1.09	1.09	1.12	0.95	0.93	1.07	1.05	1.30	0.95	1.08	1.66	0.66	1.04	1.07
福建	1.02	1.11	1.09	1.10	0.90	0.97	1.10	1.03	1.21	1.00	1.01	1.91	0.56	1.08	1.08
江西	1.09	1.01	1.13	1.08	1.34	0.71	0.86	1.09	1.23	0.97	1.31	1.74	0.65	1.05	1.09
山东	1.05	1.11	1.15	1.11	0.98	0.99	1.11	1.04	1.12	1.03	1.05	1.44	0.79	1.08	1.07
河南	1.00	1.10	1.11	1.10	0.96	0.92	1.19	1.08	1.14	1.01	1.04	1.57	0.68	1.09	1.07
湖北	1.00	1.11	1.11	1.13	0.98	0.98	1.13	1.01	1.13	0.96	1.06	1.64	0.66	1.04	1.07

续表

地区	2004~2005年	2005~2006年	2006~2007年	2007~2008年	2008~2009年	2009~2010年	2010~2011年	2011~2012年	2012~2013年	2013~2014年	2014~2015年	2015~2016年	2016~2017年	2017~2018年	平均值
湖南	1.13	1.07	1.12	1.12	0.97	0.93	1.13	1.06	1.20	0.99	1.05	1.56	0.69	1.06	1.08
广东	1.06	1.09	1.12	1.10	1.01	0.84	1.12	1.06	1.32	1.04	1.03	1.76	0.79	1.25	1.11
广西	1.15	1.01	1.14	1.15	0.93	1.14	1.11	1.05	1.07	0.99	1.04	1.60	0.69	1.06	1.08
海南	0.89	1.01	1.13	1.36	0.98	1.03	1.13	0.96	1.23	1.04	1.08	1.58	0.73	1.20	1.10
重庆	1.06	1.11	1.10	1.11	0.96	0.87	1.11	1.09	1.31	0.94	1.04	1.73	0.64	1.06	1.08
四川	0.95	1.07	1.13	1.11	0.98	0.66	1.15	1.07	1.53	0.98	1.08	1.68	0.65	1.03	1.08
贵州	0.99	1.09	1.15	1.11	1.01	0.98	1.06	0.56	1.07	1.07	1.27	1.17	1.19	1.41	1.08
云南	1.02	1.06	1.11	1.10	0.99	0.93	1.12	1.08	1.18	1.00	1.06	1.63	0.66	1.04	1.07
陕西	1.01	1.10	1.07	1.13	1.01	0.94	1.04	0.94	1.39	1.04	1.04	1.43	0.78	1.04	1.07
甘肃	0.99	1.09	1.14	1.11	0.99	0.96	1.11	1.02	1.17	1.03	1.06	1.35	0.84	1.06	1.07
青海	0.99	1.09	1.13	1.10	1.00	0.97	1.10	0.98	1.26	1.04	1.09	1.25	0.93	1.06	1.07
宁夏	1.05	1.09	1.12	1.13	1.00	0.95	1.10	1.04	1.19	1.05	1.05	1.31	0.89	1.05	1.07
新疆	0.98	1.08	1.14	1.11	1.02	0.96	1.10	1.02	1.20	1.03	1.07	1.27	0.90	1.06	1.07
东部	1.00	1.05	1.17	1.15	0.96	0.96	1.11	1.03	1.25	1.01	1.05	1.56	0.74	1.10	1.08
西部	1.02	1.08	1.13	1.12	0.99	0.94	1.10	0.99	1.23	1.02	1.08	1.42	0.83	1.09	1.07
中部	1.03	1.08	1.12	1.12	1.03	0.93	1.09	1.05	1.20	1.00	1.09	1.49	0.75	1.05	1.07

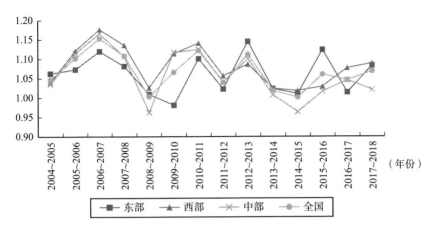

图4-20　2004~2018年我国三大地区运营阶段能源效率Malmquist指数

运营阶段能源效率Malmquist指数各项分解指数的动态变化如图4-21所示。2004~2018年纯技术效率变化指数（EC）和技术变化指数（TC）都呈现出较大的波动，纯技术效率变化指数（EC）在2016~2017年达到最大值1.39，技术变化指数（TC）在2015~2016年达到最大值1.49。纯技术效率变化指数（EC）和技术变化指数（TC）的年均增长率分别为2.0%和7.6%，由此可见，2004~2018年技术进步是运营阶段能源效率提升的最主要原因。

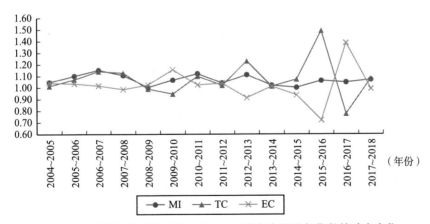

图4-21　运营阶段能源效率Malmquist指数各项分解指数的动态变化

4.4 研究结论

本章立足于建筑业节能降耗的现实问题，利用全生命周期分析在定量分析方面的优势，构建了我国建筑业全生命周期能源效率测算模型，运用 Super Efficiency – SBM（Undesirable output）模型，对各地区在碳排放约束下建筑业全生命周期总能源效率和各阶段能源效率进行测算和分析，最后通过 Malmquist 指数对我国建筑业能源效率进行了动态分析评价。主要结论如下。

（1）2004 ~ 2018 年期间三大地区建筑业全生命周期能源效率、建材生产阶段能源和运营阶段能源效率存在较大的区域差异，东部地区在各阶段的能源效率都优于中部和西部地区，反映出了我国三大地区建筑业的发展情况和低碳化理念及技术上的差异。从建筑业全生命周期能源效率分解的结果来看，东部地区建筑业全生命周期能源效率的纯技术效率和规模效率都要优于中西部地区，特别是技术效率带动了东部地区建筑业全生命周期能源效率的提升。相比中西部地区的省份，东部地区的科技水平较高，二氧化碳减排技术运用广泛，建筑业能源利用过程中能更好地满足建筑业产值最大化与二氧化碳排放最小化。作为建筑业全生命周期碳排放的最主要来源的建材生产阶段和运营阶段，2004 ~ 2018 年能源效率都在 1 以下，说明建材生产阶段和运营阶段能源效率还没有达到有效水平，还有巨大的提升空间。

（2）我国建筑业能源效率动态分析的结果显示，总体上来看，2004 ~ 2018 年我国 30 个省市的建筑业全生命周期能源效率、建材生产阶段能源效率以及运营阶段能源效率均值大于 1，这表明在这十五年期间，我国 30 个省市的建筑业能源效率正在逐步提高。分析比较三大地区的建筑业能源效率 Malmquist 指数可知，区域间建筑业能源效率的变化并不均衡，存在一定的空间差异性。从建筑业能源效率 Malmquist 指数的分解因素来看，技术变化指数（TC）对 Malmquist 指数的贡献大于技术效率变化指数（EC），这说明 2004 ~ 2018 年我国建筑业能源效率提升的主要原因是科技的进步，而科技进步也是未来建筑产业能源效率持续提高的真正源泉。

第 5 章

建筑业全生命周期碳排放时空演变特征分析

5.1 建筑业全生命周期碳排放时间特征分析

在我国经济快速发展的背景下，建筑业全生命周期碳排放量呈现较大的增长趋势，但由于区域发展水平的不均衡，碳排放强度呈现较大的区域和省域的差异。

本节从"全国""地区"以及"省域"三个层面，探讨我国建筑业全生命周期碳排放量在时间上的演化特征。

从全国层面来看，2004～2018 年我国建筑业全生命周期碳排放总量整体呈现出以 2012 年为分界点的"先急后缓"的增加趋势，由 2004 年的 2363 百万吨增长至 2018 年的 9747 百万吨，年均增长率为 11.78%，变动趋势见图 5－1。我国建筑业全生命周期碳排放变化可分为三个阶段：

（1）2004～2012 年为我国建筑业全生命周期碳排放快速增长阶段，2012 年碳排放量达到十五年间的顶峰，其中 2008～2012 年增长率均大于十五年间的年均增长率。改革开放后，我国经济蓬勃发展，房地产行业处于发展的高峰时期，建筑业产值屡创新高，加之城镇化水平稳步提升，使建筑业逐渐成为国民经济支柱产业，进而造成我国建筑业全生命周期碳排放剧增。

（2）2012~2015年为我国建筑业全生命周期碳排放波动下降阶段，十五年间仅有的2次碳排放量的负增长均出现在此阶段，分别是2013（-19.92%）和2015年（-11.56%）。2012年"十二五"建筑节能专项规划指出合理控制能源消费总量、强化节能减排目标以及大力发展循环经济。住建部也提出推广新型节能建材和再生建材，提高建筑节能标准，国家政策的出台使得能源需求和碳排放的增长趋势得到有效控制，从而使得我国建筑业在碳减排方面取得了一定进展。

（3）2015~2018年为我国建筑业全生命周期碳排放缓慢增长阶段，该阶段的年增长率最大值为8.28%，仍小于十五年间的年均增长率。在我国经济呈现出高质量发展的时代背景下，建筑业增加值也随之收窄，建筑业逐渐向数字化、绿色化转型升级的过程中，运营阶段生产活动所产生的碳排放仍呈现出增长态势，因此，建筑业全生命周期碳排放相应的呈现出小幅度增加。

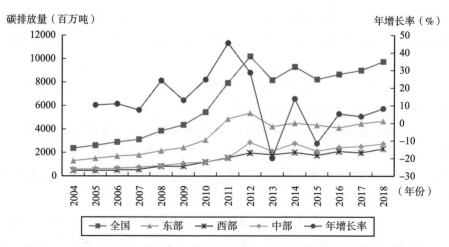

图5-1　2004~2018年我国及三大地区建筑业全生命周期碳排放量及年增长率

从地区层面来看，三大地区的建筑业全生命周期碳排放趋势与全国较为相近，均经历了三个阶段，较快增长的第一阶段、波动下降的第二阶段和平稳增长的第三阶段。从三大地区建筑业全生命周期碳排放均值的占比来看，东部地区是建筑业全生命周期碳排放量最大的地区，全国建筑业全生命周期碳排放总量的 52.73% 都来自东部地区，中部地区占比为 25.95%，西部地区碳排放量均值最低，占全国建筑业全生命周期碳排放总量的 21.33%，三大地区的碳排放占比情况与陆菊春、潘晓梦等学者的研究结果一致[①②]。

从省域层面来看，本书选取 2004 年、2009 年、2013 年和 2018 年四个代表性年份的我国 30 个省份建筑业全生命周期碳排放数据（见图 5-2），研究各省份碳排放数据可以看出：

（1）2004~2018 年，各省份建筑业全生命周期碳排放基本呈现增加趋势，其中，浙江和江苏初始值高且增加幅度最大，《中国建筑业统计年鉴》数据显示，2004 到 2018 年间浙江和江苏建筑业总产值的涨幅分别为 18.85% 和 11.81%，是建筑业发展趋势最好的两个省，建筑业的高速发展致使两个省份的建筑业全生命周期碳排放量也呈现最大幅度的增长。

（2）从 2004~2018 年建筑业全生命周期碳排放均值来看，各省份建筑业全生命周期碳排放量差异较大。浙江、江苏和山东位列前三，碳排放均值在 400 百万吨以上，三个省份均位于我国东部地区；碳排放量最低的 3 个省份分别是西部地区的甘肃和宁夏以及东部地区的海南，碳排放均值在 300 百万吨以下。排名第一的浙江省年均建筑业全生命周期碳排放量是排名最后的青海省年均建筑业全生命周期碳排放量的 38 倍之多。

（3）东三省（黑龙江、吉林、辽宁）建筑业全生命周期碳排放出现下降趋势。主要是由于近年来，东北地区经济发展下滑、重工业衰退以及人才外流严重，2015 年开始，东北三省的经济增速均在 1% 上下浮动，远低于全国水平，根据第七次人口普查结果，东北地区人口近十年下降了 1.2 个百分点，在多种因素的影响下，东北地区的建筑业开始萎靡，黑龙江、吉林和辽宁的施工面积自 2015 年起均出现下滑趋势，三个省份的建筑业总产值自 2016 年起均出现负增长。东三省经济的下行是导致建筑业衰退的主要原因，从而使得东三省建筑业全生命周期碳排放开始下降。

---

① 陆菊春，钟珍，黄晓晓. 我国建筑业碳排放演变特征及 LMDI 影响因素分解 [J]. 建筑经济，2017，38（3）：81-88.

② 潘晓梦. 城镇化对建筑业碳排放的影响路径研究 [D]. 东北财经大学，2019.

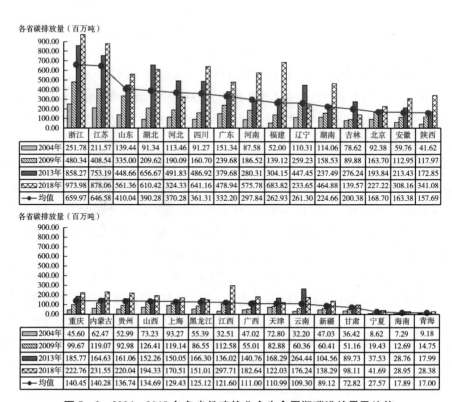

各省碳排放量（百万吨）

	浙江	江苏	山东	湖北	河北	四川	广东	河南	福建	辽宁	湖南	吉林	北京	安徽	陕西
2004年	251.78	211.57	139.44	91.34	113.46	91.27	151.34	87.58	52.00	110.31	114.06	78.62	92.38	59.76	41.62
2009年	480.34	408.54	335.00	209.62	190.09	160.70	239.68	186.52	139.12	259.23	158.53	89.88	163.70	112.95	117.97
2013年	858.27	753.19	448.66	656.67	491.83	486.92	379.68	280.31	304.15	447.45	237.49	276.24	193.84	213.43	172.85
2018年	973.98	878.06	561.36	610.42	324.33	641.16	478.94	575.78	683.82	233.65	464.88	139.57	227.22	308.16	341.08
均值	659.97	646.58	410.04	390.28	370.28	361.31	332.20	297.84	262.93	261.30	224.66	200.38	168.70	163.38	157.69

各省碳排放量（百万吨）

	重庆	内蒙古	贵州	山西	上海	黑龙江	江西	广西	天津	云南	新疆	甘肃	宁夏	海南	青海
2004年	45.60	62.47	52.99	73.23	93.27	55.39	32.51	47.02	72.80	32.20	47.03	36.42	8.62	7.29	9.18
2009年	99.67	119.07	92.98	126.41	119.14	86.55	112.58	55.01	82.88	60.36	60.41	51.16	19.43	12.69	14.75
2013年	185.77	164.63	161.06	152.26	150.05	166.30	136.02	140.76	168.29	264.44	104.56	89.73	37.53	28.76	17.99
2018年	222.76	231.55	220.04	194.33	170.51	151.01	297.71	182.64	122.03	176.24	138.29	98.11	41.69	28.95	28.38
均值	140.45	140.28	136.74	134.69	129.43	125.12	121.60	111.00	110.99	109.30	89.12	72.82	27.57	17.89	17.00

图 5-2　2004~2018 年各省份建筑业全生命周期碳排放量及均值

5.2　建筑业全生命周期碳排放空间特征分析

建筑业全生命周期碳排放空间特征分析旨在探索建筑业碳排放在不同地区之间的空间分布特征和趋势。该分析基于空间概念，考虑不同地区之间的相互关联和影响，以揭示建筑业碳排放的空间相关性。建筑业全生命周期碳排放空间特征分析可为制定碳排放管理政策提供重要依据，帮助区分高排放区域和低排放区域，制定针对性的碳减排策略和措施，促进建筑业可持续发展。

5.2.1　建筑业全生命周期碳排放空间分布特征

本节结合 GeoDa 和 Arcmap10.7 对 2004 年、2009 年、2013 年和 2018 年

我国建筑业全生命周期碳排放进行空间分类（见表 5 - 1），直观地体现建筑业全生命周期碳排放空间分布特征。

表 5 - 1　　　　　2004 年、2009 年、2013 年和 2018 年我国建筑业
全生命周期碳排放的空间分布格局

年份	碳排放量（百万吨）	数量	省份
2004	50 以下	10	江西、广西、海南、重庆、云南、陕西、甘肃、青海、宁夏、新疆
	50～200	18	北京、天津、河北、山西、内蒙古、辽宁、吉林、黑龙江、上海、安徽、福建、山东、河南、湖北、湖南、广东、四川、贵州
	200～500	2	江苏、浙江
	500～1000	0	
2009	50 以下	3	海南、青海、宁夏
	50～200	21	北京、天津、河北、山西、内蒙古、吉林、黑龙江、上海、安徽、福建、河南、湖南、四川、贵州、江西、广西、重庆、云南、陕西、甘肃、新疆
	200～500	6	辽宁、江苏、浙江、山东、湖北、广东、
	500～1000	0	
2013	50 以下	3	海南、青海、宁夏
	50～200	13	北京、天津、山西、内蒙古、黑龙江、上海、贵州、江西、广西、重庆、陕西、甘肃、新疆
	200～500	11	河北、辽宁、吉林、安徽、云南、福建、山东、河南、湖南、广东、四川、
	500～1000	3	江苏、浙江、湖北
2018	50 以下	3	海南、青海、宁夏
	50～200	9	天津、山西、黑龙江、上海、广西、甘肃、新疆、吉林、云南
	200～500	11	北京、河北、内蒙古、辽宁、江西、重庆、湖南、广东、贵州、安徽、陕西
	500～1000	7	江苏、浙江、福建、山东、河南、湖北、四川

总体来看，建筑业全生命周期碳排放空间分布格局呈现出由东部沿海向西部地区梯度递减分布的趋势；从空间分布格局的变化来看，2004 年和 2009

年大部分省份的碳排放量在 50～200 百万吨之间，均无碳排放量在 500～1000 百万吨之间的省份；2013 年出现碳排放量在 500～1000 百万吨的省份，分别是东部地区的江苏和浙江以及中部地区的湖北三个省份；2018 年碳排放量在 500～1000 百万吨的省份增加至七个，分别是东部地区的山东、江苏、浙江和福建、中部地区的河南、湖北以及西部地区的四川。近十五年来，大部分省份碳排放量已经从 50～200 百万吨上升至 200～500 百万吨，碳排放量在 200～500 百万吨之间的省份占全部省份的比例从 2004 年的 6.647% 上涨至 2018 年的 36.67%。

5.2.2 建筑业全生命周期碳排放空间相关性

空间相关性是指不同区域的事物和现象之间在空间上相互依赖、相互影响和相互作用，是地理学和空间统计学领域的重要内容。

在 20 世纪初期，著名地理学家托贝勒斯（Tobler）提出了"接近事物在地理上是接近的"原则，奠定了空间相关性理论的基础。此后，斯皮尔曼（Spearman）等学者对空间相关性进行了初步研究，建立了基于距离的相关性测度方法。在 1950 年代，莫兰（Moran）提出了莫兰指数（Moran's I），成为衡量空间相关性的重要指标。莫兰指数基于地理空间单位的属性值和地理邻域之间的关系，能够刻画空间数据的聚集、离散或随机分布。为了考虑地理空间单位之间的空间依赖性，学者们引入了空间权重矩阵，用于衡量地理邻域的接近程度和相似性。这一方法的引入使得空间相关性研究能够更好地反映地理现象的空间模式和空间关联。随着研究的深入，学者们开始探索不同类型的空间相关性，如时空相关性、多尺度相关性、空间非线性关系等。这些研究使得空间相关性的理论更加丰富和复杂，能够更好地解释地理现象的空间变异性。

通过不断的理论探索和方法创新，空间相关性检验已然成为空间计量经济分析前必不可少的步骤。主要利用全局空间相关性和局部空间相关性探索面板数据的空间相关性。全局空间相关性考察的是整个时空系统中的空间集聚和离散情况，局部空间相关性则是考察局部系统中的空间相关性情况。

1. 全局空间相关性

全局空间相关性是地理学、城市规划、环境科学等领域中广泛研究的一个重要主题。在全局空间相关性的研究中，学者们关注地理现象在整个研究区域内的空间分布模式和相互关系，以揭示地理现象的空间特征和空间结构。

其中，Moran's I 指数检验整个研究区域中相邻地区存在空间正相关或负相关关系。Moran's I 的取值在 -1 到 1 之间，Moran's $I > 0$ 为正值时，说明具有相似属性聚集在一起；Moran's I 为负值时，说明相异属性聚集在一起；Moran's I 接近 0 时，说明存在随机分布，不存在空间相关性。其计算公式：

$$I = \frac{\sum\limits_{i=1}^{n}\sum\limits_{j=1}^{n}\omega_{ij}(x_i - \bar{x})(x_j - \bar{x})}{S^2 \sum\limits_{i=1}^{n}\sum\limits_{j=1}^{n}\omega_{ij}} \tag{5-1}$$

其中，S^2 为属性的方差，$S^2 = \dfrac{\sum\limits_{i=1}^{n}(x_i - \bar{x})^2}{n}$；$\bar{x}$ 为属性的平均值；n 为空间单元数；x_i 和 x_j 分别为第 i 个和第 j 个空间单元的变量值；ω_{ij} 为空间权重矩阵。空间权重矩阵是空间计量经济学的重点关注内容，确定研究区域间的空间距离对空间计量分析结果的准确性起着关键的作用。设截面个体数量为 n，则建立的空间权重矩阵 W_n 为 $n \times n$ 的对称矩阵，其元素为 $\{W_{ij}\}$，$i, j = 1, \cdots, n$。其中对角线上的元素被设为 0，而 W_{ij} 表示区域 i 和区域 j 在空间上相关的密切程度，公式如下：

$$W = \begin{pmatrix} w_{11} & \cdots & w_{1n} \\ \vdots & \ddots & \vdots \\ w_{n1} & \cdots & w_{nn} \end{pmatrix} \tag{5-2}$$

空间权重矩阵通常以标准化成行元素之和为 1 的形式表达，多划分为地理空间矩阵和经济联系，各空间矩阵详细的划分类别见表 5-2。

表 5-2　　　　　　　　　　　空间权重矩阵的类别

空间矩阵	类别	定义
邻接矩阵	基本 0~1 邻接矩阵	相邻单元元素为 1，不相邻单元元素为 0
	拓展 0~1 邻接矩阵	距离不大于阈值元素为 1，距离大于阈值元素为 0

续表

空间矩阵	类别	定义
反距离矩阵	一次反距离矩阵	地理单元之间距离的倒数
	二次反距离矩阵	地理单元之间距离倒数的平方
	指数反距离矩阵	自然指数的地理单元之间距离与最小单元之间距离比次方的倒数
经济矩阵	建筑业总产值矩阵	地理单元建筑业总产值差的绝对值的倒数

$$w_{ij} = \begin{cases} 1, & \text{地理单元相邻 } i \neq j \\ 0, & \text{地理单元不相邻 } i \neq j \\ 0, & i = j \end{cases} \tag{5-3}$$

$$w_{ij} = \begin{cases} 1, & d_{ij} < d \quad i \neq j \\ 0, & d_{ij} \geqslant d \quad i \neq j \\ 0, & i = j \end{cases} \tag{5-4}$$

其中，d 为距离阈值，单位为 km；

$$w_{ij} = \begin{cases} \dfrac{1}{d_{ij}} & i \neq j \\ 0 & i = j \end{cases} \tag{5-5}$$

$$w_{ij} = \begin{cases} \dfrac{1}{d_{ij}^{2}} & i \neq j \\ 0 & i = j \end{cases} \tag{5-6}$$

$$w_{ij}(D) = \begin{cases} e^{\left(-\frac{d_{ij}}{d}\right)}, & d_{ij} < d \\ 0, & d_{ij} \geqslant d \end{cases} \tag{5-7}$$

其中，d 为最小单元之间距离，单位为 km；

$$w_{ij} = \begin{cases} \dfrac{1}{|\bar{x}_i - \bar{x}_j|} & i \neq j \\ 0, & i = j \end{cases} \tag{5-8}$$

其中，$\bar{x}_i$ 为地理单元 i 建筑业总产值，单位为亿元；$\bar{x}_j$ 为地理单元 j 建筑业总产值，单位为亿元。

近年来，全局空间相关性的研究逐渐与其他学科交叉，形成了跨学科的研究领域。例如，在城市规划领域，学者们探讨城市空间格局的全局相关性与城市发展之间的关系，为城市规划和管理提供科学依据。在环境科学领域，研究者关注全球尺度下的空间相关性，研究环境变量之间的相互作用和传播规律。这一领域的不断探索和进步为我们深入理解地理现象的空间性质，推动了城市规划、环境保护和地理信息科学等领域的发展，具有重要的理论和应用价值。

本节选取的 0～1 邻接矩阵空间权重矩阵，利用 STATA15 软件，测算 2004～2018 年我国建筑业全生命周期碳排放的全局 Moran's I 指数，结果见表 5-3。我国建筑业全生命周期碳排放的 Moran's I 指数均大于 0，所有年份通过不同水平下的显著性检验，表示在全生命周期内，各省份建筑业碳排放均存在着明显的空间相关性，碳排放的空间分布格局不存在随机分布的特征。

图 5-3 为 2004～2018 年我国 30 个省份建筑业全生命周期碳排放全局 Moran's I 指数的时间趋势，可以看出，全局 Moran's I 指数由 2004 年 0.196 下降到 2018 年的 0.112，自 2012 年起波动地维持在 0.113 左右，这是由于近年来建筑业发展趋于饱和，建筑业从业人数和施工面积减少，各省份建筑业发展差异缩小，从而导致各省域建筑业全生命周期碳排放空间集聚性减弱。整体来看，2004～2018 年建筑业全生命周期碳排放的全局 Moran's I 指数呈现出逐年递减的趋势，下降幅度较小，且十五年间全局 Moran's I 指数平均值仅为 0.129，这表明各省份碳排放的空间异质性特征趋于增强，各省份碳排放量不仅与自身建筑业发展情况有关，也受相邻省份的影响，但全局 Moran's I 指数均为正值，各省份全生命周期建筑业碳排放仍存在显著的空间集聚特征。

表 5-3　2004～2018 年我国建筑业全生命周期碳排放全局 Moran's I 指数

指数	2004 年	2005 年	2006 年	2007 年	2008 年	2009 年	2010 年	2011 年
Moran's I 指数	0.196	0.170	0.151	0.137	0.129	0.123	0.119	0.117
Z 值	2.082	1.87	1.708	1.593	1.513	1.459	1.421	1.396
P 值	0.019	0.031	0.044	0.056	0.065	0.072	0.078	0.081
指数	2012 年	2013 年	2014 年	2015 年	2016 年	2017 年	2018 年	
Moran's I 指数	0.115	0.114	0.113	0.113	0.112	0.112	0.112	
Z 值	1.378	1.365	1.357	1.351	1.347	1.344	1.343	
P 值	0.084	0.086	0.087	0.088	0.089	0.089	0.090	

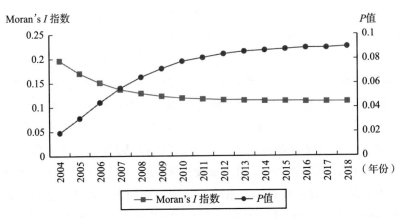

图 5 - 3　2004 ~ 2018 年我国建筑业全生命周期碳排放全局 Moran's *I* 指数变化趋势

2. 局部空间相关性

全局空间自相关指数考察的是整个时空系统的空间相关性情况，不能表示研究系统内部的相关性，因此将局部空间相关性分析作为补充。与全局空间相关性相对应，局部空间相关性主要关注地理现象在局部区域内的空间分布模式和相互关系，以揭示地理现象的局部空间特征和空间结构。

局部 Moran's *I* 指数由安瑟琳（Anselin）提出，基于全局分步测量，利用区域间的聚类和值间的相似性或差异性来计算区域间的相关程度。该指标不仅可以分析各区域单元的集聚程度和集聚类型，还可以对各区域进行量化。局部 Moran's *I* 指数计算公式为：

$$I_i = \frac{(x_i - \bar{x})}{S^2} \sum_j \omega_{ij}(x_i - \bar{x}) \qquad (5-9)$$

其中，各系数含义同公式（5 - 1）。正的 I_i 代表该地理空间单元与邻近单元的观测值性质相似（"高—高"或"低—低"），负的 I_i 代表该地理空间单元与邻近单元的观测值性质不相似（"高—低"或"低—高"）。

Moran 散点图描述了变量及邻接地区观测值的加权平均的相互关系，用可视化的二维图示来研究地理单元局部的空间特征。Moran's *I* 统计量的取值范围一般在 [-1，1] 之间，可以看作是各空间单元观测值的乘积之和，若各空间单元的经济行为存在空间正相关关系时，统计量的值应接近于 1，反之，若各空间单元的经济行为存在空间负相关关系时，统计量的值应接近于 −1。当目标区域的各空间单元的地理位置和观测值均相似时，就会整体呈现出空间正相关的空间模式；而当目标区域的各空间单元的地理位置和其对应的观测值具有不同寻常的差异时，就会呈现出空间负相关的空间模式；当目标区域的各空间单元的地理位置和观测值的分布相互独立时，就会出现零空间自相关性。Moran 散点图包括高高（H−H）聚集区，低高（L−H）聚集区，低低（L−L）聚集区和高低（H−L）聚集区四个象限。Moran 散点图中的第一、三象限表示观测值的空间正相关性，其中，第一象限表示观测值高的区域单元被高值区域所包围（H−H），第三象限表示观测值低的区域单元被低值区域所包围（L−L）；而第二、四象限表示观测值的空间负相关性，其中，第二象限表示观测值低的区域单元被高值区域所包围（L−H），第四象限表示观测值高的区域单元被低值区域所包围（H−L）。

近年来，局部空间相关性的研究越来越关注不同空间尺度下的局部关联模式和局部空间异质性。研究者运用多尺度空间自相关方法，研究地理现象在不同尺度下的局部空间相关性特征，以揭示不同尺度下地理现象的空间分布规律。此外，局部空间相关性的研究也逐渐与其他学科交叉，形成了跨学科的研究领域。例如，在城市规划领域，学者们研究城市内不同区域的局部空间相关性，为城市规划和空间布局提供科学依据。在环境科学领域，研究者关注不同地理区域的局部空间相关性，研究环境变量在局部区域内的空间交互作用和影响。这一领域的不断探索和进步为我们深入理解地理现象在局部区域内的空间性质，推动了城市规划、环境保护和地理信息科学等领域的发展，具有重要的理论和应用价值。

因此我们进一步研究了我国各省份建筑业碳排放的空间聚集特征，绘制了 2004 年、2009 年、2013 年和 2018 年全生命周期建筑业碳排放莫兰散点图（见图 5−4）。第一象限（H−H）指碳排放量高的省份相互聚集；第二象限（L−H）指碳排放量低的省份与碳排放量高的省份相聚集；第三象限（L−L）指碳排放量低的省份相互聚集；第四象限（H−L）指碳排放量高的省份与碳排放量低的省份相聚集，四个象限内各点对应的省份如表 5−4 所示。

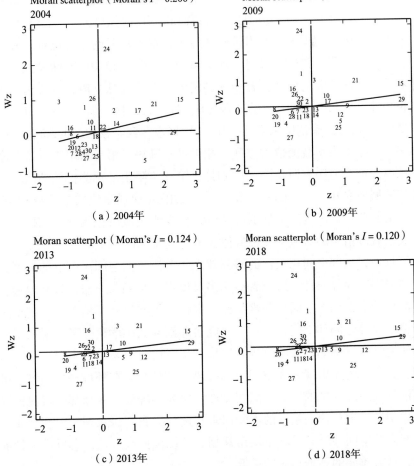

图 5 – 4 2004 年、2009 年、2013 年、2018 年我国建筑业全生命周期碳排放莫兰散点图

表 5 – 4 2004 年、2009 年、2013 年、2018 年各省份建筑业全生命周期碳排放集聚区

年份	象限	数量	省份
2004	第一象限（H – H）	7	上海、北京、辽宁、山东、吉林、河北、江苏
	第二象限（L – H）	8	天津、福建、安徽、江西、山西、河南、黑龙江、内蒙古
	第三象限（L – L）	13	海南、广西、青海、陕西、湖北、湖南、贵州、甘肃、重庆、宁夏、新疆、四川、云南
	第四象限（H – L）	2	浙江、广东

续表

年份	象限	数量	省份
2009	第一象限（H-H）	7	山东、河北、江苏、浙江、河南、辽宁、福建
	第二象限（L-H）	7	天津、安徽、江西、山西、上海、北京、重庆
	第三象限（L-L）	11	海南、广西、青海、陕西、贵州、甘肃、宁夏、新疆、云南、黑龙江、内蒙古
	第四象限（H-L）	5	广东、四川、湖北、湖南、吉林
2013	第一象限（H-H）	5	山东、江苏、浙江、河南、福建
	第二象限（L-H）	7	天津、安徽、江西、山西、上海、北京、重庆
	第三象限（L-L）	12	海南、广西、青海、陕西、贵州、甘肃、宁夏、新疆、云南、黑龙江、内蒙古、吉林
	第四象限（H-L）	6	广东、四川、湖北、湖南、河北、辽宁
2018	第一象限（H-H）	5	山东、江苏、浙江、河南、福建
	第二象限（L-H）	6	天津、安徽、江西、山西、上海、重庆
	第三象限（L-L）	13	海南、广西、青海、陕西、贵州、甘肃、宁夏、新疆、云南、黑龙江、内蒙古、吉林、北京
	第四象限（H-L）	6	广东、四川、湖北、湖南、河北、辽宁

2004 年第一、第三象限中的省份共有 20 个，占总省份数的 66.7%，高高（H-H）集聚型省份主要集中在东部沿海地区，低低（L-L）集聚型省份主要集中在我国的中部和西部；2009 年和 2013 年各省建筑业碳排放空间分布特征相似，第一、第三象限中的省份之和超半数，高高（H-H）集聚型省份主要分布在东部地区，低低（L-L）集聚型省份主要分布在我国内陆地区；2018 年第一、第三象限的省份共有 18 个，占总省份数的 60%，高高（H-H）集聚型省份主要位于东南沿海地区，低低（L-L）集聚型省份主要位于我国北部和西部。此外，低高（L-H）和高低（H-L）集聚型省份的总数由 2004 年的 10 个上升至 2018 年的 12 个，高高（H-H）和低低（L-L）集聚型省份的总数由 2004 年的 20 个减少到 2018 年的 18 个，且在 2014～2018 年间均保持 18 个，各象限的省份数量变化情况见图 5-5。可以看出，在 2004～2018 年间，绝大多数省份处于高高（H-H）集聚区和低低（L-L）

集聚区内，而分布在低高（L－H）和高低（H－L）集聚区内的省份有所增加。

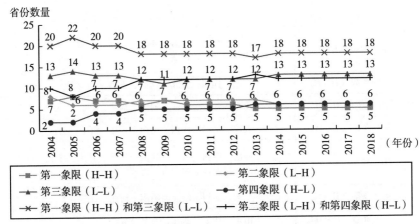

图 5－5　2004～2018 年我国建筑业全生命周期碳排放莫兰散点图

基于上述研究可知，虽然各省份建筑业全生命周期碳排放聚集现象略有减弱，但仍较为显著，区域间建筑业全生命周期碳排放依然存在较大差异，呈现两极分化的局面。由于经济增长是建筑业发展的支撑和保障，我国地形状况和气候条件复杂多变，各省份经济发展水平的较大差异造成区域间建筑业发展态势不均衡，从而导致了各省份建筑业全生命周期碳排放的差异。自 20 世纪 80 年代起，东部地区经济高速增长，而经济的快速增长、城镇化率的提高、基础设施的完善以及房地产业的迅速发展促进了建筑业的蓬勃发展。根据《中国统计年鉴》统计数据，2018 年浙江 GDP 高达 5.61 万亿元，位列全国第四，是青海等西部欠发达省份 GDP 的 20 倍，经济发展的巨大差异造成了区域间建筑业全生命周期碳排放两极分化的局面。

根据以上研究结果，针对区域间建筑业全生命周期碳排放的两极分化局面，提出以下政策建议：一方面，建立完善的碳排放监管体系，加强对建筑业碳排放的监测和评估。各省份建筑业碳排放数据应进行及时、准确、透明的共享，为政策制定和实施提供科学依据。另一方面，建立碳交易市场和碳税机制，引导建筑业企业主动减排，通过市场机制实现碳排放的减量和节约。同时，鼓励企业参与碳交易，推动碳市场的发展，促进低碳经济的发展。

5.3　建筑业全生命周期碳排放的收敛性分析

美国著名经济学家斯旺（Swan）[1] 和梭罗（Solow）[2] 提出了新古典增长模型，指出不同经济体的人均产出会收敛于稳定状态。20 世纪 20 年代中后期，"新经济增长理论"产生，认为各经济体的经济增长并不一定趋于收敛，而且有可能趋于发散。

收敛性分析是一种数学和计算方法中的重要概念，主要用于研究序列、级数、函数或算法等在逼近某个极限值时的性质和趋势。在学术研究中，收敛性分析广泛应用于数学、计算机科学、物理学、工程学等领域。

早期收敛性分析的研究可追溯到数学分析的发展历程，如柯西收敛准则、魏尔斯特拉斯逼近定理等经典结果。随着数学和计算机科学的进步，收敛性分析的研究范围不断拓展，涵盖了更多的数学对象和算法。

近年来，收敛性分析在优化算法、数值计算、机器学习等领域得到广泛关注。例如，对于迭代优化算法，研究者通过收敛性分析来证明算法的收敛性和稳定性，确保在有限步骤内找到最优解。在数值计算中，收敛性分析用于评估数值方法的精度和稳定性，为科学计算提供可靠的数值结果。在机器学习领域，收敛性分析帮助理解不同优化算法在训练模型时的性能和收敛速度。

收敛性分析是数学和计算领域中的一个核心问题，通过研究数学对象或算法的收敛性，可以确保数值计算的准确性和稳定性，提高算法的效率和性能。随着科技的不断发展，对于更加复杂和高维度的问题，收敛性分析的研究仍然具有重要的理论和实际意义。

本节采用 α 收敛、绝对 β 收敛对我国及三大地区的建筑业全生命周期碳排放量进行收敛性分析。

---

① Swan W. Economic Growth and Capital Accumulation ［J］. Economic Record, 1956, 32 (2)：334 – 661.

② Solow M R. A Contribution to the Theory of Economic Growth ［J］. The Quarterly Journal of Economics, 1956, 70 (1)：65 – 94.

5.3.1　α 收敛分析

α 收敛分析是一种用于研究数值方法或优化算法的收敛性质和收敛速度的数学分析方法。该方法通过比较数值解或优化结果与精确解或最优解之间的差距来分析数值方法或优化算法的收敛程度。α 收敛是指不同地区间的研究因素随时间的变化逐渐呈现出下降趋势，且不考虑研究因素的初始水平和各地区的初始要素结构，是绝对收敛的一种。在 α 收敛分析中，常见的数值方法包括迭代法、差分法和数值积分法等，而优化算法包括梯度下降法、共轭梯度法和遗传算法等。研究者通常通过理论推导和数学证明，分析数值方法或优化算法的收敛性质，并提供收敛速度的估计方法。具体的衡量指标有极差、标准差、变异系数和加权变异系数等[①]。

在 α 收敛分析中，通常使用一个非负实数 α 来表示数值解或优化结果与精确解或最优解之间的差距。如果随着问题规模的增大，该差距以某种速度逼近零，则称该数值方法或优化算法是 α 收敛的。α 收敛分析通过研究 α 值的大小和趋势来评估数值方法或优化算法的收敛性能。

本书选取差异系数来进行 α 收敛分析，差异系数是样本的标准差与其均值的比值，可以反映数据的离散程度，是一种相对指标，值越大表示样本的波动程度越大，计算公式为：

$$CV_t = \frac{S_t}{\bar{M}_t} \tag{5-10}$$

$$S_t = \frac{\sqrt{\sum_{t=1}^{n}(M_{i,t} - \bar{M}_t)^2}}{N} \tag{5-11}$$

其中，CV_t 表示差异系数，S_t 表示第 t 年的标准差，$\bar{M}_t$ 表示第 t 年建筑业碳排放的平均值，N 为样本数。若 $CV_{t+1} < CV_t$，则存在 α 收敛，表示各研究地区的建筑业碳排放差距随时间变化趋于减小；反之，则不存在 α 收敛，表示各研究地区的建筑业碳排放差距不会自动减小，可以通过出台减排政策或

① 高广阔，马海娟. 我国碳排放收敛性：基于面板数据的分位数回归 [J]. 统计与决策，2012，(18)：25-28.

推进减排措施来消除地区间的差异。

全国及三大地区建筑业全生命周期碳排放的差异系数值如表 5 – 5 所示。全国及东部地区的碳排放的差异系数均在 2011 年达到最大值，为 1.10 和 0.93；西部和中部地区碳排放的差异系数则在 2012 年最大，为 1.21 和 1.00。2005 ~ 2018 年间，全国的差异系数除 2005 年和 2018 年小于 0.75 外，其余年份均大于 0.75；东部地区的差异系数 2005 年最小，为 0.59；西部地区的差异系数的最小值为 0.53；中部地区的差异系数均在 0.29 以上。中部地区的差异系数除 2012 年、2014 年外，其他年份均为三个地区中的最小值。

表 5 – 5　　　　　　　　　全国及三大地区碳排放差异系数

地区	2005 年	2006 年	2007 年	2008 年	2009 年	2010 年	2011 年	2012 年	2013 年	2014 年	2015 年	2016 年	2017 年	2018 年
全国	0.74	0.80	0.80	0.78	0.75	0.79	1.10	1.01	0.77	0.79	0.78	0.78	0.79	0.76
东部	0.59	0.63	0.65	0.69	0.64	0.64	0.93	0.81	0.66	0.62	0.71	0.75	0.75	0.74
西部	0.53	0.51	0.55	0.57	0.58	0.88	0.87	1.21	0.73	0.77	0.64	0.74	0.77	0.80
中部	0.29	0.35	0.38	0.35	0.33	0.34	0.39	1.00	0.63	0.83	0.53	0.66	0.55	0.54

全国及三大地区碳排放差异系数趋势如图 5 – 6 所示。全国及三大地区差异系数的曲线变化情况基本一致，呈现出缓慢增长，达到最大值后逐渐减小的趋势。2005 ~ 2009 年间全国及三大地区的差异系数呈现出小幅度增长趋势，说明全国及各地区的碳排放量处于相对稳定的阶段，不存在 α 收敛；2010 ~ 2013 年间，差异系数均大幅度增加，而后又大幅度减少，说明全国碳排放量呈现出区域间的不平衡的状态，其中 2011 ~ 2013 年间全国及东部地区存在 α 收敛，2012 ~ 2013 年间西部和中部地区存在 α 收敛；2013 ~ 2018 年间，中部地区的差异系数先后两次达到高峰，但值均小于上一时期；2014 ~ 2015 年和 2016 ~ 2017 年的中部地区、2014 ~ 2015 年的西部地区以及 2013 ~ 2014 年的东部地区存在 α 收敛，相应时间段内各地区的差异系数均呈现出下降趋势。

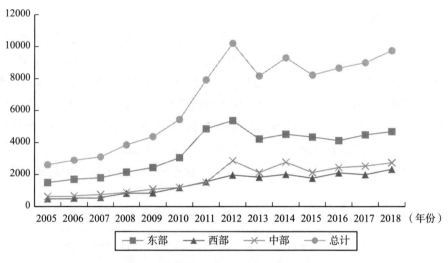

图5－6　全国及三大地区碳排放差异系数

5.3.2　绝对 β 收敛分析

相较于 α 收敛分析，绝对 β 收敛分析是一种更为综合和全面的方法，用于研究多个数据序列或时间序列之间的差异和相似性，特别是在探究数据序列的整体趋势、稳定性和收敛性方面有更广泛的应用。绝对 β 收敛分析侧重于确定多个序列之间的绝对差异是否在时间推移下逐渐缩小，以评估序列之间是否逐渐趋于一致或接近。

在绝对 β 收敛分析中，通常选择一个参考序列或基准序列，然后与其他序列进行比较。常用的方法包括计算距离度量、差异比较和聚类分析等。距离度量方法可以衡量序列之间的相似性或差异程度，例如欧氏距离、曼哈顿距离、相关系数等。差异比较可以通过比较序列之间的特定统计量，如均值、方差、自相关函数等，来评估它们的差异程度。聚类分析则可以将序列划分成具有相似性的群组，从而揭示序列之间的内在联系和差异。

绝对 β 收敛分析的优势在于它能够更全面地考察多个序列的整体动态特征，从而揭示序列之间的潜在规律和共性。通过绝对 β 收敛分析，研究者可以了解序列在时间推移下是否逐渐趋于一致的趋势，或者是否存在明显的趋同或发散现象。这种方法在许多领域都有广泛的应用，包括经济学、生态学、气候学、社会学等，特别是在分析多地区、多国家或多组织之间的差异和相似性方面具有重要价值。

绝对 β 收敛是指假定各地区具有相同的外部条件，包括相同的人口、资源禀赋、技术水平等，随着时间推移，不同地区间的研究因素将收敛于相同的均衡稳态水平[1]。参照巴洛（Barro）及萨拉 – 伊 – 马丁（Sala – i – Martin）[2] 提出的未加入空间效应的传统绝对 β 收敛方程：

$$\frac{\ln \dfrac{Y_{i,t+T}}{Y_{i,t}}}{T} = \alpha + \beta \ln Y_{i,t} + \varepsilon_{i,t} \tag{5 – 12}$$

$$\beta = -(1 - e^{-\theta T}) \tag{5 – 13}$$

式中，T 为考察的时间长度，$Y_{i,t+T}$ 和 $Y_{i,t}$ 分别为 $t + T$ 和 t 时间内，i 地区的观察变量，α 为常数项，β 为收敛系数，θ 为收敛速度。若 $\beta < 0$ 且通过 1%、5% 或 10% 水平下的显著性检验，表示研究地区在 T 时间段内存在收敛趋势，即建筑业碳排放量的增加速度与初始水平成反比，初始碳排放较低的地区相较于初始碳排放较高地区，有着更高的碳排放增加趋势。收敛速度的值越大，代表收敛于稳态均衡水平的速度越快，计算公式如下。

$$\theta = -\frac{1}{T}\ln(1 - |\beta|) \tag{5 – 14}$$

全国、西部和中部地区的二氧化碳排放量的 β 值均为负，且均通过 1% 的显著性检验，东部地区的 β 值同样为负，通过 5% 的显著性检验，即全国整体、东部、西部和中部地区建筑业的碳排放量存在绝对 β 收敛（见表 5 – 6），各地区建筑业碳排放强度的增长与其各自的初始水平呈负相关关系，假设在具有相同外部条件的情况下，全国及三大地区收敛于相同的均衡稳态水平，将形成一致的减排行为。测算得到全国、东部、西部和中部的收敛速度分别为 0.7601、0.4811、0.7529 和 1.0797。因此，中部地区的收敛速度最快，全国和西部次之，东部地区的速度最小。

---

① Barro R J, Blanchard O J, Hall R E. Convergence Across States and Regions [J]. Booking Papers on Economic Activity, 1991 (1): 107 – 182.

② Barro R. X, Sala – i – Martin X. Convergence [J]. Journal of Political Economy, 1992, 100 (2): 223 – 251.

表 5 - 6 　　　　　　　　　　绝对 β 收敛的双边固定效应模型

地区	全国	东部	西部	中部
β	- 0. 5324 *** (- 6. 8773)	- 0. 3819 ** (- 2. 7799)	- 0. 5290 *** (- 9. 7214)	- 0. 6603 *** (- 6. 3787)
常数项	2. 2938 (7. 0869)	1. 8384 (2. 8409)	1. 9951 (9. 3407)	2. 8895 (6. 2919)
标准误	0. 0774	0. 1374	0. 0544	0. 1035
R-squared（R^2）	0. 3549	0. 3847	0. 4242	0. 4024
Adjusted R-squared（调整的 R^2）	0. 3326	0. 3227	0. 3661	0. 3270
F-statistic（F 分布的统计量）	47. 2969	7. 7281	94. 5052	40. 6879
Prob（F-statistic）（F 分布的统计量概率）	0. 0000	0. 0195	0. 0000	0. 0002

注：*** $p < 0.01$，** $p < 0.05$，* $p < 0.1$。括号中为 t 统计量的值。

5.4　研　究　结　论

本章从时间、空间和收敛性 3 个层面分析了我国建筑业全生命周期碳排放时空演化特征，主要结论如下：

（1）从时间层面来看，2004～2018 年我国建筑业全生命周期碳排放总量整体呈现出以 2012 年为分界点的"先急后缓"的增加趋势。三大地区的建筑业全生命周期碳排放趋势与全国较为相近，除了东三省（黑龙江、吉林、辽宁）建筑业全生命周期碳排放呈下降趋势。从三大地区建筑业全生命周期碳排放均值的占比来看，东部地区是建筑业全生命周期碳排放量最大的地区，全国建筑业全生命周期碳排放总量的 52.73% 都来自东部地区，中部地区占比为 25.95%，西部地区碳排放量均值最低，占全国建筑业全生命周期碳排放总量的 21.33%。从省域层面来看，2004～2018 年各省份建筑业全生命周期碳排放基本呈现增加趋势，其中，浙江和江苏初始值高且增加幅度最大。但各省份建筑业全生命周期碳排放量差异较大。浙江、江苏和山东位列前三，碳排放均值在 400 百万吨以上，三个省份均位于我国东部地区；碳排放量最低的 3 个省份分别是西部地区的甘肃和宁夏以及东部地区的海南，碳排放均值在 300 百万吨以下。排名第一的浙江省年均建筑业全生命周期碳排放量是排名最后的青海省年均建筑业全生命周期碳排放量的 38 倍之多。

（2）从空间层面来看，2004~2018 年我国建筑业全生命周期碳排放空间分布格局呈现出由东部沿海向西部地区梯度递减分布的趋势，东部和中部地区建筑业全生命周期碳排放量的大幅增加是近年来我国建筑业全生命周期碳排放总量增加的主要来源。2004~2018 年我国建筑业全生命周期碳排放的全局 Moran's I 指数均为正值，说明各省份建筑业全生命周期碳排放存在显著的空间集聚特征，各省份碳排放量不仅与自身建筑业发展情况有关，也受相邻省份的影响。同时，全局 Moran's I 指数呈现出逐年递减的趋势，这表明各省份碳排放的空间异质性特征趋于增强，区域间建筑业全生命周期碳排放存在较大差异，碳排放集聚区存在两极分化特征。

（3）从收敛性层面来看，随着时间的推移，全国及三大区域的变异系数曲线均呈现出缓慢增长，达到最大值后逐渐减小的趋势，碳排放的 σ 收敛仅存在于较少的年份。全国整体、东部、西部和中部地区建筑业的碳排放量存在绝对 β 收敛，各地区建筑业碳排放强度的增长与其各自的初始水平呈负相关关系，说明我国建筑业全生命周期碳排放的空间差异呈现逐步缩小的趋势，且这种趋势较为稳固。同时也证明我国目前碳减排的相关政策和措施取得了一定的成效，并且通过各地区控制碳排放来实现总体碳减排是可行的，应继续推进此举来达到"双碳"目标。

基于上述研究结果，为进一步降低建筑业全生命周期碳排放量，建议政府加强对东部地区建筑业碳排放的管理和监管，推动技术创新和绿色建筑发展，降低能源消耗和碳排放。对于中西部地区，应重点支持低碳技术的推广和应用，促进碳排放水平的逐步减少。此外，建议建立跨区域合作机制，促进全国建筑业碳排放的协调发展，实现全局的碳排放控制目标。

第6章

建筑业碳排放时空演变的影响因素空间计量分析

6.1 空间计量模型理论

根据新经济地理理论，地区经济市场的发展与地理位置密切相关，其认为产业在空间上的分布差异是由"报酬递增"法则所导致的，这与传统的经济增长理论有所不同。新经济学地理理论认为经济活动具有一定的外部性，在经济发展好的区域会对外围地区产生一定的吸引力。这些外部性包括技术的溢出效应、劳动力的跨区域流动等因素，这些因素导致经济发展在地理位置上趋于集中状态，最终形成产业集聚现象①。基于新经济地理理论，芬格尔额（Fingleton）对欧盟的经济发展情况进行了研究，将整个地区分化为核心地区和非核心地区。核心地区的产出增长速度高于外围地区②。当技术水平较低的地区与较高的地区相邻时，技术水平较低地区的经济将呈现较快的增长。此外，更多的研究表明，经济活动中还存在着特定的地理溢出效应③。这些效应主要分为全局地理溢出效应和局部地理溢出效应两个方面。全局地

---

① Li Z G, Wang J. Spatial spillover effect of carbon emission trading on carbon emission reduction: Empirical data from pilot regions in China [J]. Energy, 2022, 15 (251): 123906.

② 刘贤赵，杨旭，张国桥，王天浩. 碳排放空间依赖视角下环境分权的碳排放效应 [J]. 地理科学，2021，41 (9)：1654-1666.

③ 何文举，张华峰，陈雄超，颜建军. 中国省域人口密度、产业集聚与碳排放的实证研究——基于集聚经济、拥挤效应及空间效应的视角 [J]. 南开经济研究，2019 (2)：207-225.

理溢出效应显示为只有特定区域的知识累积才能促进周边所有区域企业的生产率提升，而局部地理溢出效应则表明企业只有在特定区域内才会受到溢出效应的影响。由于新经济地理理论强调的是地区间的溢出效应，因此已成为指导空间分析的理论基础。

Anselin（1988）将空间计量经济学定义为：在区域科学模型的统计分析中，研究由空间引起的各种特性的一系列方法。在模型研究中，由于空间依存而产生的空间滞后时间序列的空间滞后的本质区别。在空间计量经济学当中把空间效应分为空间依赖性与空间异质性。空间依赖性是指主体行为间的空间交互作用而产生的一种截面依赖性；空间异质性是指空间结构的非均衡性，表现为主体行为之间存在明显的空间结构性差异。传统计量经济学要求解释变量相互独立，是一种建立在独立观测值假定基础上的理论。然而，独立观测值在现实生活中并不是普遍存在的。空间相互作用对地区之间的经济地理行为会造成影响和制约。横截面单位间若存在空间效应，仍采用传统计量经济学方法进行估计，会违背变量相互独立的假定，产生偏差。空间计量经济学是处理空间交互关系的计量经济学分支，推翻了传统计量经济学中解释变量相互独立的假说。空间计量经济学最鲜明的特征是将横截面单位之间的空间效应纳入考虑范围内。

空间计量模型是一种用于分析空间相关性和空间依赖性的统计方法，在经济学、地理学、社会学等领域得到广泛应用。其理论改进路程主要包括三个方面。首先，对空间权重矩阵的构建进行改进，传统方法主要采用固定权重矩阵或距离权重矩阵，近年来开始探索自适应权重矩阵和动态权重矩阵等更灵活的构建方法，以更好地反映地理空间上的异质性和动态性。其次，空间误差模型的发展也是改进的重点，传统空间误差模型假设误差项相互独立，然而实际应用中存在空间相关性，因此提出了更复杂的空间滞后误差模型和空间滞后自回归误差模型，以更准确地捕捉空间相关性。最后，非线性空间计量模型的研究也在逐渐兴起，考虑到传统模型假设空间效应是线性的，非线性空间计量模型能更好地描述空间相关性的复杂性。这些理论改进为空间计量模型的应用提供了更多可能性，使得其在学术研究和实际应用中有了更广泛的应用前景。

空间计量模型主要针对的是空间面板估计，相较于横截面数据，面板数据包含的信息更为丰富，可以对数据进行更为复杂的设定和效应，估计效率大大提高。经典计量经济学模型关于样本相互独立的假设与地理区域间具有的空间相关性相矛盾，因此采用空间计量模型来体现空间单元属性之间相互联系和相互制约的关系。空间计量经济模型研究的空间效应包括空间自相关性（或空间依赖性）和空间异质性。根据模型设定对空间效应体现方法的不同，目前，空间计量模型主要有空间滞后模型（SAR）、空间误差模型（SEM）以及空间杜宾模型（SDM）[①]。目前常用的空间计量经济模型包括空间杜宾模型（SDM）、空间自回归模型（SAR）和空间误差模型（SEM）三种。

（1）空间滞后模型是指被解释变量有很强的空间依赖性，某空间单元被解释变量会影响到邻接空间单元的被解释变量，模型表达式：

$$y = \rho W y + X\beta + \varepsilon \tag{6-1}$$

其中，X 为 $n \times k$ 的数据矩阵，包含 k 列解释变量；y 为空间滞后项的被解释变量；ρ 为空间自回归系数；β 为系数列向量；W 为 $n \times n$ 列的空间权重矩阵；ε 为随机误差项。

（2）空间误差模型是指某空间单元解释变量的误差项受到邻接空间单元解释变量误差项的影响，模型表达式：

$$y = X\beta + \varepsilon$$
$$\varepsilon = \lambda W\varepsilon + \mu \tag{6-2}$$

其中，λ 为 $n \times 1$ 阶空间误差项系数，表示除解释变量以外空间相关作用冲击的影响；μ 为随机误差项；其他同公式（6-1）。

（3）空间杜宾模型是某空间单元被解释变量既受到本空间单元解释变量的影响，也受到邻接空间单元解释变量的影响，它结合了空间滞后模型和空间误差模型的特征，模型表达式：

$$y = \rho W_1 y + X\beta + \theta W_2 X + \mu \tag{6-3}$$

β 为空间自回归系数，表示解释变量空间依赖性的大小；其他同公式（6-1）。

空间计量模型的估计主要包括极大似然法（ML）、拟极大似然法（QML）、广义矩估计法（GMM）、贝叶斯马尔科夫链蒙特卡洛法（Bayesian

---

① 冯彦，祝凌云，张大红. 中国产业结构调整对碳强度影响的空间计量研究 [J]. 软科学，2017，31（7）：11-15.

MCMC）等。在传统计量模型中，由于模型满足经典假设最小二乘法（OLS）估计可以获得最优线性无偏的估计量。然而，当空间相关性因素引入模型中后经典假设条件就被破坏了，直接使用最小二乘法进行模型估计会导致估计量有偏且不一致。

6.2　模型构建与数据处理

6.2.1　STIRPAT 拓展模型

IPAT 模型是研究环境影响因素的经典方法，从人口规模、富裕度和技术水平三个角度来构建研究模型，体现环境负荷与经济增长的关系。使用 IPAT 模型的过程通常涉及以下几个步骤：

（1）数据收集：收集人口、经济和技术等相关数据，包括人口数量、经济产出、能源消耗和技术水平等指标。

（2）数据标准化：对收集到的数据进行标准化处理，以确保数据的可比性和一致性。

（3）计算 IPAT 模型：根据收集到的数据，计算 IPAT 模型的值，得出环境影响的估计值。

（4）分析结果：通过 IPAT 模型的计算结果，分析人口、经济和技术因素对环境影响的相对贡献，并评估不同因素的重要性。

前人研究情况显示，IPAT 模型广泛应用于环境学和可持续发展领域。许多研究使用 IPAT 模型来分析不同国家、地区或群体的环境影响，评估人口增长、经济发展和技术进步对环境的潜在影响。研究还发现，人口和经济因素通常是主要的环境影响因素，而技术因素的改进可以在一定程度上缓解环境影响。

但是 IPAT 模型对各影响因素的限制较大，若影响因素存在非单调、不同比例的变化情况时，IPAT 模型存在极大的现值，无法适用于此种情况。在此背景下，迪茨（Dietz）和罗莎（Rosa）（1994）对 IPAT 模型进行改进，提出了 STIRPAT 模型：

$$I = aP_i^{\alpha} \cdot A_i^{\beta} \cdot T_i^{\theta}\varepsilon_i \qquad (6-4)$$

对式（6-4）两边取对数：

$$\ln I = \ln a + \alpha\ln P_{it} + \beta\ln A_{it} + \theta\ln T_{it} + \varepsilon_{it} \qquad (6-5)$$

式中，I 表示环境影响程度；P 表示人口规模；A 表示富裕度；T 表示技术水平；a 表示截距项；α、β、θ 表示 P、A、T 对环境影响的弹性系数；ε_{it} 表示随机扰动项；下标 i 表示第 i 个体；t 表示年份。

建筑业影响因素众多，本书在第 2 章对国内外相关研究进行了总结，虽然计量方法和指选取存在差异，但在人口规模、富裕度、技术水平三个方面，大部分研究的指标选取存在相同之处，因此本书对部分文献进行梳理和总结，列出文献指标选取综述表（见表 6-1）。本书基于既有研究和我国建筑业发展情况，选取总人口、城镇化率、人均 GDP 和全生命周期能源效率作为研究我国建筑业全生命周期碳排放的解释变量，其中，全生命周期能源效率为本书具有创新性的技术水平因素，并增加施工强度与建筑业能源消费结构作为控制变量，扩展 STIRPAT 模型：

$$\ln I = \ln a + \beta_1\ln P_{it} + \beta_2\ln UR_{it} + \beta_3\ln A_{it} + \beta_4\ln T_{it} + \beta_5\ln CI_{it} + \beta_6\ln ES_{it} + \varepsilon_{it}$$

$$(6-6)$$

式中，I 为我国建筑业全生命周期碳排放（百万吨），P 为总人口（万人），UR 为城镇化率（%），A 为人均 GDP（元/人），T 为全生命周期能源效率 Malmquist 指数，CI 为施工强度（万平方米），ES 为能源消费结构（%），β_K（$k=1$，2，…，6）是地理位置的函数，表示各省的第 k 个回归系数，各影响因素的定义和数据来源见表 6-2。

表 6-1　　　　　　　　国内外相关文献指标选取综述

参考文献	时期	研究对象	模型	符号	影响因素	影响及结果
马大来等（2012）	1998~2011	中国 30 个省	空间计量模型	A	GDP	负向
邹非等（2016）	1991~2013	中国 30 个省	STIRPAT 模型、岭回归	P	从业人口数量	正向，不显著
				A	从业人均国内生产总值	正向
				T	能源消耗	负向

续表

参考文献	时期	研究对象	模型	符号	影响因素	影响及结果
惠明珠等 (2018)	2007~2016	中国30个省	SBM模型、 空间计量模型	P	城镇化水平	正向
				A	经济发展水平	负向，不显著
				T	节能技术水平	正向
于博 (2017)	2004~2014	中国30个省	STIRPAT模型、 空间计量模型	P	城镇化率	负向，不显著
				A	人均GDP	正向
				T	建筑业劳动生产率	负向
金柏辉等 (2018)	2004~2016	中国30个省	STIRPAT模型	T	能源效率	正向
刘菁 (2018)	2000~2016	中国30个省	STIRPAT模型、 系统动力学	P	城镇化率	正向
				A	第三产业增加值	正向
				T	产业能源强度	正向
武敏 (2019)	2005~2016	中国30个省	GTWR模型	P	城镇化水平	正向（北部） 负向（中部和南部）
				T	能源强度	正向
向鹏成等 (2019)	2008~2017	中国30个省	Tobit模型	P	城镇化水平	负向，不显著
				A	经济水平	正向
				T	机械化水平	正向，不显著
潘晓梦 (2019)	2008~2017	中国东中西 三大经济带	STIRPAT模型、 EKC曲线	P	总人数	正向
				A	人均GDP	U型
				T	建筑业能源强度	正向
陶东 (2019)	1997~2018	中国30个省	STIRPAT模型、 空间计模型	P	城镇化水平	负向，不显著
				A	人均GDP	正向，不显著
				T	建筑能源强度	正向
Huo等 (2021)	2000~2015	中国30个省	STIRPAT模型	P	城镇化率	负向
				P	城市人口	负向
				A	人均GDP	正向

续表

参考文献	时期	研究对象	模型	符号	影响因素	影响及结果
Su 等（2021）	2008～2017	福建	STIRPAT、偏最小二乘回归 PLSR	P	人口	正向
				A	人均 GDP	正向
				T	能源强度	正向
Wang 等（2017）	1952～2012	新疆	STIRPAT 模型	P	城镇化水平	正向
				P	人口规模	正向
				A	人均 GDP	正向
				T	能源强度	正向
Wang 等（2017）	2000～2013	中国 30 个省	STIRPAT 模型、EKC 曲线	P	城镇化水平	倒 U
				A	人均 GDP	倒 U
				T	能源强度	正向
Wang 等（2017）	1980～2014	中国 30 个省	STIRPAT 模型、VAR 模型	P	城镇化率	正向
				A	人均 GDP	正向
Cheng 等（2022）	1995～2014	中国	STIRPAT 模型、逐步回归	P	城镇化率	负向
				A	实际人均 GDP	正向
Li 等（2019）	2004～2016	中国 30 个省	STIRPAT 模型、空间计量模型	P	人口规模	正向
				A	人均 GDP	正向
				T	能源强度	正向
Chang 等（2021）	2002～2016	中国 30 个省	因子分析、STIRPAT 模型	P	城镇化水平	不同区域正负不同
				A	经济水平	正向
				T	能源强度	正向
Zhang 等（2021）	2008～2017	中国 25 个省	STIRPAT 模型	P	城镇化水平	负向
				A	人均 GDP	倒 U
				T	能源强度	正向
Yang 等（2021）	2000～2016	中国 30 个省份	STIRPAT、动态面板阈值模型	P	城镇化	正向
				T	节能专利	负向

续表

参考文献	时期	研究对象	模型	符号	影响因素	影响及结果
Cheng 等 (2022)	1997 ~ 2018	中国 30 个省份	STIRPAT、广义矩法 (GMM)	P	城市人口的比例	正向
				P	人口规模	正向
				A	人均 GDP	正向
				T	能源强度	正向
Wang 等 (2022)	2010 ~ 2019	中国 30 个省份	STIRPAT 模型	P	城市化	不同区域正负不同
				A	人均 GDP	正向
				T	能源强度	负向

表 6 - 2　　　　　　　　　各影响因素的解释及数据来源

符号	变量属性	变量名称	变量定义	数据来源
P	解释变量	总人口	各省份年末总人口	《中国统计年鉴》（2004 - 2018 年）
UR	控制变量	城镇化率	地区城镇人口与地区总人口的比值	《中国统计年鉴》（2004 - 2018 年）
A	解释变量	人均 GDP	以 2004 年为基期平减得到的各省实际人均 GDP	《中国统计年鉴》（2004 - 2018 年）
T	解释变量	全生命周期能源效率 Malmquist 指数	全生命周期能源效率的变动	基础数据来自《中国建筑业统计年鉴》（2004 ~ 2018 年）和《中国能源统计年鉴》（2004 ~ 2018 年）
CI	控制变量	施工强度	各省份施工面积	《中国建筑业统计年鉴》（2004 ~ 2018 年）
ES	控制变量	能源消费结构	建筑业全生命周期原煤消费与建筑业全生命周期能源消费总量的比值	《中国能源统计年鉴》（2004 ~ 2018 年）

　　在本研究中，特定省份的建筑业全生命周期碳排放不仅受其自身人口规模、经济和技术发展水平的影响，也受邻接省份人口、经济和技术发展水平的影响。结合了空间计量模型的 STIRPAT 模型如下：

$$\ln I = \ln a + \beta_0(\mu_i, \nu_i, t_i) + \beta_1(\mu_i, \nu_i, t_i)\ln P_{it} + \beta_2(\mu_i, \nu_i, t_i)\ln UR_{it}$$
$$+ \beta_3(\mu_i, \nu_i, t_i)\ln A_{it} + \beta_4(\mu_i, \nu_i, t_i)\ln T_{it} + \beta_5(\mu_i, \nu_i, t_i)\ln CI_{it}$$
$$+ \beta_6(\mu_i, \nu_i, t_i)\ln ES_{it} + \varepsilon_{it} \tag{6-7}$$

式中，(μ_i, ν_i, t_i) 表示各省的时空坐标；其他同公式（6-6）。

（1）总人口（P）。中国是世界人口大国，据《中国统计年鉴》统计，2004 年我国总人口约 12.99 亿人，2018 年增长至 14.05 亿人。人口数量通常被视为一个重要的结构因素，可以影响到建筑业的发展趋势和碳排放水平。中国庞大的人口数量导致了对住房和基础设施的巨大需求。人口增加引发了居民住房和商业建筑的不断扩建和改造，推动了建筑业的持续发展，从而导致碳排放量的不断上升。同时，人口数量的增加意味着能源需求的攀升。随着人口的增长，能源消耗也随之提高，包括建筑中的用能行为，如供暖、空调和电力使用等。

此外，中国城市化进程的推进也与人口数量紧密相连。随着城市化的不断进行，越来越多的人口从农村迁往城市，引发了城市建筑需求的持续增加。城市化过程伴随着城市基础设施和房地产开发的增加，进一步促进了建筑业的发展，从而加剧了碳排放量的增长。

然而有学者认为人口数量较多的地区，节能减排意识和科技水平也相对较高，这有利于建筑业的碳减排。因此，总人口是本书人口规模的衡量指标之一，下文进一步检验该因素的影响效应。

（2）城镇化率（UR）。城镇化率能够体现某一个区域的城市化发展水平情况，同时也是体现一个地区经济发展水平和管理水平的标志，一般来讲，城镇化过程带动了城市建设的持续发展，引发了对住房、商业和基础设施的巨大需求。随着农村人口不断向城市转移，城镇化率的提高导致了城市建筑需求的不断增加。这促使建筑业持续发展，从而推动碳排放量的增长。

城镇化过程还影响了建筑用能结构。随着人们从农村迁往城市，他们的生活方式和用能行为也发生了变化。在城市生活中，人们更倾向于使用空调、电视、电冰箱等电器设备，这导致了电力需求的增加和碳排放的增长。此外，城市中较为集中的人口密度也加大了建筑用能的集聚效应，进一步影响了碳排放量。快速的城市化对政府提出了一个挑战，即在不影响居民生活方式和生活质量的情况下减少高能耗。

另外，城镇化过程对能源消耗产生了重要影响。随着城镇化率的提高，城市的能源消耗也呈现上升趋势。建筑业作为能源消耗的主要领域之一，其用能量随城镇化的推进而增加。例如，城市中日益增多的建筑设施，需要更多的能源来满足供暖、空调、照明等需求，从而导致建筑业碳排放量的增加。从而，城镇化率可以从城镇人口规模的角度充分体现地区的城市化进程快慢，城市化的发展在一定程度上推动建筑业的发展。因此，本书选取城镇化率作为人口规模的衡量指标之一。

（3）人均 GDP（A）。人均 GDP 是衡量富裕程度最为广泛应用的指标，其有效地从宏观层面反映国家的财富创造能力。当某一个地区的经济水平的较高时，该地区的能源消费水平也将处于较高水平，在这种情况下，建筑业的需求将增加，包括住房、商业、办公等建筑的建设需求，以及基础设施的建设和改善需求。这将导致建筑业的发展和建筑活动的增加，从而影响碳排放量的增长。

人均 GDP 的增加还会带动城市化进程的推进。随着经济发展和城市化程度的提高，越来越多的人从农村迁往城市。这导致城市建设的快速扩张和城市基础设施的不断完善，从而增加了建筑业的发展和用能需求，进一步推动碳排放量的增加。

最后，人均 GDP 的增加对能源消耗也产生影响。随着经济的增长，人们的能源需求也相应增加，包括石油、天然气、煤炭等能源的消耗。建筑业作为一个能源密集型行业，其用能量在整个国家或地区的总能源消耗中占有重要地位。因此，人均 GDP 的增加将影响建筑业的能源消耗，进而影响碳排放量的变化，所以本书选取人均 GDP 作为地区富裕程度的指标。

（4）全生命周期能源效率 Malmquist 指数（T）。Malmquist 指数是一种用于衡量两个时间点或两个群体之间生产率变化的指标。它是由瑞典经济学家斯坦·马姆奎斯特（Sten Malmquist）于 1953 年提出的，用于评估不同时间或不同群体的技术效率和生产率变化，例如在不同年份、不同地区、不同产业或不同公司之间进行比较。该指数基于生产可能集（Production Possibility Set）的概念，即给定一组输入和输出条件下，实际产出所在的边界。

Malmquist 指数可以分解为技术效率变化指数和技术进步指数。技术效率变化指数衡量了在两个时间点或两个群体之间，生产过程中技术效率的改变。技术进步指数衡量了在两个时间点或两个群体之间，生产可能集的边界发生了怎样的变化。在经济学、生产效率分析和产业比较等领域，Malmquist 指数被广泛应用于对经济和产业发展进行评估和比较研究。

在现有研究中，主要选取能源强度作为衡量技术水平的指标，但能源强度只能片面地表示技术进步情况。全生命周期能源效率 Malmquist 指数相较于能源强度，能更全面地反映技术进步，因此，本书将其作为衡量技术水平的指标，填补研究空白。

（5）控制变量。选取施工强度（CI）和能源消费结构（ES）指标。考虑到竣工面积仅占施工面积的一部分，因而采用各省份的施工面积来代表施工强度，在一定程度上反映了当年建筑业规模情况。建筑业是能源高消耗的行业，化石燃料的燃烧会释放大量的二氧化碳，建筑业的能源消费结构即建筑业全生命周期原煤消费与建筑业全生命周期能源消费总量的比值。一般而言，建筑业的能源消费结构的比值越大，产生的碳排放越多。

6.2.2　数据处理

本节进行多重共线性、面板单位根以及协整检验三种数据处理，验证各变量的可行性，提高模型的可信度，表 6 - 3 列明了解释变量和被解释变量的描述性统计结果。

表 6 - 3　　　　　　　　　　　变量描述性统计

变量	定义	单位	平均数	标准差	最小值	最大值
I	全生命周期建筑业碳排放	百万吨	213.05	215.74	6.76	1425.16
P	总人口	万人	4454.26	2675.59	539	11346
UR	城镇化率	百分比	1.53	0.14	1.26	1.90
A	人均 GDP	元/人	28144.23	18397.56	4244	111733.60
T	全生命周期能源效率 Malmquist 指数	百分比	1.52	0.27	1.20	2.64
CI	施工强度	万平方米	28430.20	38806.35	346.80	249420
ES	能源消费结构	百分比	1.54	0.22	1.01	1.97

1. 多重共线性检验

计量经济学模型中，若变量间存在相关影响、相互制约的关系，这被称为多重共线性。变量间存在多重共线性将会导致 OLS 估计量产生很大的方差和协方差，以及某些变量回归系数的显著性不准确，最终的回归结果将无法采用。当变量间存在多重共线性时，处理方法有岭回归、逐步回归和主成分回归等。常用的相关性检验方法有容忍度（Tolerance）和方差膨胀因子（Variance inflation factor，VIF）[1]。诺鲁西斯（Norusis）于 1982 年提出了容忍度的概念，容忍度取值小于 1，取值越小，说明变量间共线性越强。容忍度的倒数则为方差膨胀因子，取值大于 1，取值含义与容忍度相反。采用多重共线性检验变量之间不存在共线性问题需要满足两个条件：（1）解释变量的容忍度大于 0.1；（2）方差膨胀系数小于 10。

本书首先对数据进行最小二乘法回归，再计算出容忍度和方差膨胀因子，见表 6－4。解释变量的容忍度和方差膨胀因子均满足条件，说明模型不存在严重的多重共线性，所有变量均适用于回归估计。

表 6－4 多重共线性检验结果

变量	方差膨胀因子	容忍度
$\ln P$	7.09	0.14
$\ln UR$	6.38	0.16
$\ln A$	9.73	0.10
$\ln T$	1.37	0.73
$\ln CI$	8.96	0.11
$\ln ES$	1.14	0.88
平均方差膨胀因子	5.54	

2. 面板单位根检验

面板回归的过程中，若存在非平稳序列，将导致伪回归或伪相关，即序列间可能存在间接的关联性，却表现出共同的变化趋势。此时，对存在伪回归或伪相关的数据进行回归是毫无意义的，因此在实证分析前，首先需要检

---

① Klein L R，Marquez J R. Economic Theory and Econometrics [M]. London：Macmillan Publishers，1985.

验面板数据的平稳性。检验数据平稳性多采用单位根检验的方法，由于面板数据的长短不同，单位根检验又划分为 LLC 检验、HT 检验和 IPS 检验等。为避免采用单一检验方法会导致误差，本书根据数据特征采用两种原假设均为非平稳序列的单位根检验方法：HT 检验和 IPS 检验，检验结果见表6-5。根据表6-5可知，面板数据经过一阶差分后，均通过 1% 的显著性水平检验，拒绝原假设。说明各变量数据均为一阶单整的，序列平稳。

表6-5 单位根检验结果

变量	HT 检验	IPS 检验	平稳性
$\ln I$	0.481 ***	−3.484 ***	平稳
$D\ln I$	−0.322 ***	−13.084 ***	平稳
$\ln P$	0.874	0.802	不平稳
$D\ln P$	0.410 ***	−13.086 ***	平稳
$\ln UR$	0.926	−3.017 ***	不平稳
$D\ln UR$	−0.075 ***	−11.462 ***	平稳
$\ln A$	0.943	−1.129	不平稳
$D\ln A$	0.574 ***	−7.278 ***	平稳
$\ln T$	0.5505 ***	−5.337 ***	平稳
$D\ln T$	−0.307 ***	−12.580 ***	平稳
$\ln CI$	0.951	3.596	不平稳
$D\ln CI$	0.202 ***	−7.107 ***	平稳
$\ln ES$	0.153 ***	−7.444 ***	平稳
$D\ln ES$	−0.425 ***	−13.998 ***	平稳

注：（1）D 表示变量的一阶差分；（2）*** $p < 0.01$，** $p < 0.05$，* $p < 0.1$。

3. 协整检验

恩格尔（Engle）和格兰杰（Granger）提出了协整理论，该理论被用于判断变量是否存在长期稳定的均衡关系[1]。对面板单位根检验得出均为一阶

---

[1] Engle R F, Granger C W. Co-integration and error correction: representation, estimation and testing [J]. Econometrica, 1987, 55: 251–276.

单整的变量数据，采用 Kao 检验和 Pedroni 检验的方法进行协整性分析，检验结果见表 6 – 6。两种检验方法均显著拒绝的原假设，说明建筑业全生命周期碳排放与各影响因素之间存在稳定的均衡关系，其方程回归残差是平稳的，因此可以在此基础上对各变量数据建立空间计量模型进行后续研究。

表 6 – 6　　　　　　　　　　　　　协整检验结果

检验方法	检验形式	统计值	P 值
Kao 检验	Modified Dickey – Fuller t	3.356	0.000
	Dickey – Fuller t	2.355	0.009
	Augmented Dickey – Fuller t	4.854	0.000
Pedroni 检验	Modified Phillips – Perron t	9.613	0.000
	Phillips – Perron t	– 29.471	0.000
	Augmented Dickey – Fuller t	– 17.250	0.000

6.3　空间计量模型的选取

在混合 OLS 回归模型的基础上，进行传统和稳健的 LM 检验，考察空间误差模型（SEM）和空间滞后模型（SAR）的适用性。根据 Anselin 等[①]提出的判别原则：若 LM_{err} 比 LM_{lag} 显著，则不能拒绝 SEM 模型，反之不能拒绝 SAR 模型；若 LM_{err} 和 LM_{lag} 两个都显著，Robust LM_{err} 显著，Robust LM_{lag} 不显著时，则不能拒绝 SEM 模型，反之不能拒绝 SAR 模型；若 LM_{err}、LM_{lag}、Robust LM_{err} 和 Robust LM_{lag} 均显著时，选择空间杜宾模型（SDM）。LM 检验原假设为无空间自相关，SEM 和 SAR 模型在不同显著性水平下均拒绝了无空间自相关的假设。Moran's I 统计值为 2.953，空间自相关特征较为显著。根据 LM 检验结果（见表 6 – 7），可知各省建筑业全生命周期碳排放存在空间相关性特征，SDM 模型更适用于本研究。

---

① Anselin L, Rey S, Montouri B. Regional income convergence：Aspatial econometric perspective [J]. Regional studies, 1991, 33 (2)：112 – 131.

表 6 – 7   LM 检验结果

统计量	统计值	P 值
Moran's I	2.953	0.003
LM_{err}	6.973	0.008
Robust LM_{err}	3.740	0.053
LM_{lag}	1.367	0.001
Robust LM_{lag}	7.134	0.008

随后通过豪斯曼检验确定空间计量模型采用固定效应还是随机效应，豪斯曼检验的统计值为 66.349，通过 1% 的显著性检验，所以空间计量模型采用固定效应模型更合理。固定效应模型包括空间固定效应、时间固定效应和双边固定效应三种类型，通过似然比 LR 检验，发现空间固定效应和时间固定效应均在 1% 水平下显著，因此本书采取双向固定效应模型来进行我国建筑业全生命周期碳排放的实证研究，似然比 LR 检验结果见表 6 – 8。

表 6 – 8   空间、时间固定效应的似然比 LR 检验

效应	统计值	自由度	P 值
空间固定效应	36.40	10	0.000
时间固定效应	292.48	10	0.000

空间误差模型和空间滞后模型是空间杜宾模型（SDM）的特例，空间杜宾模型存在退化为空间滞后模型或空间误差模型的可能性。采用 LR 检验和 Wald 检验来验证空间杜宾模型的适配度，结果见表 6 – 9。LR 检验和 Wald 检验结果均显示空间杜宾模型不会退化为空间杜宾模型和空间滞后模型，因此，在双向固定效应的基础上，建立空间杜宾模型进行建筑业全生命周期碳排放影响因素的空间效应分解及分析。

表6-9　　　　　　　　　　**LR 检验和 Wald 检验结果**

检验类型	统计值	P 值
Wald 检验空间误差 SEM	16.56	0.005
LR 检验空间误差 SEM	26.98	0.000
Wald 检验空间滞后 SAR	16.77	0.005
LR 检验空间滞后 SAR	26.74	0.000

6.4　影响因素分析

6.4.1　空间杜宾模型回归结果分析

双向固定效应空间杜宾模型的拟合度 R^2 为 0.851，说明建筑业全生命周期碳排放影响因素的选取较为合理，即总人口、城镇化率、人均 GDP、全生命周期能源效率、施工强度和能源消费结构六种影响因素可以解释建筑业全生命周期碳排放变化的 85.1%。空间杜宾模型考虑了不同区域内各变量数据的空间相关性，包含的空间滞后项会导致解释变量对应的估计系数不再被单纯解释为变量间的边际效应，因此需要将边际外溢效应分解为直接效应和间接效应[1]，分解结果见表 6-10。直接效应包含两个方面的内容：一是本地区解释变量对本地区建筑业全生命周期碳排放的影响；二是本地区解释变量对邻接地区建筑业碳排放的影响会反过来影响该地区。间接效应是邻接地区解释变量对本地区建筑业全生命周期碳排放影响的大小。

表6-10　　　　　　　　**空间杜宾模型溢出效应分解结果**

变量	直接效应	间接效应	总效应
ln$P$	0.235 (0.515)	-0.299 (-0.517)	-0.064 (-0.122)

---

① 王海杰，孔晨璐．"双循环"视角下临空经济对区域经济增长的空间溢出效应研究 [J]．管理学刊，2021，34（3）：23-35，125.

续表

变量	直接效应	间接效应	总效应
lnUR	−0. 432 (−0. 408)	−0. 742 (−0. 422)	−1. 175 (−0. 683)
ln$A$	1. 282 *** (6. 220)	−0. 499 ** (−2. 457)	0. 783 *** (3. 130)
ln$T$	−0. 458 *** (−4. 874)	−0. 161 (−0. 943)	−0. 619 *** (−3. 336)
lnCI	0. 437 *** (6. 816)	0. 242 ** (2. 402)	0. 678 *** (7. 063)
lnES	0. 041 (0. 287)	0. 490 ** (2. 255)	0. 532 ** (2. 560)

注：*** $p < 0.01$，** $p < 0.05$，* $p < 0.1$；括号中为 T 统计值。

　　根据表 6 - 10 对我国建筑业全生命周期碳排放影响因素的分析如下：

　　（1）从技术水平因素来看，SBM - Malmqusit 指数的直接效应和总效应的估计值在 1% 的水平上显著为负，这表明某特定省份建筑业全要素能源效率的提升将会抑制该省建筑业全生命周期碳排放的增加。全要素能源效率增长动力主要来自技术进步[1]。部分学者发现技术水平的提高会促进能源效率[2][3]，技术进步能够加速新能源的开发应用，降低其使用成本，实现燃料之间的替代[4]。在建筑领域中，通过降低建材生产与建造阶段中煤炭、石油等化石燃料的比重，可以优化建筑能源结构，进而减少建筑业全生命周期碳排放。由

　　[1] 向鹏成，谢怡欣，李宗煜. 低碳视角下建筑业绿色全要素生产率及影响因素研究［J］. 工业技术经济，2019，38（8）：57 - 63.

　　[2] Berkhout P H G, Muskens J C, W. Velthuijsen J. Defining the rebound effect［J］. Energy Policy, 2000, 28（6）：425 - 432.

　　[3] Hanley N, McGregor P G, Swales J K, et al. Do increases in energy efficiency improve environmental quality and sustainability?［J］. Ecological Economics, 2009, 68（3）：692 - 709.

　　[4] Kang Z - Y, Li K, Qu J. The path of technological progress for China's low-carbon development: Evidence from three urban agglomerations［J］. Journal of Cleaner Production, 2018, 178：644 - 654.

此可见，技术的进步可以转变当前高能耗、高碳排放的粗放型发展模式，从而提高建筑领域能源利用效率，推进被动式超低能耗绿色建筑的发展，进而降低建筑业全生命周期碳排放。此外，虽然 SBM - Malmqusit 全要素能源效率间接效应的估计值也为负值，但未通过显著性检验，这表明 SBM - Malmqusit 全要素能源效率的空间溢出效应不显著。一方面，由于建筑业技术（如装配式建筑、建筑信息化和建筑节能等技术）的推广存在技术扩散地域效应，即以应用某项建筑业技术最佳的省份为中心，向周边地区推广和宣传该技术，扩散的效果会越来越差，导致 SBM - Malmqusit 全要素能源效率指数的空间溢出效应不显著。另一方面，由于部分省区可能存在较强的流动壁垒，技术要素受到流动壁垒的影响，跨省区流动较困难，从而导致 SBM - Malmqusit 全要素能源效率指数空间溢出效应不显著。

（2）从人口规模因素来看，总人口和城镇化率的直接效应、间接效应和总效应的估计值都为负值，但均未通过显著性检验，表明总人口与城镇化对建筑业全生命周期碳排放没有显著影响。从先前研究来看，对于人口规模、城市化与碳排放的关系目前并没有得到统一的结论。有学者认为，城市化与人口规模导致能源消耗增加，从而刺激碳排放[1][2]。但也有研究发现，城镇化和人口规模显著降低了碳排放，其原因在于城镇化可以提高资源配置效率，人口和经济活动带来的规模经济在控制和减少碳排放方面发挥了重要作用[3][4]。也有其他研究表明，人口规模与城市化对碳排放没有显著影响[5][6]。

① Fan Y, Liu L – C, Wu G, et al. Analyzing impact factors of CO_2 emissions using the STIRPAT model [J]. Environmental Impact Assessment Review, 2006, 26 (4)：377 – 395.

② Madlener R, Sunak Y. Impacts of urbanization on urban structures and energy demand：What can we learn for urban energy planning and urbanization management? [J]. Sustainable Cities and Society, 2011, 1 (1)：45 – 53.

③ Sharma S S. Determinants of carbon dioxide emissions：Empirical evidence from 69 countries [J]. Applied Energy, 2011, 88 (1)：376 – 382.

④ Sadorsky P. The effect of urbanization on CO_2 emissions in emerging economies [J]. Energy Economics, 2014, 41：147 – 153.

⑤ Rafiq S, Salim R, Nielsen I. Urbanization, openness, emissions, and energy intensity：A study of increasingly urbanized emerging economies [J]. Energy Economics, 2016, 56：20 – 28.

⑥ 赵红, 陈雨蒙. 我国城市化进程与减少碳排放的关系研究 [J]. 中国软科学, 2013 (3)：184 – 192.

还有些学者认为，城市化可能与碳排放之间存在着非线性的关系[①]。由于城市的迅速扩张，大量人口从农村涌入城市，导致住房和交通需求上升，相应的建设导致碳排放增加。然而伴随着城市化的进一步加剧，严重的环境污染迫使政府优化发展方式，发展清洁能源技术，导致二氧化碳排放下降。与卢娜等[②]的研究结果一致，我们的研究也发现总人口和城镇化与建筑业全生命周期碳排放之间没有明显的线性正相关或负相关关系。因此，在中国加速城市化的背景下，进一步提高城市人口比例并推动城市化进程对特定省市甚至周边区域的建筑业碳排放强度不会有显著影响。

（3）从富裕程度因素来看，人均 GDP 的直接效应、间接效应与总效应均显著，分别为 1.313、−0.480 和 0.833，这表明人均 GDP 的提高不仅可以增加当地建筑业全生命周期碳排放，而且可以显著抑制周边地区的建筑业碳排放，然而，在以往的一些研究中得到的结论都不尽相同。一些研究表明，经济增长与碳排放满足库兹涅茨（Kuznets）曲线，即两者之间呈倒 U 型关系，环境污染首先增加，直到达到一个阈值，然后在经济增长过程中减少[③]。也就是说，在经济初始阶段，随着经济活动规模扩大，污染程度也增加，而在经济发展后期，经济结构会向服务和信息密集型工业转变。同时国家采取制定环境规章、提高环境意识以及清洁技术等措施来改善环境状况。考虑到中国目前的经济结构，长期以来经济过度依赖投资和强调重工业发展，导致经济模式仍然是外延式和粗放式增长。因此，未来仍有大量能源和二氧化碳排放，导致建筑业碳排放随着经济增长仍会上升。此外，人均 GDP 较高的地区更容易吸引外来人才，人才聚集会增加基础设施和住房建设，促进当地建筑业发展，产生"虹吸效应"，在增加当地建筑业全生命周期碳排放的同时降低周边地区的建筑业全生命周期碳排放，存在明显的空间溢出减排效应。

---

① Xie Q, Liu J. Combined nonlinear effects of economic growth and urbanization on CO_2 emissions in China: Evidence from a panel data partially linear additive model [J]. Energy, 2019, 115868.

② 卢娜，冯淑怡，陆华良. 中国城镇化对建筑业碳排放影响的时空差异 [J]. 北京理工大学学报（社会科学版），2018, 20 (3): 8−17.

③ Jeon H. CO_2 emissions, renewable energy and economic growth in the US [J]. The Electricity Journal, 2022, 35 (7).

（4）从各控制变量的估计结果来看，施工强度对某特定省份及其邻接省份建筑业全生命周期碳排放具有一定的促进作用，存在显著的空间溢出效应。能源消费结构与建筑业全生命周期碳排放呈正相关关系，且存在显著的空间溢出效应，意味着某特定省份调整其建筑业的能源消费结构，降低原煤的使用比例，可以促使邻接省份建筑业碳排放降低。

6.4.2　稳健性检验

本节稳健性检验内容主要分为两个部分：其一，0～1 邻接空间矩阵为基本权重矩阵，为研究上面结果是否真实可靠，构建距离矩阵和经济矩阵重新进行空间面板回归（见表 6-11）。距离矩阵是各省会城市之间地理距离的倒数，可以体现区域间所存在的空间关联性。经济矩阵是各省份建筑业总产值差的绝对值倒数，用来衡量不同省份之间经济的差距程度。其二，通过替换控制变量重新进行双边固定效应的空间杜宾回归，将施工强度和能源消费结构分别替换为产业结构（IS）和人口老龄化程度（PS），结果见表 6-12。产业结构即各省份建筑业生产总值与国内生产总值的比值，作为衡量不同地区建筑业在经济结构中所占比重的宏观指标，反映建筑业发展水平。人口老龄化程度中是指年龄在 65 岁以上的人口，我国自 2000 年人口老龄化超前快速发展，已开始进入老龄化社会，年龄结构的转变将改变消费能力和社会生产结构，从而对建筑业全生命周期碳排放造成一定的影响。

表 6-11　　不同权重矩阵的建筑业全生命周期碳排放影响因素估计结果

变量	0～1 邻接矩阵	距离矩阵	经济矩阵
$\ln P$	0.197	-0.067	0.361
$\ln UR$	-0.576	-1.381	-0.414 ***
$\ln A$	1.252 ***	1.089 ***	1.016 ***
$\ln T$	-0.478 ***	-0.424 ***	-0.463 ***
$\ln CI$	0.455 ***	0.480 ***	0.470 ***
$\ln ES$	0.073	0.096	0.171

续表

变量	0～1 邻接矩阵	距离矩阵	经济矩阵
ρ	-0.257^{***}	-0.911^{***}	-0.206^{***}
R^2	0.851	0.830	0.848
Log-likelihood	91.082	100.178	90.824

注：$***p<0.01$，$**\ p<0.05$，$*p<0.1$。

表 6-12　　　　　　　　　替换控制变量的稳健性检验

变量	空间杜宾	替换变量1	替换变量2
$\ln P$	0.197	-0.111	0.178
$\ln UR$	-0.576	-0.396	-1.046
$\ln A$	1.252^{***}	1.158^{***}	1.227^{***}
$\ln T$	-0.478^{***}	-0.478^{***}	-0.491^{***}
$\ln CI$	0.455^{***}		0.463^{***}
$\ln ES$	0.073	0.020	
$\ln IS$		3.465	
$\ln PS$			0.004
ρ	-0.257^{***}	-0.296^{***}	-0.247^{***}
R^2	0.851	0.841	0.855
Log-likelihood	91.082	94.167	90.528

注：$***p<0.01$，$**p<0.05$，$*p<0.1$。

根据两种稳健性检验结果可知，建筑业全生命周期碳排放影响因素的正负方向和显著性未发生明显变化，检验结果较为一致，且 0～1 邻接矩阵的拟合度 R^2 为 0.851，大于其他权重矩阵。因此，基于 0～1 邻接矩阵，上面选取的因素及研究结果是可靠稳健的。

6.5　影响因素的区域异质性分析

我国幅员辽阔，地区资源禀赋差异巨大，区域发展不平衡[1][2][3]，各地区经济发展、资源消耗和建筑业发展情况也存在差异。

在经济发展方面，中国东部地区通常具有较高的经济水平和发展速度。东部地区集聚了大量的经济要素和优势产业，以及发达的交通和通讯网络，使得其经济活动更为发达和多样化。中部地区相对于东部地区发展水平介于其间，虽然也有一些经济中心城市，但总体上经济规模和增长速度相对较低。西部地区的经济相对较为滞后，受制于地理条件、基础设施等因素，经济发展相对较慢。

在资源消耗方面，东部地区的资源消耗通常较高。由于经济发达，东部地区对能源、水资源等的需求较大，同时也面临着环境压力。中部地区的资源消耗相对较为平衡，资源利用效率相对较高。西部地区由于经济发展相对滞后，资源消耗较为有限，但在一些地区可能存在过度开采的问题。

在建筑业发展方面，东部地区通常拥有较为发达的建筑业。高度城市化和经济发展带动了住房和基础设施建设的快速发展，使得建筑业蓬勃发展。中部地区的建筑业相对于东部地区较为有限，但近年来也在逐步发展。西部地区的建筑业发展相对滞后，由于经济发展水平较低，建筑业的需求相对较少。

从建筑业全生命周期碳排放量的空间特征可以看出，我国东部、西部和中部三大地区建筑业全生命周期碳排放量存在着较大的差异，空间分布格局由东部沿海向西部地区梯度递减分布，需要根据各地区实际情况分配差异性的碳减排任务，因此基于双向固定效应下的空间杜宾模型对我国三大地区的

① Pan K, Li Y, Zhu H, et al. Spatial configuration of energy consumption and carbon emissions of Shanghai, and our policy suggestions [J]. Sustainability, 2017, 9 (1): 104.

② Tang Z, Liu W, Gong P. The measurement of the spatial effects of Chinese regional carbon emissions caused by exports [J]. Journal of Geographical Sciences, 2015, 25: 1328 – 1342.

③ Xiao F, Hu Z H, Wang K X, et al. Spatial distribution of energy consumption and carbon emission of regional logistics [J]. Sustainability, 2015, 7 (7): 9140 – 9159.

全生命周期碳排放因素进行研究和对比分析，结果见表6-13，从表中可以看出：

（1）SBM-Malmqusit全要素能源效率指数的提高均有利于减少东部、西部和中部地区建筑业全生命周期碳排放。但在不同区域，SBM-Malmqusit全要素能源效率指数的减排效果存在差异，对中部和西部地区的减排效果大于东部地区。可能是因为东部地区经济发展快，使建筑业发展基础雄厚，具有较高的人才吸引力和技术支撑水平，并且东部地区建筑业碳排放主要消费来源于电力，对煤油、燃料油等碳排较大的能源已基本不使用，导致东部地区建筑业减排空间较小。但是中西部地区因技术发展水平与产业实际发展不同步，资源过度消耗，建筑业总体发展规模小，其资源投入、经济效益产出等都相对较低，建筑业全生命周期碳排放减少的潜力巨大，使得技术进步对中西部的示范效应得以发挥，有效抑制了中西部建筑业全生命周期碳排放。技术进步所产生的空间效应不仅能够降低本地区的建筑业碳排放，同时其溢出效应将有助于降低相邻地区的建筑业碳排放水平。因此中部和西部地区建筑业应突破区域界限，促使技术要素自由流动以实现高效率减排①。

（2）城镇化率的提高能够显著抑制中部地区建筑业全生命周期碳排放的增长，但对东部和西部地区建筑业全生命周期碳排放抑制效果不明显。根据美国城市地理学家诺瑟姆的城镇化发展的三阶段理论，即城镇化过程需要经过初期、中期和后期（城镇化率分别在30%以下、30%～70%之间以及70%～90%之间）三个阶段。从图6-1中可以看出，我国东部大多数地区截止到2018年已接近城镇化中期及后期阶段，因此东部地区对基础设施建设项目的需求逐渐稳定甚至减少，导致城镇化率的提高对东部地区建筑碳排放效果并不显著。而中部地区还处于城镇化的快速发展阶段，城镇聚集了第二产业、第三产业，增加了绿色节能技术研发投入，加强了建筑业聚集效应，在技术进步的作用下，有助于减少建筑业全生命周期碳排放。

（3）人均GDP对东部、中部和西部地区建筑业全生命周期碳排放均具有显著正向影响，但是对东部地区的正向带动效应最大。东部地区得益于自身

---

① Huo T, Cao R, Du H, et al. Nonlinear influence of urbanization on China's urban residential building carbon emissions: New evidence from panel threshold model [J]. Science of The Total Environment, 2021, 145058.

的地理优势和国家的政策支持，社会经济发展水平较高，随着物质文化生活的丰富，对建筑的需求趋于多样化，这在一定程度上增加了建筑规模。另外人均 GDP 高的地区能够带动住房需求以及促进配套基础设施建设，从而增加了建筑业施工面积和材料消耗，进而引起建筑业全生命周期建筑业碳排放的快速上升。由于 2018 年东部地区人均 GDP 高达 1205.16 万元，东部地区的富裕程度明显高于全国的平均水平，因此人均 GDP 对东部地区的正向带动效应最大。

（4）从控制变量层面来看，施工强度的增加将会显著促进东部、中部和西部地区建筑业全生命周期碳排放，且中部地区的效果最大。可能是因为中部地区建筑业还处于发展阶段，对房屋的需求逐步增加，但对于建筑业的绿色生态建设还有所不足，生态文明建设带来的减排效应抵不过自身发展所带来的碳排放。而能源消费结构虽在东部、西部和中部地区呈现正相关，但均未通过显著性检验，说明能源消费结构的增加不能明显地增加建筑业全生命周期碳排放。

表 6-13　我国三大地区建筑业全生命周期碳排放影响因素估计结果

变量	全国	东部	西部	中部
$\ln P$	0.197 (0.463)	-0.151 (-0.300)	-0.042 (-0.062)	0.961 (0.497)
$\ln UR$	-0.576 (-0.567)	-1.940 (-1.185)	-3.611 (-1.612)	-4.188 * (-1.660)
$\ln A$	1.252 *** (5.984)	1.891 *** (4.326)	0.790 ** (2.349)	1.875 *** (2.960)
$\ln T$	-0.478 *** (-4.940)	-0.454 *** (-3.013)	-0.638 *** (-4.557)	-0.737 *** (-3.622)
$\ln CI$	0.455 *** (7.063)	0.370 *** (3.586)	0.319 *** (3.321)	0.990 *** (6.599)
$\ln ES$	0.073 (0.518)	0.045 (0.231)	0.062 (0.291)	0.318 (0.992)
R^2	0.851	0.825	0.867	0.805

注：*** $p < 0.01$，** $p < 0.05$，* $p < 0.1$；括号中为 T 统计值。

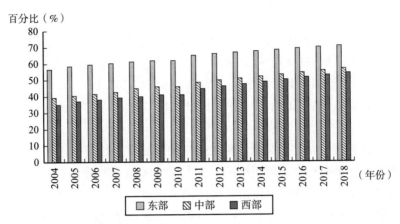

图 6 – 1 我国三大地区城镇化率分布

针对以上结论，提出以下建议：

（1）有效提升建筑业绿色技术水平，提高 SBM – Malmqusit 全要素能源效率。地区建筑业绿色技术水平对于本地区的建筑业全生命周期碳排放有较大的负向作用，但建筑业技术水平空间溢出效应却并不显著。不难看出，合理的政策引导对于降低区域整体建筑业全生命周期碳排放，避免区域碳排放分布差异加剧十分重要。首先，政府应在保障经济增长的同时，积极推动能源技术创新，开发节能降耗技术。通过经济手段和环境政策，提高绿色清洁能源如风能、水能和太阳能在建筑业中的使用效率，实现集约型经济发展。其次，建筑部门需引进国内外先进的绿色技术，培育科技创新型的节能减排企业，加强各阶段绿色技术的投入。再者，为缩小地区间全要素能源效率差距，消除各地区之间存在的壁垒，建筑业应加强地区间的技术交流。东部地区政府应支持建筑业与中西部地区合作，吸引高层次人才迁移到西部，以提升我国建筑业的能源效率，引进先进技术和人才，提高全要素能源效率。

（2）合理优化城市化进程，保证建筑业的可持续发展。目前新型建筑的建设速度大大超过了城市人口的增长速度，因此必须将建筑施工规模控制在合理的需要范围内。首先，加强气候传播和公众参与宣传，提升从业人员的低碳发展意识，促进低碳意识转换为实际行动，保证建筑业的可持续发展。

其次，政府可以考虑新型城镇化建设①，建立技术、资源和劳动力流动的网络，进而发挥资源整合和效率提升的优势，从而实现建筑业能源效率的提高和二氧化碳的减少。最后，鼓励不同地区探索自身城市化与建筑业全生命周期碳排放的具体平衡点。只有这样，才能确保在推进城市化进程的同时，形成建筑业碳排放的和谐状态。

（3）政府应加快转变经济增长方式，降低建筑业减排压力。由于目前我国还是"高投入、低产出"的粗放型经济增长模式，而经济发展水平一直是影响建筑业全生命周期碳排放的重要因素之一，因此，改变经济发展方式，降低建筑业减排压力显得尤为迫切。首先，对于经济水平较高的地区，可以利用充裕的资金加大科技创新力度，建筑业应在现有发展规模甚至在牺牲现有发展规模的代价下通过进一步降低能源消费强度及优化产业结构来降低其碳排放水平。其次，对于经济水平较低的地区，需要淘汰落后的能源利用方式，并对其建筑业进行升级，保证其低碳水平不降低的前提下谨慎提升其建筑业在地方经济中的地位。再者，建立空间联系网络，同板块省可以实施跨区域协同节能机制，西部地区要向东部和中部地区学习先进的节能技术，发展低能耗产业，不断提高能源利用率。

6.6　研究结论

本章选取总人口、城镇化率、人均 GDP、全生命周期能源效率 Malmquist 指数、施工强度和消费结构作为影响我国建筑业全生命周期碳排放的代表性因素，扩展 STIRPAT 模型，采用构建的双边固定效应的空间杜宾模型，研究各因素对我国建筑业全生命周期碳排放的影响及影响因素的区域异质性，主要结论如下。

（1）总人口并不是影响建筑业全生命周期碳排放的主要因素，特定省份的总人口的变化不会对该省份及其周边省份建筑业全生命周期碳排放产生显著影响。城镇化程度对建筑业全生命周期碳排放有负相关作用，但不显著。

在中国城市化进程不断推进的背景下，某特定省份推进城镇化转型升级，提高城镇人口比重对该省及其周边省份的建筑业全生命周期碳排放不会造成显著的影响。人均 GDP 对建筑业全生命周期碳排放的直接效应和总效应估计值显著为正值，间接效应的估计值显著为负值，这意味着某特定省份人均 GDP 的提高不仅可以促进该省建筑业全生命周期碳排放的增加，而且可以有效抑制邻接省份的建筑业碳排放。全生命周期能源效率 Malmquist 指数的直接效应和总效应的估计值在 1% 的水平上显著为负，这表明某特定省份能源效率的技术变化越快、技术效率越高和技术效率的规模效率越大将会抑制该省建筑业全生命周期碳排放的增加，因此各省省份积极提高建筑业全生命周期能源效率是未来降低建筑业全生命周期碳排放重要的发展方向。虽然全生命周期能源效率 Malmquist 指数间接效应的估计值也为负值，但未通过显著性检验，这表明全生命周期能源效率 Malmquist 指数的空间溢出效应不显著。全生命周期能源效率 Malmquist 指数是衡量技术水平的指标，而建筑业技术（如装配式建筑、建筑信息化和建筑节能等技术）的推广存在技术扩散地域效应，即以应用某项建筑业技术最佳的省份为中心，向周边地区推广和宣传该技术，扩散的效果会越来越差，导致全生命周期能源效率 Malmquist 指数的空间溢出效应不显著。

（2）影响因素的区域异质性分析发现，从人口规模因素来看，总人口对东部和西部地区建筑业全生命周期碳排放表现为负向作用，而对中部地区建筑行业全生命周期碳排放呈现出正向作用，但均未通过显著性检验。这说明随着各地区的人口容量趋于饱和，总人口的变化并不会显著影响三大地区的建筑业全生命周期碳排放。城镇化率的提高对三大地区的建筑业全生命周期碳排放均呈现出抑制作用，仅中部地区通过显著性检验。这说明在城镇化水平提升较快的中部地区，城镇化进程存在明显的减排效应，而在城镇化水平差异较大的东部和西部地区，城镇化对于建筑业全生命周期的碳排放仍存在集聚效应。从富裕程度因素来看，人均 GDP 对东部、中部和西部地区建筑业全生命周期碳排放均具有显著正向影响，但是对东部地区的正向带动效应最大，中部地区次之。从技术水平因素来看，全生命周期能源效率 Malmquist 指数的提高均有利于减少东部、西部和中部地区建筑业全生命周期碳排放，这与对全国的影响效果相同，但在不同区域，全生命周期能源效率 Malmquist 指数的减排效果存在差异，对西部和中部地区的减排效果大于东部地区。西部和中部地区受经济发展和地形因素的制约，建筑业科技水平相较于东部地区仍较为低下。由于东部和西部地区建筑业全生命周期碳排放占比达47%，因此在碳排放基数较大的西部和中部地区，积极推广建筑节能技术，提高建筑业全生命周期能源效率可以达到更好的减排效果，能有效降低全国建筑业全生命周期碳排放。

第 7 章

建筑业碳排放时空演变的影响
因素分位数回归分析

7.1 分位数模型理论

7.1.1 分位数回归

分位数回归最早由罗杰·利恩克（Roger Koenker）和吉尔伯特·巴塞特（Gilbert Bassett）提出。随后，科恩克（Koenker）和巴塞特（Bassett）在 1978 年和 1982 年分别独立地发展了分位数回归的理论，并提出了极大似然估计和局部估计的方法。这些早期的研究为分位数回归的发展奠定了基础。

不同于经典最小二乘法的均值回归，其关注因变量各部分与自变量的函数关系。通过最小化残差加权绝对值之和，可得到在因变量任意分位点处的回归方程。分位数回归克服了最小二乘回归的局限性，是对现有回归方法的理论扩展，在高斯分布假设不满足或出现异常点的情况下，该方法的结果是更为稳健的。在回归系数和残差的检验方面，分位数回归的方法和最小二乘法的模型设定与预测并无太大区别，主要区别是在回归系数及其渐进的分布估计上有所不同。分位数回归方程可以定义为：

$$Q_{it}(\tau_j \mid x_{it}) = x_{it}\beta(\tau_j) \qquad (7-1)$$

其中，$Q_{it}(\tau_j \mid x_{it})$ 表示被解释变量的第 tau_j 个条件分位数，$\beta(\tau_j)$ 表示

解释变量在第 $ta\mu_j$ 个分位数下的回归系数值，其中 $\tau \in (0, 1)$。若要得到 $\beta(\tau_j)$ 的参数估计，需要求解加权绝对残差和最小化问题，即：

$$\min \sum_{j=1}^{J} \sum_{i=1}^{N} \sum_{i=1}^{T} \omega_j \rho_{\tau j}[y_{it} - x_{it}\beta(\tau_j)] \qquad (7-2)$$

与传统的 OLS 回归相比，分位数回归能够较为准确描述解释变量的多个分位数对于被解释变量的条件分布的影响。分位数回归可以捕捉非正态分布数据尾部隐藏的重要信息，结果不易受异常值的影响，回归较为稳健。

随着时间的推移，分位数回归的研究逐渐得到拓展和应用，其在经济学、金融学、环境学、管理学等多方面的应用日益广泛。在 20 世纪 90 年代和 21 世纪初，随着计算机技术和统计方法的不断进步，研究者开始广泛应用分位数回归分析各种实际问题。例如，在经济学领域，分位数回归被用于研究收入不平等、贫困、劳动市场、全生命周期生产率分析、汇率变动、网络商品定价等多个方面；在环境科学领域，分位数回归被用于研究气候变化、碳排放等问题；在医学领域，分位数回归被用于研究健康和生存率等问题。在金融研究领域，分位数回归可用来进行风险管理的研究，除此之外，分位数回归也可用来研究资产定价、政治竞争、生态环境等方面的相关问题。

近年来，分位数回归方法得到了进一步发展和改进。研究者提出了更多的分位数回归模型和估计方法，以适应不同的研究问题和数据类型。例如，条件分位数回归、高维分位数回归、非参数分位数回归等新的研究方向不断涌现。

7.1.2　面板分位数回归模型

面板数据将时间序列和截面数据结合起来，可以有效及减少设定偏误与估计偏差，又能够有效发挥分位数回归的作用，是一种更为稳健和灵活的回归分析法。面板分位数回归随着面板数据的广泛使用也随之发展，相比于普通分位数，面板分位数的解释变量中有空间权重矩阵与被解释变量的乘积变量，可以更好地分析处于特定分位数的自变量对因变量条件分布的相应分位数方程，以缓解遗漏变量导致的内生性问题。

面板分位数回归模型可以分为随机效应和固定效应。相比于随机效应，固定效应多被应用于面板分位数回归模型估计中，个体不可观测效应与自变量相关，即横截面单元数达到无穷大的情况。分位数回归的参数估计方法如下：

$$(\hat{\beta}(\tau_k,\lambda),\{\alpha_i(\lambda)\}_{i=1}^n) = argmin\sum_{K=1}^K\sum_{l=1}^T\sum_{i=1}^N\omega_k\rho_{\tau_k}(y_{it} - \alpha_i - x_{it}^T\beta_{\tau_k}) + \lambda\sum_{i=1}^N|\alpha_i|$$

$$(7-3)$$

其中，ω_k 是第 τ_k 分位数的权重，τ_k 表示第 k 个分位数对固定效应的贡献率；$\rho_{\tau_k}(u) = \mu(\tau_k - I(\mu < 0))$ 是损失函数；$I(\mu < 0)$ 表示示性函数；λ 是惩罚因子，当 $\lambda < 0$，惩罚性消失，为固定效应模型；当 $\lambda \to \infty$，固定效应消失，为混合回归模型。定义权重为 $\omega_k = \dfrac{1}{k}$，并对所有指标赋相同的权重，可以降低主观性对权重赋值的影响。

随机效应面板分位数回归的形式如下所示：

$$Q_{y_{it}}^{(\tau)}(\tau \mid x_{it}) = \alpha_i + x_{it}^T\beta_\tau + \mu_{ij} \quad i,j = 1,2,\cdots,N, \ t = 1,2,\cdots,T$$

$$(7-4)$$

其中，x_{it}、y_{it} 分别表示第 i 截面在第 t 时期解释变量、被解释变量的观测值；α_i 表示不可观测的时间不变效应；y_{ij} 为误差项。进一步，控制个体效应的固定效应模型的设定形式如下：

$$Q_{y_{it}}^{(\tau)}(\tau \mid x_{it}) = \alpha_i + x_{it}^T\beta_\tau \quad i = 1,2,\cdots,N, \ t = 1,2,\cdots,T$$

$$(7-5)$$

面板分位数回归方法因其对数据信息的综合分析能力更强，结果更全面，因而引起了愈来愈多的关注，随着对理论模型的不断深入研究，其应用价值也不断被发掘，应用范围逐渐从经济、金融扩展到财政、教育等诸多领域。

7.2　面板分位数回归模型的构建

由于建筑业全生命周期碳排放的空间异质性特征趋于增强，数据在回归时，容易在分布上呈现非正态分布，具体表现为数据出现极值、异方差或首尾两端数据偏离大的情况，从而造成回归估计的偏差。面板分位数回归由于综合了面板数据与分位数回归的优势，一方面可以使用面板数据获取个体的时间序列和截面观测数据，另一方面还可以利用分位数回归对不服从正态分布的数据进行回归分析，克服了面板数据模型的不足，提高回归结果的稳健性。本章采用面板分位数回归模型，研究各因素对中国建筑业全生命周期及三个代表性阶段碳排放在不同分位数点水平上受影响的程度。基于前文扩展的 STIRPAT 模型，得到的面板分位数回归模型如下：

$$Q_\tau(\ln I) = (\ln a)_\tau + \beta_{1\tau}\ln P_{it} + \beta_{2\tau}\ln UR_{it} + \beta_{3\tau}\ln A_{it} + \beta_{4\tau}\ln T_{it}$$
$$+ \beta_{5\tau}\ln CI_{it} + \beta_{6\tau}\ln ES_{it} + \varepsilon_{it} \tag{7-6}$$

式中，$Q_\tau(\ln I)$ 和 $(\ln a)_\tau$ 分别表示在第 τ 个分位数点上的被解释变量和常数项；$\beta_{k\tau}$（$k=1,2,\cdots,6$）表示解释变量在第 τ 个分位数点上的回归参数。

7.3　全生命周期碳排放影响因素分析

参照谢紫寒（Xie Z H）等[1][2]学者的研究，本书选取 0.10、0.25、0.50、0.75 和 0.90 五个分位数点，代表性分位数点均对应着不同的分位数函数，可以揭示各影响因素对建筑业全生命周期碳排放的影响效应。根据 2004 ~ 2018 年间建筑业全生命周期和三大代表性阶段年均碳排放量，将 30 个省份划分为六个等级（见表 7-1）。从表 7-1 可知，部分经济水平较高的省份，其建筑业全生命周期年均碳排放量较小。例如，上海的经济长期保持良好发展态势，2018 年 GDP 为 32679.87 亿元，领先于全国大部分省份，近年来，上海建筑业转型升级为城市建设和城市提供了有力保障，有序推进装配式和 BIM 技术的应用，多项绿色减排举措有力地降低了能源消耗及建筑业全生命周期碳排放。前文已对六个解释变量及被解释变量进行多重共线性、面板单位根及协整检验，各变量均具有较高的可行性。在此基础上，本章对其进行正态分布检验，以保证结果更全面、更有效。

---

① Xie Z H, Wu R, Wang S J. How technological progress affects the carbon emission efficiency? Evidence from national panel quantile regression [J]. Journal of Cleaner Production, 2021, 307: 127133.

② Xu R J, Xu L, Xu B. Assessing CO$_2$ emissions in China's iron and steel industry: Evidence from quantile regression approach [J]. Journal of Cleaner Production, 2017, 152: 259-270.

表7-1 分位数点所对应省份

分位数点	省份
0.10 以下分位数	海南、宁夏、青海
0.10~0.25 分位数	广西、云南、天津、新疆、甘肃
0.25~0.50 分位数	重庆、内蒙古、贵州、山西、上海、黑龙江、江西
0.50~0.75 分位数	福建、辽宁、湖南、吉林、北京、安徽、陕西
0.75~0.90 分位数	湖北、河北、四川、广东、河南
0.90 以上分位数	江苏、浙江、山东

7.3.1 正态分布检验

相比于混合 OLS 回归，使用非正态分布的数据进行分位数回归来处理偏斜或重尾数据，其估计结果具有更强的稳健性。因此，检验所有变量是否服从正态分布是面板分位数回归分析的必要前提。正态分布检验分为图解法和数值法，图解法包括散点图、柱状图和 Q-Q 图（quantile-quantile plot）等，其中，Q-Q 图是正态分布检验中最常见的图示方法，当图上的点大致落都在 45 度对角线上时，表示高度正相关，即这些数据是呈正态分布的。

数值法包括描述性统计和统计量检验。峰度和偏度是两种不同数字特征，均广泛地应用于描述性统计中。偏度用来衡量样本的不对称程度和不对称程度数据分布方向，峰度代表测量样本数据的离散程度。统计量检验包括 kolmogorov-smirnov 检验、Shapiro-Wilk 检验和 Shapiro-Francia 检验等。kolmogorov-smirnov 检验作为一种非参数方法，适合用于大数据样本的正态分布检验，对尺度化不敏感。塞缪尔·夏皮罗（Samuel Shapiro）和马丁·威尔克（Martin Wilk）提出了 Shapiro-Wilk W 检验，这是一种利用频率对样本正态性进行检验的方法，计算得出的数值越接近 1，说明数据越趋向于正态分布。Shapiro-Francia 检验是一种基于对样本值与来自标准正态分布的近似预期有序分位数之间的平方相关性的方法。

本研究采用 Q-Q 图和数值对解释变量和被解释变量进行正态分布检验。由图 7-1 可知，各变量数据在中间部分接近正态分布，而两端与期望直线偏差较大。由表 7 – 2 可知，所有变量的偏度系数和峰度系数均不满足正态分布的要求，且 Shapiro – Wilk 检验结果 P 值均小于 0.1。总体而言，各变量均不服从正态分布，使用面板分位数回归是较为合适的方法。

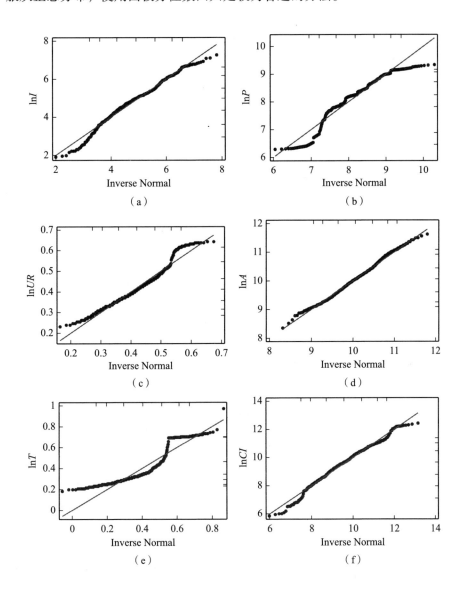

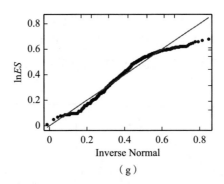

（g）

图 7 - 1　自变量和因变量的 Q - Q 图

表 7 - 2　　　　　　　　　　变量正态分布检验结果

变量	偏度系数	峰度系数	Shapiro - Wilk 检验		观测值
			统计值	P 值	
$\ln I$	- 0.434	3.242	4.118	0.000	450
$\ln P$	- 0.826	3.208	7.348	0.000	450
$\ln UR$	0.604	3.118	5.827	0.000	450
$\ln A$	0.099	2.561	1.384	0.083	450
$\ln T$	1.015	2.765	9.344	0.000	450
$\ln CI$	- 0.392	3.178	3.592	0.000	450
$\ln ES$	- 0.567	2.356	6.676	0.000	450

7.3.2　面板分位数模型回归结果

　　为了对比分析，列出了建筑业全生命周期碳排放面板分位数回归和混合 OLS 回归的结果（见表 7 - 3），混合 OLS 回归中，所有变量均通过 1% 的显著性检验。除 0.90 分位数点的全生命周期能源效率 Malmquist 指数不显著外，其他自变量的回归结果均通过 1% 的显著性水平检验。在不同分位数水平下，总人口、人均 GDP、施工强度和能源消费结构的系数估计值均为正值，全生命周期能源效率的系数估计值均为负值，城镇化率的系数估计值先为正值后为负值。各解释变量对建筑业全生命周期碳排放的影响是富有弹性的，随着碳排放条件分布的变化而变化。

表7-3　　　　　　　　建筑业全生命周期碳排放面板分位数回归结果

变量	面板分位数回归					OLS 回归
	0.10 分位数	0.25 分位数	0.50 分位数	0.75 分位数	0.90 分位数	
$\ln P$	0.227 ***	0.304 ***	0.381 ***	0.396 ***	0.463 ***	0.411 ***
$\ln UR$	0.968 ***	0.806 **	-1.728 ***	-2.821 ***	-2.889 ***	-1.529 ***
$\ln A$	0.480 ***	0.420 ***	0.817 ***	0.887 ***	0.860 ***	0.720 ***
$\ln T$	-1.138 ***	-0.522 ***	-0.633 ***	-0.684 ***	0.372	-0.640 ***
$\ln CI$	0.583 ***	0.463 ***	0.478 ***	0.459 ***	0.422 ***	0.446 ***
$\ln ES$	0.916 ***	1.250 ***	0.906 ***	0.757 ***	0.705 ***	1.072 ***

注：*** $p < 0.01$，** $p < 0.05$，* $p < 0.1$。

（1）从人口规模因素来看，总人口在各分位数点上的回归系数均为正值，这说明总人口对不同分位数水平的建筑业全生命周期碳排放呈现促进作用。在人口越多的地方，对住房和基础设施的完善程度也越高，从而带动建筑业的发展，造成碳排放量的增加。总人口随着分位数水平的提高也随之提高，在0.10分位数点即低碳排放省份，总人口的影响效果最小，回归系数为0.227，而在0.90分位数点即高碳排放省份，总人口对0.90分位数水平的省份影响效果最为明显，回归系数为0.463，这意味着总人口每增长1%，建筑业全生命周期碳排放量将增长0.463%。相较于其他分位数水平的省份，位于0.90分位数水平的江苏、浙江和山东三省保持人口总量平稳增长，将会取得更好的碳减排效果。对于城镇化率，0.10分位数和0.25分位数水平下系数估计值显著为正，其他分位数水平的系数估计值均显著为负，表明城镇化率的增加对低分位数水平的省份建筑业全生命周期碳排放呈现促进作用，而对中高分位数省份的碳排放呈现抑制作用。碳排放量从低分布省份向高分布省份变动时，城镇化率的系数估计值绝对值逐渐变大，意味着城镇化率对0.75分位数和0.90分位数水平的高碳排放省份影响最大。低分位数水平的省份城镇化仍在快速发展，在此过程中，缺乏碳减排意识，以牺牲环境为代价来扩张城市规模，产生规模效应，消耗大量的能源，造成碳排放的增加。近年来，中高分位数水平的省份城镇化推进速度逐渐变缓，由高速城镇化向高质量城镇化转型升级，在此过程中，能源得到有效配置和生活方式发生改变，进而有效降低其建筑业全生命周期碳排放。

（2）从富裕程度因素来看，人均 GDP 在各分位数水平上均通过显著性检验，这说明人均 GDP 对建筑业全生命周期碳排放有显著的拉动作用，且随着碳排放量的增加整体呈现增长趋势，对 0.50～0.90 分位数之间的省份影响最大。我国固定资产投资水平的不断提高拉动了经济持续快速增长，而固定资产投资状况更多地体现在建筑业增加值上，建筑业飞速发展的同时势必消耗了大量的能源，造成了二氧化碳排放的提高。推动经济高质量发展是处于高分位数水平的省份实现碳减排和发展转型的关键，同时，0.10～0.25 分位数之间的省份系数估计值也较大，说明在中低碳排放量的省份也要重视经济因素对其的影响。

（3）从技术水平因素来看，除 0.90 分位数点外，全生命周期能源效率 Malmquist 指数在其他分位数点上的回归系数均通过了 1% 的显著性水平检验，回归系数均为负值。全生命周期能源效率 Malmquist 指数对于建筑业全生命周期碳排放的影响具有阶段性差异，随着分位数水平的增加呈先减小后增加的趋势，对 0.10 分位数水平的省份抑制作用最大。全生命周期能源效率 Malmquist 指数在各个分位数点上对建筑业全生命周期碳排放的影响效应较大，即相对于单一地调整人口规模和富裕程度，现阶段中国大部分省份应该通过技术创新、提升绿色能源的利用率和减少高污染高耗能原料的应用等手段提高能源利用效率，逐步实现建筑业绿色转型升级，降低碳排放量。

（4）从各控制变量的估计结果来看，随着碳排放量从低数量级别变为高数量级别，施工强度系数的估计值表现为波动下降的趋势。在低碳排放省份和高碳排放省份，施工强度的拉动效果更强。能源消费结构的系数估计值在 1.000 左右波动，其对中低分位数水平省份的碳排放量增加有更显著的促进作用，说明能源消费结构对建筑业全生命周期碳排放的影响较大，且这种影响富有弹性。

7.4　三个代表性阶段碳排放影响因素分析

根据第 4 章的测算结果，在我国建筑业全生命周期中，建材生产、建造和运营阶段的排放量之和占了总排放量的98.83%，建筑业全生命周期不同阶段碳排放占比见图7-2。本节采用面板分位数回归模型，选取建材生产、建造阶段和运营阶段作为研究建筑业全生命周期碳排放影响因素的代表性阶段，总结建筑业全生命周期代表性阶段具体的碳减排路径，助力双碳目标的实现。

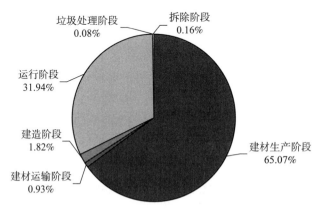

图7-2 建筑业全生命周期各阶段碳排放

7.4.1 数据处理与检验

对面板数据进行分位数回归，首先需要进行多重共线性检验、面板单位根检验、协整检验和正态分布检验，验证建材生产、建设和运行三个阶段采用面板分位数模型对建筑业碳排放量进行回归的可行性。

1. 多重共线性检验

多重共线性是自变量之间具有非常高相关性的状态，即，可以使用一个预测变量来预测另一个预测变量。基于上文的内容可知，对数据最小二乘回归后，计算出变量的方差膨胀因子均小于10。建材生产、建设和运行三个阶段多重共线性检验结果均一致，自变量之间不存在多重共线性，建筑业全生命周期的三个代表性阶段的影响因素选取较为合理（见表7-4）。

表 7 – 4   三个阶段多重共线性检验结果

建筑业全生命周期阶段	$\ln P$	$\ln UR$	$\ln A$	$\ln T$	$\ln CI$	$\ln ES$	平均方差膨胀因子
建材生产、建设和运营阶段	9.76	8.97	6.37	5.68	1.37	1.14	5.55

2. 面板单位根和协整检验

具有平稳性的数据是面板分位数回归的前提之一，非平稳的时间序列数据的均值和方差存在周期性的变化，导致回归结果的准确性降低。因此首先对数据进行面板单位根检验，测试其平稳性，结果如表 7 – 5 所示。自变量的面板单位根检验结果已在第 5 章中列明，本章仅对三个阶段建筑业碳排放数据进行面板单位根检验。建材生产、建设和运行三个阶段的建筑业碳排放变量在 1% 的显著性水平下均拒绝不平稳的原假设，说明其为差分平稳过程。

表 7 – 5   三个阶段建筑业碳排放单位根检验结果

建筑业全生命周期阶段	变量	HT 检验	IPS 检验	平稳性
建材生产阶段	$\ln I$	0.474 ***	– 3.017 ***	平稳
	$D\ln I$	0.410 ***	– 13.086 ***	平稳
建设阶段	$\ln I$	– 8.934 ***	– 3.739 ***	平稳
	$D\ln I$	– 10.440 ***	– 13.086 ***	平稳
运营阶段	$\ln I$	– 0.217 ***	– 3.210 ***	平稳
	$D\ln I$	0.410 ***	– 13.086 ***	平稳

注：（1）D 表示变量的一阶差分；（2）*** $p < 0.01$，** $p < 0.05$，* $p < 0.1$。

由于三个阶段碳排放变量都是一阶单整的，满足进行协整性检验的条件。采用 Kao 检验和 Pedroni 检验确认自变量与因变量之间的协整关系。如表 7 – 6 所示，三个阶段的所有协整检验结果均在 5% 的显著性水平上拒绝原假设，因此可以得出三个阶段建筑业碳排放与各因变量之间存在协整关系，排除模型存在虚假回归问题的可能性。

表 7 – 6　　　　　　　　　　三个阶段协整检验结果

建筑业全生命周期阶段	检验方法	检验形式	统计值	P 值
建材生产阶段	Kao 检验	Modified Dickey – Fuller t	3.248	0.000
		Dickey – Fuller t	1.940	0.026
		Augmented Dickey – Fuller t	4.507	0.000
	Pedroni 检验	Modified Phillips – Perron t	9.466	0.000
		Phillips – Perron t	– 31.374	0.000
运营阶段	Kao 检验	Modified Dickey – Fuller t	2.025	0.021
		Dickey – Fuller t	– 3.728	0.000
		Augmented Dickey – Fuller t	– 3.412	0.000
	Pedroni 检验	Modified Phillips – Perron t	8.802	0.000
		Phillips – Perron t	– 39.130	0.000
		Augmented Dickey – Fuller t	– 25.779	0.000
建设阶段	Kao 检验	Modified Dickey – Fuller t	3.361	0.000
		Dickey – Fuller t	1.895	0.029
		Augmented Dickey – Fuller t	5.619	0.000
	Pedroni 检验	Modified Phillips – Perron t	9.488	0.000
		Phillips – Perron t	– 24.757	0.000

3. 正态分布检验

分位数回归是中位数回归估计响应变量的条件中位数的推广。当数据非正态分布或分布不对称时，相比于传统的均值回归，分位数回归的结果具有更强的可靠性。本章第二节中已列出几种因变量的 Q – Q 图和数值法检验结果，本节重点关注建筑业建材生产、建设和运行三个阶段的碳排放量是否服从正态分布。由图 7 – 3 和表 7 – 7 可知，建筑业三个阶段碳排放的观测值均偏离直线，数值法的检验结果均不满足正态分布的要求。综上可知，建筑业全生命周期中具有代表性的三个阶段碳排放均不服从正态分布，采用面板分位数进行回归估计是可行的。

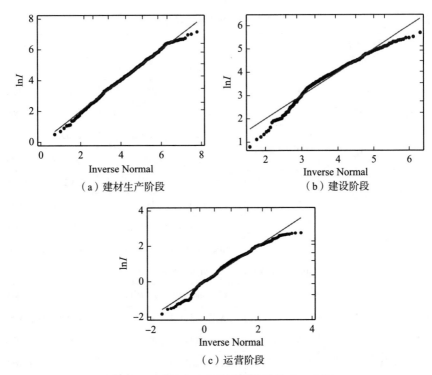

（a）建材生产阶段　　　　　　　（b）建设阶段

（c）运营阶段

图 7 – 3　建筑业三个阶段碳排放的 Q – Q 图

表 7 – 7　　　　　　　　建筑业三个阶段碳排放量正态分布检验结果

建筑业全生命周期阶段	变量	偏度系数	峰度系数	Shapiro – Wilk 检验		观测值
				统计值	P 值	
建材生产阶段	ln$I$	– 0.222	2.852	1.636	0.050	450
建设阶段	ln$I$	– 0.829	3.855	6.076	0.000	450
运营阶段	ln$I$	– 0.556	2.995	5.002	0.000	450

7.4.2　实证结果分析

由三个代表性阶段建筑业碳排放面板分位数回归结果可知，在不同分位数水平下，各影响因素对建筑业三个代表性阶段碳排放的影响效应存在差异，具体回归结果见表 7 – 8。

表7-8   三个代表性阶段面板分位数回归结果

阶段	变量	lnP	lnUR	lnA	lnT	lnCI	lnES
建材生产阶段	0.10 分位数	0.074 ***	-2.721 ***	0.482 ***	-1.113 ***	0.859 ***	0.287
	0.25 分位数	0.109 ***	-1.118 ***	0.264 ***	-0.683 ***	0.867 ***	0.141 ***
	0.50 分位数	0.043	-1.863	0.587	-0.649 ***	0.863 ***	0.388 ***
	0.75 分位数	0.096	-0.761	0.300 ***	-0.626 ***	0.848 ***	-0.016
	0.90 分位数	-0.008	0.137	0.057	-1.383 ***	0.961 ***	-0.052
建设阶段	0.10 分位数	1.072 ***	3.143 ***	0.634 ***	-0.052	-0.162 ***	0.439 **
	0.25 分位数	1.252 ***	-0.335	1.421 ***	0.112	-0.207 ***	1.545 ***
	0.50 分位数	0.722 ***	-5.375 ***	1.845 ***	0.048	-0.182 ***	2.412 ***
	0.75 分位数	1.070 ***	3.076 ***	0.360 ***	-0.346 ***	-0.103 ***	1.385 ***
	0.90 分位数	0.879 ***	0.318 ***	0.854 ***	-0.407 ***	-0.121 ***	2.089 ***
运营阶段	0.10 分位数	-0.360	-2.134 **	0.420	0.648 **	0.102	-0.719 **
	0.25 分位数	0.277 **	0.774	0.383 ***	0.650 ***	-0.185 **	0.501 ***
	0.50 分位数	-0.058	0.394	0.182	0.134	0.013	0.432 **
	0.75 分位数	0.153	6.230 ***	-0.263 *	0.036	-0.140	0.246
	0.90 分位数	-0.085 ***	0.185 ***	-0.019 ***	0.068	-0.003	-0.062 **

注：$*** p < 0.01$，$** p < 0.05$，$* p < 0.1$。

（1）从人口规模因素来看，总人口对建材生产阶段的低分位数水平省份、建设阶段的所有分位数水平省份和运营阶段 0.25 分位数水平省份的建筑业碳排放呈现出显著的正向作用，而对运营阶段 0.90 分位数水平省份的碳排呈现负向作用。一般来说，住房和基础设施需求的增长伴随着人口数量的增加，从而导致建设阶段的能源消耗增加，碳排放量增加。根据 2018 年统计年鉴，全国仅八个省份人口保持正增长，建材生产阶段的低分位数水平省份人口基本上为正增长，具有一定的增长势能。低分位数水平的省份近年来经济增速较快，出台了一系列吸引人口和人才的政策，对人口的凝聚能力进一步提升。人口增加态势越显著，对住房的需要就越强烈，进一步导致建材生产过程中水泥的产量提升，造成二氧化碳排放增加。在运营阶段，高分数水平的省份总人口负增长，人口素质不断提高，运行管理向推动建筑运行电气化、智能化方向转变，致力于打造超低能耗建筑。城镇化率的回归系数在建材生产阶段为负值，在建设和运营阶段既有正值也有负值。中国城镇化水平省份间差异较大，近年来劳动力由东部地区向中西部地区的转移现象持续存在，低分位数水平的省份城镇化仍处于快速发展阶段。一方面，城镇化形成集聚效应，人们对生活品质和环境质量的要求更高，高性能混凝土材料成为建材生产阶段低碳发展新趋势，继而抑制建筑业的碳排放。另一方面，随着城镇化进程加快，城市中的常住人口增多，这会增加建造和运营阶段的电能、煤炭和天然气等能源的消耗量，从而导致建筑业碳排放的增长。

（2）从富裕程度因素来看，人均 GDP 在建材生产和建设阶段各分位数水平省份的建筑业碳排放回归系数均为正，对处于 0.50 分位数水平省份的建筑业碳排放量均影响最大，这可能由于不同省份建筑业固定资产投资水平存在差异造成的。对于经济增长而言，固定资产投资起着重要作用，而固定资产重要的投资产业之一就是建筑业，因此固定资产投资总额的提升对建筑业的发展起着推动作用，在此期间消耗大量的原料和资源。人均 GDP 对处于运营阶段 0.25 ~ 0.90 分位数的省份，回归系数由正值变化为负值，分位数水平较高的省份经济发展已经较为成熟，正在摆脱单一、粗放的经济增长模式，推动建筑运行管理向智能化，自动化转型。

（3）从技术水平因素来看，全生命周期能源效率 Malmquist 指数对建材生产阶段各分位数水平省份和建设阶段 0.75 ~ 0.90 分位数省份呈现显著的抑制作用，对运营阶段处于 0.10 ~ 0.25 分位数的省份呈现显著的拉动作用。在建材生产阶段，逐渐向开发绿色环保建材转型，节能技术水平提升，达到建筑业碳减排的目的。例如，北方城市过去多采用燃煤采暖，为加快节能减排，实现碳达峰、碳中和的目标，大力推广应用通过电能来实现采暖，此举降低了传统材料生产过程中的损耗率和减少了二氧化碳排放量。在建设阶段，较高分位数水平的省份大力支持和发展具有节能低碳优势的装配式建筑，装配式建筑分为混凝土装配和钢结构装配式，装配式钢结构是可循环使用的绿色材料，由于建造成本较高，目前我国装配式钢结构的渗透率很低，仅在部分较高分位数水平的省份应用较多。全生命周期能源效率 Malmquist 指数仅对运营阶段低分位数水平的省份碳排放影响为正，这可能与低分位数水平的省份技术进步导致了建筑业规模缩小，无法满足人们的需求，从而舍弃掉原有的先进技术来盲目扩大建筑业规模，因此其对二氧化碳排放的影响为正。

（4）从各控制变量的估计结果来看，施工强度在建材生产和建设阶段各分位数水平的系数估计值分别为正值和负值，对 0.25 分位数的省份运营阶段建筑业碳排放的影响效应最为显著。能源消费结构对建材生产和建设阶段的影响效应均显著为正，对运营阶段的影响效应先由正变负，后由负变正。

7.5　研究结论

本章将扩展的 STIRPAT 模型和面板分位数回归模型相结合，得出更稳健的回归的结果。根据正态分布检验结果，得出变量并不服从正态分布以及采用面板分位数回归模型是可靠的结论。研究了我国建筑业全生命周期碳排放，主要探究了在不同分位数水平下，各变量对建筑全生命周期及其三个代表性阶段碳排放影响的差异性，对实证结果进行了分析，主要结论如下。

（1）建筑业全生命周期碳面板分位数回归结果表明，在不同分位数水平下，总人口、人均 GDP、施工强度和能源消费结构的系数估计值均为正值，全生命周期能源效率的系数估计值均为负值，城镇化率的系数估计值先为正值后为负值。各解释变量对建筑业全生命周期碳排放的影响是富有弹性的，随着碳排放条件分布的变化而变化。

从人口规模因素来看，总人口在各分位数点上的回归系数均为正值，这说明总人口对不同分位数水平的建筑业全生命周期碳排放呈现促进作用。总人口随着分位数水平的提高也随之提高，在 0.10 分位数点即低碳排放省份，总人口的影响效果最小，回归系数为 0.227，而在 0.90 分位数点即高碳排放省份，总人口对 0.90 分位数水平的省份影响效果最为明显。对于城镇化率，0.10 分位数和 0.25 分位数水平下系数估计值显著为正，其他分位数水平的系数估计值均显著为负，表明城镇化率的增加对低分位数水平的省份建筑业全生命周期碳排放呈现促进作用，而对中高分位数省份的碳排放呈现抑制作用。碳排放量从低分布省份向高分布省份变动时，城镇化率的系数估计值绝对值逐渐变大，意味着城镇化率对 0.75 分位数和 0.90 分位数水平的高碳排放省份影响最大。低分位数水平的省份城镇化仍在快速发展，在此过程中，缺乏碳减排意识，以牺牲环境为代价来扩张城市规模，产生规模效应，消耗大量的能源，造成碳排放的增加。近年来，中高分位数水平的省份城镇化推进速度逐渐变缓，由高速城镇化向高质量城镇化转型升级，在此过程中，能源得到有效配置和生活方式发生改变，进而有效降低其建筑业全生命周期碳排放。

从富裕程度因素来看，人均 GDP 在各分位数水平上均通过显著性检验，这说明人均 GDP 对建筑业全生命周期碳排放有显著的拉动作用，且随着碳排放量的增加整体呈现增长趋势，对 0.50 ~ 0.90 分位数之间的省份影响最大。推动经济高质量发展是处于高分位数水平的省份实现碳减排和发展转型的关键。

从技术水平因素来看，除 0.90 分位数点外，全生命周期能源效率Malmquist 指数在其他分位数点上的回归系数均通过了 1% 的显著性水平检验，回归系数均为负值。全生命周期能源效率 Malmquist 指数对于建筑业全生命周期碳排放的影响具有阶段性差异，随着分位数水平的增加呈先减小后增加的趋势，对 0.10 分位数水平的省份抑制作用最大，说明在全生命周期能源效率较低的地区，通过技术创新、提升绿色能源的利用率和减少高污染高耗能原料的应用等手段提高能源利用效率，可以更大程度上降低建筑业全生命周期碳排放量。

（2）三个代表性阶段建筑业碳排放面板分位数回归结果可知，在不同分位数水平下，各影响因素对建筑业三个代表性阶段碳排放的影响效应存在差异。

从人口规模因素来看，总人口对建材生产阶段的低分位数水平省份、建设阶段的所有分位数水平省份和运营阶段 0.25 分位数水平省份的建筑业碳排放呈现出显著的正向作用，而对运营阶段 0.90 分位数水平省份的碳排呈现负向作用。城镇化率的回归系数在建材生产阶段为负值，在建设和运营阶段既有正值也有负值。

从富裕程度因素来看，人均 GDP 在建材生产和建设阶段各分位数水平省份的建筑业碳排放回归系数均为正，对处于 0.50 分位数水平省份的建筑业碳排放量均影响最大，这可能由于不同省份建筑业固定资产投资水平存在差异造成的。对于经济增长而言，固定资产投资起着重要作用，而固定资产重要的投资产业之一就是建筑业，因此固定资产投资总额的提升对建筑业的发展起着推动作用，在此期间消耗大量的原料和资源。人均 GDP 对处于运营阶段 0.25 ~ 0.90 分位数的省份，回归系数由正值变化为负值，分位数水平较高的省份经济发展已经较为成熟，正在摆脱单一、粗放的经济增长模式，推动建筑运行管理向智能化，自动化转型。

　　从技术水平因素来看，全生命周期能源效率 Malmquist 指数对建材生产阶段各分位数水平省份和建设阶段 0.75 ~ 0.90 分位数省份呈现显著的抑制作用，对运营阶段处于 0.10 ~ 0.25 分位数的省份呈现显著的拉动作用。全生命周期能源效率 Malmquist 指数仅对运营阶段低分位数水平的省份碳排放影响为正。

第 **8** 章

总结与研究展望

8.1 研究结论

经典计量经济学模型假设样本间相互独立，忽略了空间相关性这一重要因素，往往导致研究结论并不能真实地反映样本之间的相关关系。因此，本书基于空间计量经济学的理论，探究 2004～2018 年间我国建筑业全生命周期碳排放时间演化特征以及整体和内部的空间特征，采用双向固定效应空间杜宾模型，分析总人口、城镇化率、人均 GDP 和全生命周期能源效率 Malmquist 指数四种因素对我国建筑业全生命周期碳排放的影响，继而采用双向固定效应空间杜宾模型分析各因素对我国东部、西部和中部地区建筑业全生命周期碳排放的影响差异，并构建面板分位数模型，探究各因素在不同分位数点对建筑业全生命周期及其三个代表性阶段的系数值，得到以下结论。

（1）在全生命周期六个阶段中，建材生产阶段是我国建筑业全生命周期的碳排放量的最主要来源，而其中钢材和水泥又是建材生产阶段碳排放量的最大贡献者，因此我们必须将政策的中心和重心放在减少钢材和水泥的用量上，并且通过改进和发展钢材和水泥的生产工艺来达到降低建材生产阶段碳排放量的目的。从区域层面上来看，东部地区是我国建筑业全生命周期的碳排放量的最主要来源，应该协调三大地区的建筑业的发展规模和速度，在加大中、西部开发的同时，要注意控制东部地区建筑业发展的规模和速度。

（2）2004～2018 年期间三大地区建筑业全生命周期能源效率、建材生产阶段能源和运营阶段能源效率存在较大的区域差异，东部地区在各阶段的能源效率都优于中部和西部地区，反映出了我国三大地区建筑业的发展情况和低碳化理念及技术上的差异。我国建筑业能源效率动态分析的结果显示，总体上来看，2004～2018年我国30个省市的建筑业全生命周期能源效率、建材生产阶段能源效率以及运营阶段能源效率均值大于1，这表明在这十五年期间，我国30个省市的建筑业能源效率正在逐步提高。分析比较三大地区的建筑业能源效率Malmquist指数可知，区域间建筑业能源效率的变化并不均衡，存在一定的空间差异性。从建筑业能源效率Malmquist指数的分解因素来看，技术变化指数（TC）对Malmquist指数的贡献大于技术效率变化指数（EC），这说明2004～2018年我国建筑业能源效率提升的主要原因是科技的进步，而科技进步也是未来建筑产业能源效率持续提高的真正源泉。

（3）在建筑业全生命周期碳排放时间特征方面，2004～2018年我国建筑业全生命周期碳排放量整体呈现出以2012年为分界点的"先急后缓"的增加趋势，三大地区的碳排放趋势与全国较为相近，除东北三省外，2004～2018年各省份建筑业全生命周期碳排放基本呈现增加趋势，其中，浙江和江苏初始值高且增加幅度最大。在建筑业全生命周期碳排放空间特征方面，建筑业全生命周期碳排放空间分布格局呈现出由东部沿海向西部地区梯度递减分布的趋势，东部和中部地区建筑业全生命周期碳排放量的大幅增加是近年来我国建筑业全生命周期碳排放总量增加的主要来源。在全生命周期内，各省份建筑业碳排放均存在着显著的空间相关性，但呈现出逐年递减的趋势。区域间建筑业全生命周期碳排放存在较大差异，绝大多数省份处于高高（H－H）集聚区和低低（L－L）集聚区内，呈现两极分化的局面。从收敛性层面来看，随着时间的推移，全国及三大区域的变异系数曲线均呈现出缓慢增长，达到最大值后逐渐减小的趋势，碳排放的 σ 收敛仅存在于较少的年份。全国整体、东部、西部和中部地区建筑业的碳排放量存在绝对 β 收敛，各地区建筑业碳排放强度的增长与其各自的初始水平呈负相关关系，说明我国建筑业全生命周期碳排放的空间差异呈现逐步缩小的趋势，且这种趋势较为稳固。同时也证明我国目前碳减排的相关政策和措施取得了一定的成效，并且通过各地区控制碳排放来实现总体碳减排是可行的，应继续推进此举来达到"双碳"目标。

（4）就建筑业全生命周期碳排放影响因素而言，总人口和城镇化率的变化对该省及其周边省份的建筑业全生命周期碳排放均不会造成显著的影响，人均GDP的增长是导致我国建筑业全生命周期碳排放增长的主要因素之一，越富裕的省份建筑业碳排放量相应的也越高，且会带动周边地区建筑业碳排放的增加。全生命周期能源效率Malmquist指数的提高对当地建筑业全生命周期碳排放有着显著抑制效应，但空间溢出效应不显著。就建筑业全生命周期碳排放影响因素的区间差异而言，总人口的变化并不会显著影响三大地区的建筑业全生命周期碳排放。城镇化率的提高显著抑制中部地区建筑业全生命周期碳排放的增长，对东部和西部地区建筑业全生命周期碳排放同样呈现出抑制作用，但不显著。人均GDP对东部、中部和西部地区建筑业全生命周期碳排放均具有显著正向影响，但是对东部地区的正向带动效应最大。SBM－全生命周期能源效率Malmquist指数的提高有利于减少三大地区建筑业全生命周期碳排放，这与对全国的影响效果相同。SBM－全生命周期能源效率Malmquist指数在不同区域的减排效果存在差异，对西部和中部地区的减排效果大于东部地区。

（5）在建筑业全生命周期碳排放各因素在不同分位数下的影响效应方面，在不同分位数水平下，总人口对建筑业全生命周期碳排放均呈现促进作用，且对0.90以上分位数的省份影响效果最为明显。城镇化率对低分位数水平的省份建筑业全生命周期碳排放的影响为正，对中高分位数水平的省份影响为负。人均GDP随着分位数的增加整体呈现增长趋势，对0.50～0.90之间的分位数省份建筑业全生命周期碳排放的影响最为显著。SBM－全生命周期能源效率Malmquist指数对于建筑业全生命周期碳排放的影响具有阶段性差异，对0.10以下分位数的省份抑制作用最大。在建筑业代表性三个阶段碳排放各因素在不同分位数下的影响效应方面，各影响因素对建筑业三个阶段碳排放的影响效应存在差异。总人口对建材生产阶段、建设阶段和运营阶段0.25分位数水平省份的建筑业碳排放呈现出显著的正向作用，而对运营阶段0.90分位数水平省份的碳排呈现负向作用。城镇化率的回归系数在建材生产阶段为负值，在建设和运营阶段既有正值也有负值。SBM－全生命周期能源效率Malmquist指数对建材生产阶段各分位数水平省份和建设阶段中高分位数省份呈现显著的抑制作用，对运营阶段处于低分位数水平的省份呈现显著的拉动作用。

8.2　政　策　建　议

（1）制定建筑业全生命周期各阶段的减排措施。在建材生产阶段，钢材和水泥是该阶段碳排放量的最大贡献者，因此政府可以鼓励广泛采用低碳材料，包括可再生材料、循环利用材料和低能耗材料，如生物质材料、再生混凝土等，以减少传统能源密集型材料的使用。同时，推动生产工艺的优化，引入先进技术和设备，以提高生产工艺效率，降低能耗和碳排放。对于建材废弃物处理，应加强建材废弃物的回收和再利用，最大限度地减少废弃物排放。通过建立有效的回收体系和技术创新，将废弃建材转化为资源，降低对自然资源的依赖，实现循环经济发展。

此外，加强能源管理，倡导循环经济理念，实施建材的再生与回收利用，减少资源浪费和废弃物排放。开展碳足迹评估，深入分析建材生产环节的碳排放来源，为减排措施提供科学依据。推广碳捕捉与储存技术，有效降低生产过程中的二氧化碳排放量。进一步加强环境监管与政策引导，制定严格的碳排放标准，促使建材生产企业减少碳排放。鼓励科研机构和企业合作，开展绿色建材的研发与创新，推动建材生产向低碳环保方向发展。推动能源的清洁生产和利用，如采用可再生能源替代传统化石能源。优化能源供应结构，增加清洁能源比重，降低碳排放强度。同时，通过提高能源利用效率，减少能源浪费，进一步降低碳排放。

最后，鼓励绿色创新和循环经济理念在建材生产中的应用，推动绿色设计和环境友好型建材的开发和应用。鼓励企业进行技术研发和创新，开发更加环保、高效的建材产品。同时，倡导绿色采购和可持续建筑设计，鼓励社会各界共同参与，加强公众教育和意识提升，提倡绿色消费观念，引导消费者选择环保建材，促进市场对低碳建材的需求，从而推动整个建材生产行业朝着更加可持续和低碳的方向发展，推动建筑业向更加环保和可持续的方向转型。

在运营阶段，对于新建成的建筑，可以通过加快研究和发展绿色建筑的关键技术以及税收政策来推进绿色建筑的发展。对于既有的建筑，由于集中供暖是建筑运营阶段碳排放的最主要来源，可以通过加快既有建筑隔热系统的更新，发展新的集中供热技术来降低建筑运营阶段的碳排放。另外，由于集中供暖的碳排放主要来自锅炉耗能所产生的碳，因此转变能源消费结构，更多地使用像太阳能、风能这样的清洁能源和可再生能源也可以在很大程度上降低建筑运营阶段的碳排放。

在垃圾处理阶段，大力发展和使用先进的施工技术和机械，充分合理地使用原材料，同时采用先进的废弃物处理设备，如生物降解技术、热解技术等，将废弃物转化为可再生能源或有价值的资源，尽可能从源头上避免不必要的建筑垃圾的产生，降低建筑垃圾的总量。要提高施工现场建筑垃圾的回收率，通过材料回收利用的方法将废弃物转化为再生建材，如再生混凝土、再生钢材等，以减少对原材料的依赖，从终端上减少送往垃圾填埋场的建筑垃圾处理的数量，达到降低垃圾处理阶段二氧化碳排放的目的。

（2）积极推进城市化进程。根据建筑业全生命周期碳排放影响因素的研究结果，城市化率对于地区的建筑业碳排放强度影响极为不显著，同时其对于地区邻近区域的溢出效应也是极为不显著的。因此，积极推进城市化进程不会影响区域的建筑业碳排放。由于城市化的推进有助于提升区域富裕程度，加强区域经济发展，提高建筑业科技水平和劳动力的共享和融合，所以应坚定积极推进城市化进程的决心。

在城市化进程中，可以优化城市规划与土地利用，推动高效集约的建筑布局，减少建筑用地的浪费，从而在建筑物运营阶段降低能耗和碳排放。此外，城市化促进了基础设施建设和能源供应的现代化，提供了更多可再生能源和清洁能源的应用机会，进一步降低建筑物的能源消耗和碳排放水平。通过城市化，建筑业可以更好地利用城市的资源和基础设施，实现碳减排的目标。

城市化进程也推动了建筑技术和材料的创新与升级，从而降低建筑物生产和运营阶段的碳排放。在城市化背景下，建筑业追求更加环保和节能的建筑技术，采用低碳建材和先进的建筑设计理念，有助于减少建筑物制造阶段的碳排放。同时，城市化提供了更多科研和创新机会，鼓励建筑行业采用智能化、绿色化的技术手段，提高建筑物的能效和环保水平，进一步降低碳排放。

（3）加强发展区域经济。富裕程度虽然对于本省的建筑业碳排放有正向作用，但是对于邻近区域的有负向作用。因此加强发展区域经济，促进区域协同发展，有助于整体降低建筑业碳排放。在如今地区富裕程度相对明显的背景下，积极推广碳排放交易，让富裕地区积极承担起碳排放较高的成本，对于平衡区域之间的富裕程度差异以及建筑业碳排放十分重要。

区域经济发展的提升往往伴随着基础设施建设和城市化进程的加速，从而促使建筑业在建筑物生产和运营阶段采用更为节能和环保的技术和材料。发展区域经济为建筑业提供了更多资源和资金，促进了绿色建筑和低碳建设的实施，有助于降低碳排放。同时，区域经济发展也提供了更多创新和科研机会，推动建筑业在设计、施工和运营中采用先进技术，降低能源消耗和碳排放。

区域经济的发展为建筑业提供了更大的市场需求，从而刺激了建筑活动的增加。然而，在推动建筑业发展的过程中，也需要加强环保和碳减排意识。地方政府可以通过制定环保政策和法规，推动建筑业采用低碳技术和清洁能源，限制高碳排放建筑材料的使用，促进碳减排措施的实施。此外，区域经济的发展还可以引导建筑业向循环经济模式转变，促进废弃物的回收和再利用，最大限度地减少碳排放。

（4）有效提升建筑业全生命周期能源效率及建筑企业的科技水平。建筑业全生命周期能源效率对于本地区的建筑业碳排放强度有较大的负向作用，这表明某特定省份能源效率的技术变化越快、技术效率越高和技术效率的规模效率越大将会抑制该省建筑业全生命周期碳排放的增加，因此各省份积极提高建筑业全生命周期能源效率是未来降低建筑业全生命周期碳排放重要的发展方向。

通过采用先进的节能技术和高效的能源管理策略，建筑业可以在设计、施工和运营阶段实现能源的高效利用。在建筑设计阶段，科学合理地选择建筑结构、布局和材料，优化建筑的热工性能和通风系统，以降低能源消耗。在施工和运营阶段，建筑企业可以采用智能化的能源监测和控制系统，实时监测能源使用情况并进行调整，以确保能源的有效利用。此外，建筑业还可以推广绿色建筑认证和评估体系，鼓励建筑企业在全生命周期内追求能源效率的持续改进。

而我国建筑业全生命周期能源效率提升的主要原因是科技的进步，因此，要从根本上提高我国建筑业全生命周期能源效率，各建筑企业应逐步加大对科技设备以及科研资金的投入，增强企业的技术创新能力，不断提高建筑企业的科技水平。通过引进先进的建筑技术、工艺和设备，提高建筑生产和运营的效率，降低能源消耗和碳排放。建筑企业可以加强与科研机构和高校的合作，开展绿色建筑和节能技术的研发与创新，推动建筑业向低碳、环保的方向发展。此外，建筑业还可以积极探索新型建筑材料和技术，如可再生能源的应用、碳捕捉与储存技术等，以进一步降低建筑全生命周期的碳排放。而三大地区建筑业全生命周期能源效率的差异在很大程度上也是由于三大地区建筑业技术水平差异引起的，各地区建筑企业应搭建适当的交流平台，加快先进技术和低碳理念在各地区间的传播和发展。建筑企业能源效率的提高是我国建筑业全生命周期能源效率的提高最根本的保障。建筑企业应定期开展节能减排教育，向员工普及绿色建筑、低碳建筑、建筑节能减排标准和相关法律法规等知识，将节能减排意识植根于每个员工的心中，进而贯彻于每个员工的工作中。建筑企业应努力提高自身的节能管理水平，建筑企业内部应建立节能减排管理体系，为各部门设立节能减排目标，明确各部门在节能减排中的职责和任务，并形成考核文件，将节能减排融入到建筑企业的日常管理中。

（5）设置地区差异化目标。由于近十五年间我国建筑业全生命周期碳排放整体处于上升阶段，呈现出明显的空间依赖性和空间异质性，导致各地区碳排放差异的影响因素也不同，因此区域间要根据自身建筑业发展的情况制定差异性的碳减排政策。通过将目标与地方实际情况相匹配，可以激励各地区采取适合的减排措施，促进碳排放的降低。东部地区可以设定更为严格的碳减排目标，鼓励推广绿色建筑和高效能源利用技术应积极推广建筑节能技术，推行建造工业化，全面提高建筑业全生命周期能源效率，利用技术进步的减排效应，有效降低全国建筑业全生命周期碳排放。西部地区应加快城镇化进程，重点关注改善配套基础设施，以便利用城市人口集约化抑制建筑业碳排放的增长。低碳技术的推广应向西部地区倾斜，加强中东部地区和西部地区之间的交通联系及人才交流，以促进绿色技术从中东部向西部的输出。对于经济水平较低的中西部地区，迫切需要淘汰落后的能源利用方式，提高资源的集约利用率，并对其建筑业进行升级，注重建筑材料的循环利用和废弃物的处理，以实现碳排放的最小化。三大地区还应建立碳排放的合作机制以打破区域壁垒，加快推进地区间的协同发展，制定协同的碳减排政策。

地区差异化目标的设定还应考虑各地区的环境容量和生态承载能力，以实现可持续发展。通过考虑地区的自然环境特点和生态系统健康状况，可以合理规划建筑业的发展，避免对生态环境造成不可逆的损害。例如，在生态脆弱地区，可以设置更为严格的碳排放限制，以保护当地生态系统的稳定性和可持续性。同时，地区差异化目标的设定还可以促进区域间的合作与协调，推动资源共享和碳减排经验的交流，从而实现全局碳排放的减少。

我国各地区各省市的建筑业发展情况和能源效率各有差异，应该结合各地区各省市建筑业发展的实际情况设置差异化的建筑能源效率目标。要在整体上提高我国建筑业全生命周期能源效率，应将重心放在提高中部地区和西部地区的能源效率上。中部地区总体能源效率不高的原因是中部地区的能源纯技术效率太低，因此可以通过加大中部地区建筑业技术的革新力度，提高能源纯技术效率带动中部地区建筑业全生命周期能源效率的提高。西部地区的纯技术效率和规模效率都较低，不仅需要在技术上加大改进力度，还要有效控制建筑业的规模水平，改变依靠投入来拉动增长的粗放建筑业经济增长模式。

（6）调整能源消费结构。从我国建筑业全生命周期能源消费方面来看，煤炭仍是我国建筑业能源消费的主要来源。但由于煤炭的二氧化碳排放系数比油类、天然气等能源都要高出许多，对煤炭能源的过度依赖会在很大程度上阻碍能源环境效率的提高。各地区应该逐步实现对能源消费结构的调整，逐步减少对煤炭、石油、天然气等不可再生能源的开采和使用，鼓励使用太阳能、风能、水能等清洁可再生能源，以及其他低碳能源形式，如地热能和生物质能源，这既有助于降低二氧化碳的排放又有助于能源效率的提升。此外，在建筑材料生产和建设阶段，采用清洁能源供应链，如清洁电力供应和低碳燃料，有助于降低建筑材料制造和运输过程中的碳排放。从长远发展来看，迫于环境的压力和中国可持续发展的战略，要大力开发和使用清洁能源、可再生能源以及新能源，在建筑业内逐步实施绿色能源替代战略。

调整能源消费结构还包括提升能源利用效率，减少能源浪费。在建筑物运营和使用阶段，引入高效能源管理系统和智能控制技术，优化建筑的能源使用，实现能源的最大化利用。在建筑材料生产和建设阶段，推广节能技术和绿色工艺，减少能源在生产过程中的损耗，降低碳排放。此外，通过建筑物的维护和管理，延长使用寿命，减少资源和能源的额外消耗，从而降低全生命周期碳排放。

（7）加快建筑业发展模式由高耗能的粗放型向低耗能的集约型转化。建筑业各部门应通过各项措施降低建筑业企业对落后技术的应用，积极推进技术创新、技术进步，降低对劳动力和资本的依赖，促进建筑业发展模式的更快转型升级。政府应该通过经济手段和出台相应的政策来提升风能、水能和太阳能等绿色清洁能源在建筑业的利用效率，逐渐削弱化石燃料的主导地位，调整能源消费结构。政府需要通过大力推进产学研合作和加大研究资金投入，提高建筑绿色节能技术的自主研发能力。各省应根据自身资源情况和建筑业的发展现状有针对性地普及绿色清洁能源，并加强省域间的能源合作。地方政府应出台具体的奖惩政策，通过给企业设立碳排放上限、实施排污权交易等方式，完善碳交易市场。因此，加快建筑业发展模式转化，推动建筑业绿色发展转型升级和实现绿色清洁能源的高效利用是我国目前碳减排工作的重点内容。

总的来说，建筑业的低碳可持续发展，是建立在我国经济高质量发展的基础上。政府有关部门应根据建筑业发展情况和我国各省地区差异，差异性地制定针对建筑业减碳的有效措施。除了以上建议，有效降低我国建筑业全生命周期碳排放离不开政府的监督管理以及广大建筑企业的共同努力。政府部门应加大节能减排监管力度，严格执行各建筑节能标准，加大对建筑节能标准的执行情况的监督检查；进一步建立和完善公共建筑节能监管体系，加大公共建筑能源审计、碳排放统计及能源公示的力度，制定相关激励及惩罚措施，对高能耗、高排放、低能效的公共建筑进行警告、罚款等；还应加强对供暖地区的节能改造，进一步提升建筑运营阶段的能源效率。

此思路可以推广到其他国家，如印度和巴西等发展中国家，它们面临着与中国类似的可持续发展问题。在碳减排方面，中国逐渐由追随者走向引领者，可以为其他国家提供中国范例，在国际合作框架下，共同研发和推广绿色建筑技术、标准和认证体系，为各国提供先进的建筑节能和碳减排解决方案。通过知识交流、技术培训和经验分享，协助其他国家加速建筑业的转型，提高能源效率，降低碳排放。还可以借鉴中国在推动绿色金融和政策支持方面的经验，促进其他国家建立健全的政策体系和市场机制，激励建筑业向低碳集约型发展。制定和实施税收激励政策、能源效率标准和碳排放限制，引导建筑企业和业主优先选择低碳建筑和能源节约技术。同时，加强国际合作，共同应对气候变化挑战，推动全球建筑业在碳减排方面的合作与交流，为可持续城市发展作出贡献。环境问题的改善不仅与政府、企业和个人息息相关，也需要监管方式的完善和技术创新的支撑，本书的研究成果也是为我国实现"双碳"目标提供科学依据和理论支撑。

8.3　研究展望

本书主要研究了我国建筑业全生命周期碳排放时空特征及影响因素，研究仍存在诸多不足之处，有待开展进一步的研究。

（1）本书以中国 30 个省域建筑业全生命周期碳排放为研究对象，划分为三个区域和不同分位数水平的省份，但因为缺乏西藏和港澳台地区相关的数据，所以总体样本量不全面。后续可考虑测算我国市级或县级建筑业全生命周期碳排放量，研究其时空特征和影响因素，以更加全面地探究我国全生命周期建筑业碳排放的驱动因素。

（2）本书仅利用 0~1 邻接矩阵对建筑业全生命周期碳排放的影响因素进行空间计量分析研究。若能将多种空间权重矩阵纳入空间计量模型的构建中，对比分析不同权重矩阵下的建筑业全生命周期碳排放的驱动因素，研究结果将会更真实、全面。

（3）影响建筑业全生命周期碳排放的因素较多，本书仅基于 STIRPAT 模型，选取了四种解释变量和两种控制变量，选取因素并不全面。后续可在碳排放影响因素模型中引入建筑信息化水平等指标，深入探究影响建筑业全生命周期碳排放的因素。

参 考 文 献

[1] 曹孜, 彭怀生, 鲁芳. 工业碳排放状况及减排途径分析 [J]. 生态经济, 2011 (9): 40-45.

[2] 程叶青, 王哲野, 张守志, 等. 中国能源消费碳排放强度及其影响因素的空间计量 [J]. 地理学报, 2013 (10): 1418-1431.

[3] 范建双, 周琳. 中国建筑业碳排放时空特征及分省贡献 [J]. 资源科学, 2019, 41 (5): 897-907.

[4] 冯博, 王雪青, 刘炳胜. 考虑碳排放的中国建筑业能源效率省际差异分析 [J]. 资源科学, 2014, 36 (6): 1256-1266.

[5] 冯彦, 祝凌云, 张大红. 中国产业结构调整对碳强度影响的空间计量研究 [J]. 软科学, 2017, 31 (7): 11-15.

[6] 高广阔, 马海娟. 我国碳排放收敛性: 基于面板数据的分位数回归 [J]. 统计与决策, 2012 (18): 25-28.

[7] 高源雪. 建筑产品物化阶段碳足迹评价方法与实证研究 [D]. 清华大学, 2012.

[8] 官婷. 建筑全生命周期下的碳排放研究 [D]. 上海交通大学, 2017.

[9] 龚志起. 建筑材料生命周期中物化环境状况的定量评价研究 [D]. 清华大学, 2004.

[10] 顾红春, 张友志. 基于 DEA 的 2005~2010 年中国省际建筑业能源效率研究 [J]. 建筑经济, 2013 (4): 12-15.

[11] 何文举, 张华峰, 陈雄超, 颜建军. 中国省域人口密度、产业集聚与碳排放的实证研究——基于集聚经济、拥挤效应及空间效应的视角 [J].

南开经济研究, 2019 (2): 207 - 225.

[12] 洪紫萍, 王贵公. 生态材料导论 [M]. 化学工业出版社, 2001.

[13] 胡艳兴, 潘竟虎, 李真, 等. 中国省域能源消费碳排放时空异质性的 EOF 和 GWR 分析 [J]. 环境科学学报, 2016 (5): 1866 - 1874.

[14] 惠明珠, 苏有文. 中国建筑业碳排放效率空间特征及其影响因素 [J]. 环境工程, 2018, 36 (12): 182 - 187.

[15] 纪建悦, 姜兴坤. 我国建筑业碳排放预测研究 [J]. 中国海洋大学学报 (社会科学版), 2012 (1): 53 - 57.

[16] 蒋博雅, 黄宝麟, 张宏. 基于 LMDI 模型的江苏省建筑业碳排放影响因素研究 [J]. 环境科学与技术, 2021, 44 (10): 202 - 212.

[17] 金柏辉, 李玮, 张荣霞, 等. 中国建筑业碳排放影响因素空间效应分析 [J]. 科技管理研究, 2018, 38 (24): 238 - 245.

[18] 李刚. 城市建筑垃圾资源化研究 [D]. 长安大学, 2009.

[19] 李兰兰, 徐婷婷, 李方一, 等. 中国居民天然气消费重心迁移路径及增长动因分解 [J]. 自然资源学报, 2017, 32 (4): 606 - 619.

[20] 李明煜, 张诗卉, 王灿, 蔡博峰. 重点工业行业碳排放现状与减排定位分析 [J]. 中国环境管理, 2021, 13 (3): 28 - 39.

[21] 梁中, 徐蓓. 中国省域碳压力空间分布及其重心迁移 [J]. 经济地理, 2017, 37 (2): 179 - 186.

[22] 林波荣, 刘念雄, 彭渤, 等. 国际建筑生命周期能耗和 CO_2 排放比较研究 [J]. 建筑科学, 2013, 29 (8): 22 - 27.

[23] 林伯强, 孙传旺. 如何在保障中国经济增长前提下完成碳减排目标 [J]. 中国社会科学, 2011 (1): 64 - 76.

[24] 刘菁. 碳足迹视角下中国建筑全产业链碳排放测算方法及减排政策研究 [D]. 北京交通大学, 2018.

[25] 刘贤赵, 杨旭, 张国桥, 王天浩. 碳排放空间依赖视角下环境分权的碳排放效应 [J]. 地理科学, 2021, 41 (9): 1654 - 1666.

[26] 刘兴华, 廖翠萍, 黄莹, 等. 基于 STIRPAT 模型的广州市建筑碳排放影响因素及减排措施分析 [J]. 可再生能源, 2019, 37 (5): 769 - 775.

[27] 刘映琳, 刘永辉, 鞠卓. 国际原油价格波动对中国商品期货的影响——基于多重相关性结构断点的分析 [J]. 中国管理科学, 2019, 27 (2):

31 – 40.

[28] 刘元欣，邓欣蕊. 我国碳排放影响因素的实证研究——基于固定效应面板分位数回归模型 [J]. 山西大学学报（哲学社会科学版），2021，44（6）：86 – 96.

[29] 卢娜，冯淑怡，陆华良. 中国城镇化对建筑业碳排放影响的时空差异 [J]. 北京理工大学学报（社会科学版），2018，20（3）：8 – 17.

[30] 陆菊春，钟珍，黄晓晓. 我国建筑业碳排放演变特征及 LMDI 影响因素分解 [J]. 建筑经济，2017，38（3）：81 – 88.

[31] 罗智星，杨柳，刘加平等. 建筑材料 CO_2 排放计算方法及其减排策略研究 [J]. 建筑科学，2011，27（4）：1 – 8.

[32] 马大来，陈仲常，王玲. 中国省际碳排放效率的空间计量 [J]. 中国人口·资源与环境，2015，25（1）：67 – 77.

[33] 潘晓梦. 城镇化对建筑业碳排放的影响路径研究 [D]. 东北财经大学，2019.

[34] 祁神军，佘洁卿，张云波. 基于 SD 的公共建筑全生命周期碳排放特性及敏感性仿真——以夏热冬暖地区为实证 [J]. 西安建筑科技大学学报（自然科学版），2016，48（1）：101 – 108.

[35] 祁神军，张云波，王晓璇. 我国建筑业直接能耗及碳排放结构特征研究 [J]. 建筑经济，2012（12）：58 – 62.

[36] 乔健，吴青龙. 中国碳排放强度重心演变及驱动因素分析 [J]. 经济问题，2017（8）：63 – 67.

[37] 秦昌才，刘树林. 基于投入产出分析的中国产业完全碳排放研究 [J]. 统计与信息论坛，2013，28（9）：32 – 38.

[38] 秦建成，陶辉，占明锦，等. 新疆行业碳排放影响因素分析与碳减排对策研究 [J]. 安全与环境学报，2019，19（4）：1375 – 1382.

[39] 尚春静，储成龙，张智慧. 不同结构建筑生命周期的碳排放比较 [J]. 建筑科学，2011，27（12）：66 – 70，95.

[40] 苏凯，陈毅辉，范水生，等. 市域能源碳排放影响因素分析及减碳机制研究——以福建省为例 [J]. 中国环境科学，2019，39（2）：859 – 867.

[41] 陶东. 我国建筑业碳排放影响因素的时空演变及仿真研究 [D].

中国矿业大学，2019.

[42] 汪静. 中国城市住区生命周期 CO_2 排放量计算与分析 [D]. 清华大学，2009.

[43] 汪振双，覃飞. 中国建筑业碳排放时空演变特征分析 [J]. 工程管理学报，2022，1-6.

[44] 王海杰，孔晨璐. "双循环" 视角下临空经济对区域经济增长的空间溢出效应研究 [J]. 管理学刊，2021，34（3）：23-35，125.

[45] 王连，华欢欢，王世伟. 基于投入产出模型的建筑业碳排放效应测算 [J]. 统计与决策，2016（21）：77-79.

[46] 王少剑，谢紫寒，王泽宏. 中国县域碳排放的时空演变及影响因素 [J]. 地理学报，2021，76（12）：3103-3118.

[47] 王松庆. 严寒地区居住建筑能耗的生命周期评价 [D]. 哈尔滨工业大学，2007.

[48] 王雪青，娄香珍，杨秋波. 中国建筑业能源效率省际差异及其影响因素分析 [J]. 中国人口·资源与环境，2012，22（2）：56-61.

[49] 王幼松，杨馨，闫辉，等. 基于全生命周期的建筑碳排放测算——以广州某校园办公楼改扩建项目为例 [J]. 工程管理学报，2017，31（3）：19-24.

[50] 魏一鸣，廖华，等. 中国能源报告（2010）：能源效率研究 [M]. 科学出版社，2010.

[51] 吴琦. 中国省域能源效率评价研究 [D]. 大连理工大学，2010.

[52] 武敏. 基于 GTWR 模型的中国建筑业碳排放强度时空特征及影响因素分析 [D]. 长安大学，2019.

[53] 向鹏成，谢怡欣，李宗煜. 低碳视角下建筑业绿色全要素生产率及影响因素研究 [J]. 工业技术经济，2019，38（8）：57-63.

[54] 徐德义，马瑞阳，朱永光. 技术进步能抑制中国二氧化碳吗？——基于面板分位数模型的实证研究徐德义 [J]. 科技管理研究，2020，16：251-259.

[55] 许泱，周少甫. 我国城市化与碳排放的实证研究 [J]. 长江流域资源与环境，2011，20（11）：1304-1309.

[56] 燕鹏飞，杨军. 一种改进的环境影响评价方法及应用 [J]. 环境与

可持续发展，2007（5）：10 – 12.

[57] 杨红亮，史丹．能效研究方法和中国各地区能源效率的比较 [J].经济理论与经济管理，2008（3）：12 – 20.

[58] 于博．基于空间计量模型的中国省际建筑业碳排放强度研究 [D].天津大学，2017.

[59] 张小娟．国内城市建筑垃圾资源化研究分析 [D].西安建筑科技大学，2013.

[60] 张又升．建筑物生命周期二氧化碳减量评估 [D].国立成功大学，2002.

[61] 张智慧，刘睿劼．基于投入产出分析的建筑业碳排放核算 [J].清华大学学报（自然科学版），2013，53（1）：53 – 57.

[62] 赵红，陈雨蒙．我国城市化进程与减少碳排放的关系研究 [J].中国软科学，2013（3）：184 – 192.

[63] 赵平，同继锋，马眷荣．建筑材料环境负荷指标及评价体系的研究 [J].中国建材科技，2004（6）：1 – 7.

[64] 赵巧芝，闫庆友，赵海蕊．中国省域碳排放的空间特征及影响因素 [J].北京理工大学学报（社会科学版），2018，20（1）：9 – 16.

[65] 赵忠秀，裴建锁，闫云凤．贸易增长、国际生产分割与 CO_2 排放核算：产业 vs. 产品 [J].中国管理科学，2014，22（12）：11 – 17.

[66] 中华人民共和国铁道部．铁路货物运输品名分类与代码，TB/T 2690 – 1996，北京：中国铁道出版社，1996 – 5 – 10.

[67] 邹非，朱庆华，王菁．中国建筑业二氧化碳排放的影响因素分析 [J].管理现代化，2016，36（4）：24 – 28.

[68] Abbas Valadkhani, Israfil Roshdi, Russell Smyth. A multiplicative environmental DEA approach to measure efficiency changes in the world's major polluters [J]. Energy Economics, 2016, 54：363 – 375.

[69] A. Charnes R. D. Banker, W. W. Cooper. Some models for estimating technical and scale inefficiencies in data envelopment analysis [J]. Management Science, 1984, 30（9）：1078 – 1092.

[70] Adolf A. Acquaye, Aidan P. Duffy. Input-output analysis of Irish construction sector greenhouse gas emissions [J]. Building and Environment, 2010,

45 (3): 784 – 791.

[71] Ali R, Bakhsh K, Yasin M A. Impact of urbanization on CO_2 emissions in emerging economy: evidence from Pakistan [J]. Sustainable Cities and Society, 2019, 48: 1 – 6.

[72] Almgren A Adalberth K, Petersen EH. Life cycle assessment of four multi-family buildings [J]. International Journal of Low Energy and Sustainable Buildings, 2001 (2): 1 – 21.

[73] Anselin L, Rey S, Montouri B. Regional income convergence: A spatial econometric perspective [J]. Regional studies, 1991, 33 (2): 112 – 131.

[74] Ashkan Nabavi – Pelesaraei, Homa Hosseinzadeh – Bandbafha, Peyman Qasemi – Kordkheili, et al. Applying optimization techniques to improve of energy efficiency and GHG (greenhouse gas) emissions of wheat production [J]. Energy, 2016, 103: 672 – 678.

[75] B. Alexander Schlüter, Michele B. Rosano. A holistic approach to energy efficiency assessment in plastic processing [J]. Journal of Cleaner Production, 2016, 118: 19 – 28.

[76] Barro R J, Blanchard O J, Hall R E. Convergence Across States and Regions [J]. Booking Papers on Economic Activity, 1991 (1): 107 – 182.

[77] Barro R X, Sala – i – Martin X. Convergence [J]. Journal of Political Economy, 1992, 100 (2): 223 – 251.

[78] Barış Tan, Yahya Yavuz, Emre N. Otay, et al. Optimal selection of energy efficiency measures for energy sustainability of existing buildings [J]. Computers & Operations Research, 2016, 66: 258 – 271.

[79] Berkhout P H G, Muskens J C, W. Velthuijsen J. Defining the rebound effect [J]. Energy Policy, 2000, 28 (6): 425 – 432.

[80] Bin – Bin Peng, Ying Fan, Jin – Hua Xu. Integrated assessment of energy efficiency technologies and CO_2 abatement cost curves in China's road passenger car sector [J]. Energy Conversion and Management, 2016, 109: 195 – 212.

[81] Boqiang Lin, Hongxun Liu. China's building energy efficiency and urbanization [J]. Energy and Buildings, 2015, 86: 356 – 365.

[82] Boqiang Lin, Houyin Long. A stochastic frontier analysis of energy effi-

ciency of China's chemical industry [J]. Journal of Cleaner Production, 2015, 87: 235 – 244.

[83] Bribián I Z, Usón A A, Scarpellini S. Life cycle assessment in buildings: State-of-the-art and simplified LCA methodology as a complement for building certification [J]. Building and Environment, 2009, 44 (12): 2510 – 2520.

[84] By Seongwon Seo, Yongwoo Hwang. Estimation fo CO_2 emission in life cycle of residential buildings [J]. Journal of Construction Engineering and Management, 2001, 127 (5): 414 – 418.

[85] Cao Z, Shen L, Zhao J, et al. Modeling the dynamic mechanism between cement CO_2 emissions and clinker quality to realize low-carbon cement [J]. Resources, Conservation and Recycling, 2016, 113: 116 – 126.

[86] Chang K L, Du Z F, Chen G J, et al. Panel estimation for the impact factors on carbon dioxide emissions: A new regional classification perspective in China [J]. Journal of Cleaner Production, 2021, 279: 123637.

[87] Chao Mao, Qiping Shen, Liyin Shen, et al. Comparative study of greenhouse gas emissions between off-site prefabrication and conventional construction methods: Two case studies of residential projects [J]. Energy and Buildings, 2013, 66: 165 – 176.

[88] Chateau B Bosseboeuf D, Lapillonne B. Cross-country comparison on energy efficiency indicators: the on-going European effort towards a common methodology [J]. Energy Policy, 1997, 25 (9): 673 – 682.

[89] Chau C. K, Leung T. M, Ng W. Y. A review on life cycle assessment, life cycle energy assessment and life cycle carbon emissions assessment on buildings [J]. Applied Energy. 2015, 143: 395 – 413.

[90] Cheng C, Ren X h, Dong K Y, et al. How does technological innovation mitigate CO_2 emissions in OECD countries? Heterogeneous analysis using panel quantile regression [J]. Journal of environmental management, 2020, 280: 111818.

[91] Chen G Q, Shao L, Chen Z M, et al. Systems accounting for energy consumption and carbon emission by building [J]. Communications in Nonlinear Science and Numerical Simulation, 2014, 19 (6): 1859 – 1873.

［92］ Cheng Z H, Hu X W. The effects of urbanization and urban sprawl on CO$_2$ emissions in China ［J］. Environment, Development and Sustainability, 2022, 25: 1792 – 1808.

［93］ Cheng Z H, Hu X X. The effects of urbanization and urban sprawl on CO$_2$ emissions in China ［J］. Environment, Development and Sustainability, 2022: 1 – 17.

［94］ Chen M, Liu W, Lu D, et al. Progress of China's new-type urbanization construction since 2014: A preliminary assessment ［J］. Cities, 2018, 78: 180 – 193.

［95］ Chen Z, Wang Z, Sun Y. Spatial changing pattern of carbon dioxide emissions per capita and club convergence in China ［J］. J Arid Land Resour Environ, 2015, 29 (4): 24 – 29.

［96］ Cheonghoon Baek, Sang – Hoon Park, Michiya Suzuki, et al. Life cycle carbon dioxide assessment tool for buildings in the schematic design phase ［J］. Energy and Buildings, 2013, 61: 275 – 287.

［97］ Chou J S, Yeh K C. Life cycle carbon dioxide emissions simulation and environmental cost analysis for building construction ［J］. Journal of Cleaner production, 2015, 101: 137 – 147.

［98］ Christopher A. Craig. Energy consumption, energy efficiency, and consumer perceptions: A case study for the Southeast United States ［J］. Applied Energy, 2016, 165: 660 – 669.

［99］ Cole R J. (1999) Building environmental assessment methods: clarifying intentions ［J］. Building Research & Information. 27 (4): 230 – 246.

［100］ Defaux T Citherlet S. Energy and environmental comparison of three variants of a family house during its whole life span ［J］. Building and Environment, 2007 (2): 591 – 598.

［101］ Dompros A, Koroneos C. Environmental assessment of brick production in Greece ［J］. Building and Environment, 2007 (5): 2114 – 2123.

［102］ Dongwei Yu, Hongwei Tan, Yingjun Ruan. A future bamboo-structure residential building prototype in China: Life cycle assessment of energy use and carbon emission ［J］. Energy and Buildings, 2011, 43 (10): 2638 – 2646.

[103] Engle R F, Granger C W. Co-integration and error correction: representation, estimation and testing [J]. Econometrica, 1987, 55: 251 – 276.

[104] Esin T. A study regarding the environmental impact analysis of the building materials production process (in Turkey) [J]. Building and Environment, 2007 (11): 3860 – 3871.

[105] Fang You, Dan Hu, Haitao Zhang, et al. Carbon emissions in the life cycle of urban building system in China—A case study of residential buildings [J]. Ecological Complexity, 2011, 8 (2): 201 – 212.

[106] Fan Y, Liu L – C, Wu G, et al. Analyzing impact factors of CO_2 emissions using the STIRPAT model [J]. Environmental Impact Assessment Review, 2006, 26 (4): 377 – 395.

[107] F. Hernandez – Sancho, M. Molinos – Senante, R. Sala – Garrido. Energy efficiency in Spanish wastewater treatment plants: a non-radial DEA approach [J]. Sci Total Environ, 2011, 409 (14): 2693 – 9.

[108] Flávia de Castro Camioto, Herick Fernando Moralles, Enzo Barberio Mariano, et al. Energy efficiency analysis of G7 and BRICS considering total-factor structure [J]. Journal of Cleaner Production, 2016, 122: 67 – 77.

[109] Fu Y P, Ma S C, Song Q. Spatial econometric analysis of regional carbon intensity [J]. Stat. Res, 2015, 32: 67 – 73.

[110] George Vlontzos, Spyros Niavis, Basil Manos. A DEA approach for estimating the agricultural energy and environmental efficiency of EU countries [J]. Renewable and Sustainable Energy Reviews, 2014, 40: 91 – 96.

[111] Ghali KH, El – Sakka M I. Energy use and output growth in Canada: a multivariate cointegration analysis [J]. Energy Economics, 2004, 26 (2): 225 – 238.

[112] Gheewala S H, Kofoworola O F. Environmental life cycle assessment of a commercial office building in Thailand [J]. nternational Journal of Life Cycle Assessment, 2008 (6): 498 – 511.

[113] Gholamreza Heravi, Mahsa Qaemi. Energy performance of buildings: The evaluation of design and construction measures concerning building energy efficiency in Iran [J]. Energy and Buildings, 2014, 75: 456 – 464.

[114] Gong – Bing Bi, Wen Song, Zhou P, et al. Does environmental regulation affect energy efficiency in China's thermal power generation? Empirical evidence from a slacks-based DEA model [J]. Energy Policy, 2014, 66: 537 – 546.

[115] Gerilla G P, Teknomo K, Hokao K. An environmental assessment of wood and steel reinforced concrete housing construction [J]. Building and Environment, 2007, 42 (7): 2778 – 2784.

[116] Grant T, Ximenes F A. Quantifying the greenhouse benefits of the use of wood products in two popular house designs in Sydney, Australia [J]. International Journal of Life Cycle Assessment 2013, (18): 891 – 908.

[117] Guinée J B. Handbook on life cycle assessment operational guide to the ISO standards [J]. The International Journal of Life Cycle Assessment, 2002, 7 (5): 311 – 313.

[118] Guo S, Zhang Y, Qian X, et al. Urbanization and CO_2 emissions in resource-exhausted cities: evidence from Xuzhou city, China [J]. Natural Hazards, 2019, 99: 807 – 826.

[119] Gustavsson L, Joelsson A, Sathre R. Life cycle primary energy use and carbon emission of an eight-storey wood-framed apartment building [J]. Energy and buildings, 2010, 42 (2): 230 – 242.

[120] Hamilton S E, Lovette J. Ecuador's mangrove forest carbon stocks: A spatiotemporal analysis of living carbon holdings and their depletion since the advent of commercial aquaculture [J]. PloS one, 2015, 10 (3).

[121] Hanley N, McGregor P G, Swales J K, et al. Do increases in energy efficiency improve environmental quality and sustainability? [J]. Ecological Economics, 2009, 68 (3): 692 – 709.

[122] Hischier R, Weidema B, Althaus H J, et al. Implementation of Life Cycle Impact Assessment Methods [M]. 2010.

[123] Horvath A, Guggemos A A. Comparison of environmental effects of steel and concrete-framed buildings [J]. Journal of Infrastructure Systems 2005 (2): 93 – 101.

[124] Horvath A, Junnila S. Life-cycle environmental effects of an office

building [J]. Journal of Infrastructure Systems, 2003 (4): 157 – 166.

[125] Huang B, Meng L N. Convergence of per capita carbon dioxide emissions in urban China: A spatio-temporal perspective [J]. Applied Geography, 2013, 40 (2): 21 – 29.

[126] Huang L Z, Krigsvoll G, Johansen F, et al. Carbon emission of global construction sector [J]. Renewable and Sustainable Energy Reviews, 2018, 81 (2): 1906 – 1916.

[127] Huijuan Dong, Yong Geng, Tsuyoshi Fujita, et al. Three accounts for regional carbon emissions from both fossil energy consumption and industrial process [J]. Energy, 2014, 67: 276 – 283.

[128] Hui Yan, Qiping Shen, Linda C H. Fan, et al. Greenhouse gas emissions in building construction: A case study of One Peking in Hong Kong [J]. Building and Environment, 2010, 45 (4): 949 – 955.

[129] Huo T, Cao R, Du H, et al. Nonlinear influence of urbanization on China's urban residential building carbon emissions: New evidence from panel threshold model [J]. Science of The Total Environment, 2021, DOI: 10.1016/ j. scitotenv. 2021. 145058.

[130] Huo T F, Cao R J, Du H Y, et al. Nonlinear influence of urbanization on China's urban residential building carbon emissions: New evidence from panel threshold model [J]. Science of the Total Environment, 2021, 772: 145058.

[131] Huo T F, Li X H, Cai W G, et al. Exploring the impact of urbanization on urban building carbon emissions in China: Evidence from a provincial panel data model [J]. Sustainable Cities and Society, 2020, 56: 102068.

[132] Ian Sue Wing, Richard S. Eckaus. The implications of the historical decline in US energy intensity for long-run CO_2 emission projections [J]. Energy Policy, 2007, 35 (11): 5267 – 5286.

[133] IEA. Global Building and Construction Status Report Industry [M]. Paris: OECD, 2019.

[134] Intergovernmental Panel on Climate Change. IPCC Guidelines for National Greenhouse Gas Inventories, Prepared by the National Greenhouse Gas In-

ventories Programme, IGES, Japan, 2006.

[135] International Organization for Standardization. ISO 14040. Environmental management-life cycle assessment-principles and framework, International Organization for Standardization, 1997.

[136] Jaehun S, Jehean S, Changbae P. The air emission assessment of a South Korean apartment building's life cycle, along with environmental impact [J]. Building and Environment, 2016: 95.

[137] Jan Cornillie, Samuel Fankhauser. The energy intensity of transition countries [J]. Energy Economics, 2004, 26 (3): 283 - 295.

[138] Jean - Thomas Bernard, Bruno Côté. The measurement of the energy intensity of manufacturing industries: a principal components analysis [J]. Energy Policy, 2005, 33 (2): 221 - 233.

[139] Jeon H. CO_2 emissions, renewable energy and economic growth in the US [J]. The Electricity Journal, 2022, 35 (7), DOI: 10. 1016/j. tej. 2022. 107170.

[140] Jia Y P, Liu R Z. Study of the Energy and Environmental Efficiency of the Chinese economy based on a DEA Model [J]. Procedia Environmental Sciences, 2012, 13: 2256 - 2263.

[141] Jin - Li Hu, Satoshi Honma. A Comparative Study of Energy Efficiency of OECD Countries: An Application of the Stochastic Frontier Analysis [J]. Energy Procedia, 2014, 61: 2280 - 2283.

[142] Jing Liang, Baizhan Li, Yong Wu, et al. An investigation of the existing situation and trends in building energy efficiency management in China [J]. Energy and Buildings, 2007, 39 (10): 1098 - 1106.

[143] J. Li, M. Colombier. Managing carbon emissions in China through building energy efficiency [J]. Journal of Environmental Management, 2009, 90 (8): 2436 - 47.

[144] J. Monahan, J. C. Powell. An embodied carbon and energy analysis of modern methods of construction in housing: A case study using a lifecycle assessment framework [J]. Energy and Buildings, 2011, 43 (1): 179 - 188.

[145] Joana Bastos, Stuart A. Batterman, Fausto Freire. Life-cycle energy

and greenhouse gas analysis of three building types in a residential area in Lisbon [J]. Energy and Buildings, 2014, 69: 344 – 353.

[146] Jonas Nässén, John Holmberg, Anders Wadeskog, et al. Direct and indirect energy use and carbon emissions in the production phase of buildings: An input-output analysis [J]. Energy, 2007, 32 (9): 1593 – 1602.

[147] Jun Li, Bin Shui. A comprehensive analysis of building energy efficiency policies in China: status quo and development perspective [J]. Journal of Cleaner Production, 2015, 90: 326 – 344.

[148] J. W. Sun. Three types of decline in energy intensity—an explanation for the decline of energy intensity in some developing countries [J]. Energy Policy, 2003, 31: 519 – 526.

[149] J. Xiao T. Ding. Estimation of building-related construction and demolition waste in Shanghai [J]. Waste Manage, 2014, 34 (11): 2327 – 2334.

[150] Kai Wang, Xinping Yan, Yupeng Yuan, et al. Real-time optimization of ship energy efficiency based on the prediction technology of working condition [J]. Transportation Research Part D: Transport and Environment, 2016, 46: 81 – 93.

[151] Kalen Nataf, Thomas H. Bradley. An economic comparison of battery energy storage to conventional energy efficiency technologies in Colorado manufacturing facilities [J]. Applied Energy, 2016, 164: 133 – 139.

[152] Kang Z – Y, Li K, Qu J. The path of technological progress for China's low-carbon development: Evidence from three urban agglomerations [J]. Journal of Cleaner Production, 2018, 178: 644 – 654.

[153] Kaoru Tone. A slacks-based measure of eciency in data envelopment analysis [J]. European Journal of Operational Research, 2001, 130: 498 – 509.

[154] Kaoru Tone. A slacks-based measure of super-efficiency in data envelopment analysis [J]. European Journal of Operational Research, 2002, 143 (1): 32 – 41.

[155] Katharina Karner, Matthias Theissing, Thomas Kienberger. Energy efficiency for industries through synergies with urban areas [J]. Journal of Cleaner Production, 2016, 119: 167 – 177.

[156] Kellenberger D, Althaus H J. Relevance of simplifications in LCA of building components [J]. Building and Environment, 2009, 44 (4): 818 – 825.

[157] Kevin Van Ooteghem, Lei Xu. The life-cycle assessment of a single-storey retail building in Canada [J]. Building and Environment, 2012, 49: 212 – 226.

[158] Ke Wang, Shiwei Yu, Wei Zhang. China's regional energy and environmental efficiency: A DEA window analysis based dynamic evaluation [J]. Mathematical and Computer Modelling, 2013, 58 (5 – 6): 1117 – 1127.

[159] Khan K, Su C W, Tao R, et al. Urbanization and carbon emission: causality evidence from the new industrialized economies [J]. Development and Sustainability, 2020, 22: 7193 – 7213.

[160] Klein L R, Marquez J R. Economic Theory and Econometrics [M]. London: Macmillan Publishers, 1985.

[161] Kneifel J. Life-cycle carbon and cost analysis of energy efficiency measures in new commercial buildings [J]. Energy and buildings, 2010, 42 (3): 333 – 340.

[162] Leif Gustavsson, Anna Joelsson. Life cycle primary energy analysis of residential buildings [J]. Energy and Buildings, 2010, 42 (2): 210 – 220.

[163] Li B, Liu X, Li Z, Using the STIRPAT model to explore the factors driving regional CO_2 emissions: a case of Tianjin, China, Natural Hazards, 2015, 76 (1): 1667 ~ 1685.

[164] Li D Z, Chen H X, et al. A methodology for estimating the life-cycle carbon efficiency of a residential building [J]. Building and Environment, 2013, 59: 448 – 455.

[165] Lihong Peng, Yiting Zhang, Yejun Wang, et al. Energy efficiency and influencing factor analysis in the overall Chinese textile industry [J]. Energy, 2015, 93: 1222 – 1229.

[166] Li L, Hong X F, Peng K. A spatial panel analysis of carbon emissions, economic growth and high-technology industry in China [J]. Structural Change and Economic Dynamics, 2019, 49: 83 – 92.

[167] Lingbo Kong, Ali Hasanbeigi, Lynn Price. Assessment of emerging

energy-efficiency technologies for the pulp and paper industry: a technical review [J]. Journal of Cleaner Production, 2016, 122: 5 – 28.

[168] Liu C, Ahn C R, An X, et al. Life-cycle assessment of concrete dam construction: comparison of environmental impact of rock-filled and conventional concrete [J]. Journal of Construction Engineering and Management, 2013, 139 (12): A4013009.

[169] Liu N, Wang J, Li R. Calculation of CO_2 emissions from urban settlements in China [J]. Journal of Tsinghua University (Natural Science Edition), 2009, 49 (9): 1433 – 1436.

[170] Liyin Shen, Bei He, Liudan Jiao, et al. Research on the development of main policy instruments for improving building energy-efficiency [J]. Journal of Cleaner Production, 2016, 112: 1789 – 1803.

[171] Li Z G, Wang J. Spatial spillover effect of carbon emission trading on carbon emission reduction: Empirical data from pilot regions in China [J]. Energy, 2022, 15 (251): 123906.

[172] Ma – Lin Song, Lin – Ling Zhang, Wei Liu, et al. Bootstrap – DEA analysis of BRICS' energy efficiency based on small sample data [J]. Applied Energy, 2013, 112: 1049 – 1055.

[173] Mac Lean H L, Norman J, Kennedy C A. Comparing high and low residential density: life-cycle analysis of energy use and greenhouse gas emissions [J]. Journal of Urban Planning and Development, 2006 (1): 10 – 21.

[174] Madlener R, Sunak Y. Impacts of urbanization on urban structures and energy demand: What can we learn for urban energy planning and urbanization management? [J]. Sustainable Cities and Society, 2011, 1 (1): 45 – 53.

[175] Malin Song, Li Yang, Jie Wu, et al. Energy saving in China: Analysis on the energy efficiency via bootstrap – DEA approach [J]. Energy Policy, 2013, 57: 1 – 6.

[176] María J. Ruiz – Fuensanta. The region matters: A comparative analysis of regional energy efficiency in Spain [J]. Energy, 2016, 101: 325 – 331.

[177] Marc Ringel, Barbara Schlomann, Michael Krail, et al. Towards a green economy in Germany? The role of energy efficiency policies [J]. Applied En-

ergy, 2016.

[178] M. Asif, T. Muneer, R. Kelley. Life cycle assessment: A case study of a dwelling home in Scotland [J]. Building and Environment, 2007, 42 (3): 1391 – 1394.

[179] Matthew S. Tokarik, Russell C. Richman. Life cycle cost optimization of passive energy efficiency improvements in a Toronto house [J]. Energy and Buildings, 2016, 118: 160 – 169.

[180] Ming – Jia Li, Chen – Xi Song, Wen – Quan Tao. A hybrid model for explaining the short-term dynamics of energy efficiency of China's thermal power plants [J]. Applied Energy, 2016, 169: 738 – 747.

[181] Ming – Jia Li, Ya – Ling He, Wen – Quan Tao. Modeling a hybrid methodology for evaluating and forecasting regional energy efficiency in China [J]. Applied Energy, 2015.

[182] Mukherjee A Muga H, Mihelcic J. An integrated assessment of the sustainability of green and built-up roofs [J]. Journal of Green Building, 2008 (2): 106 – 127.

[183] Nannan Wang. The role of the construction industry in China's sustainable urban development [J]. Habitat International, 2014, 44: 442 – 450.

[184] Nassen J, Holmberg J, Wadeskog A, et al. Direct and indirect energy use and carbon emissions in the production phase of buildings: An input-output analysis [J]. Energy, 2007, 32: 1593 – 1602.

[185] Ning Wang, Zongguo Wen, Mingqi Liu, et al. Constructing an energy efficiency benchmarking system for coal production [J]. Applied Energy, 2016, 169: 301 – 308.

[186] Nuri Cihat Onat, Murat Kucukvar, Omer Tatari. Scope-based carbon footprint analysis of U. S. residential and commercial buildings: An input-output hybrid life cycle assessment approach [J]. Building and Environment, 2014, 72: 53 – 62.

[187] Onat N C, Kucukvar M, Tatari O. Scope-based carbon footprint analysis of US residential and commercial buildings: An input-output hybrid life cycle assessment approach [J]. Building and Environment, 2014, 72: 53 – 62.

[188] Onat N C, Kucukvar M, Tatari O. Scope-based carbon footprint analysis of U. S. residential and commercial buildings: An input-output hybrid life cycle assessment approach [J]. Building and Environment, 2014, 72: 53 – 62.

[189] Pan K, Li Y, Zhu H, et al. Spatial configuration of energy consumption and carbon emissions of Shanghai, and our policy suggestions [J]. Sustainability, 2017, 9 (1): 104.

[190] Patterson M. G. What is energy efficiency? concepts, indicators and methodological issues [J]. Energy Policy, 1996, 24 (5): 377 – 390.

[191] Paulina, A., Kyle, A., Gabriel, vB., et al., 2022. IPCC 2022 (AR6 Synthesis Report: Climate Change 2022) [R]. IPCC.

[192] Qiang Cui, Ye Li. Evaluating energy efficiency for airlines: An application of VFB – DEA [J]. Journal of Air Transport Management, 2015, 44 – 45: 34 – 41.

[193] Qiang Cui, Ye Li. The evaluation of transportation energy efficiency: An application of three-stage virtual frontier DEA [J]. Transportation Research Part D: Transport and Environment, 2014, 29: 1 – 11.

[194] Qunwei Wang, Zengyao Zhao, Peng Zhou, et al. Energy efficiency and production technology heterogeneity in China: A meta-frontier DEA approach [J]. Economic Modelling, 2013, 35: 283 – 289.

[195] Rafiq S, Salim R, Nielsen I. Urbanization, openness, emissions, and energy intensity: A study of increasingly urbanized emerging economies [J]. Energy Economics, 2016, 56: 20 – 28.

[196] Rajeev Ruparathna, Kasun Hewage, Rehan Sadiq. Improving the energy efficiency of the existing building stock: A critical review of commercial and institutional buildings [J]. Renewable and Sustainable Energy Reviews, 2016, 53: 1032 – 1045.

[197] Ries R, Osman A. Life-cycle impact analysis of energy systems for buildings [J]. Journal of Infrastructure Systems, 2004 (3): 87 – 97.

[198] Rosa M. Cuéllar – Franca, Adisa Azapagic. Environmental impacts of the UK residential sector: Life cycle assessment of houses [J]. Building and Environment, 2012, 54: 86 – 99.

［199］Sadorsky P. The effect of urbanization on CO_2 emissions in emerging economies ［J］. Energy Economics, 2014, 41: 147 – 153.

［200］Sbci U. Buildings and climate change: Summary for decision-makers ［J］. United Nations Environmental Programme, Sustainable Buildings and Climate Initiative, 2009: 1 – 62.

［201］Sepideh Jafarzadeh, Harald Ellingsen, Svein Aanond Aanondsen. Energy efficiency of Norwegian fisheries from 2003 to 2012 ［J］. Journal of Cleaner Production, 2016, 112: 3616 – 3630.

［202］Sergey Balitskiy, Yuriy Bilan, Wadim Strielkowski, et al. Energy efficiency and natural gas consumption in the context of economic development in the European Union ［J］. Renewable and Sustainable Energy Reviews, 2016, 55: 156 – 168.

［203］Seyed Hashem Mousavi – Avval, Shahin Rafiee, Ali Jafari, et al. Improving energy use efficiency of canola production using data envelopment analysis (DEA) approach ［J］. Energy, 2011, 36 (5): 2765 – 2772.

［204］Shanshan Zhang, Tommy Lundgren, Wenchao Zhou. Energy efficiency in Swedish industry ［J］. Energy Economics, 2016, 55: 42 – 51.

［205］Shaohui Zhang, Ernst Worrell, Wina Crijns – Graus. Cutting air Pollution by Improving Energy Efficiency of China's Cement Industry ［J］. Energy Procedia, 2015, 83: 10 – 20.

［206］Sharma S S. Determinants of carbon dioxide emissions: Empirical evidence from 69 countries ［J］. Applied Energy, 2011, 88 (1): 376 – 382.

［207］Sharples S, Radhi H. Global warming implications of facade parameters: a life cycle assessment of residential buildings in Bahrain ［J］. Environmental Impact Assessment, 2013 (38): 99 – 108.

［208］Shi Q, Chen J D, Shen L Y. Driving factors of the changes in the carbon emissions in the Chinese construction industry ［J］. Journal of Cleaner Production, 2017, 166: 615 – 627.

［209］Shiwang Yu, Qi Zhang, Jian Li Hao, et al. Development of an extended STIRPAT model to assess the driving factors of household carbon dioxide emissions in China ［J］. Journal of Environmental Management, 2023, 325:

116502.

［210］Shuai C，Shen L，Jiao L，et al. Identifying key impact factors on carbon emission：Evidences from panel and time-series data of 125 countries from 1990 to 2011［J］. Applied Energy，2017，187：310 – 325.

［211］Solow M R. A Contribution to the Theory of Economic Growth［J］. The Quarterly Journal of Economics，1956，70（1）：65 – 94.

［212］Sonneveld K. Drivers and Barriers for LCA Penetration in Australia［C］. 2nd National Conference on LCA，Melbourne，2000.

［213］Subhes C. Bhattacharyya，Arjaree Ussanarassamee. Changes in energy intensities of Thai industry between 1981 and 2000：a decomposition analysis［J］. Energy Policy，2005，33（8）：995 – 1002.

［214］Su K，Dao Z W，Wen X L. Influencing factors and spatial patterns of energy-related carbon emissions at the city – scale in Fujian province，Southeastern China［J］. Journal of Cleaner Production，2020，244：118840.

［215］Swan W. Economic Growth and Capital Accumulation［J］. Economic Record，1956，32（2）：334 – 661.

［216］Tang Z，Liu W，Gong P. The measurement of the spatial effects of Chinese regional carbon emissions caused by exports［J］. Journal of Geographical Sciences，2015，25：1328 – 1342.

［217］Tao Wang，Xiaodong Li，Pin – Chao Liao，et al. Building energy efficiency for public hospitals and healthcare facilities in China：Barriers and drivers［J］. Energy，2016，103：588 – 597.

［218］Tillman A M，Jönsson A，Svensson T. Life cycle assessment offlooring materials：case study［J］. Building and Environment 1997（3）：245 – 255.

［219］Treloar G，Fay R，Iyer – Raniga U. Life-cycle energy analysis of buildings：a case study［J］. Building Research & Information，2000（1）：31 – 41.

［220］Treloar G J，Love P E D，Faniran O O，et al. A hybrid life cycle assessment method for construction［J］. Construction Management & Economics，2000，18（1）：5 – 9.

［221］Van Ruijven B J，Van Vuuren D P，Boskaljon W，et al. Long-term model-based projections of energy use and CO_2 emissions from the global steel and cement industries ［J］. Resources, Conservation and Recycling, 2016, 112: 15 – 36.

［222］Vicent Alcantara, Juan Antonio Duro. Inequality of energy intensities across OECD countries: a note ［J］. Energy Policy, 2004, 32 (11): 1257 – 1260.

［223］Wahidul K, Biswas. Carbon footprint and embodied energy consumption assessment of building construction works in Western Australia ［J］. International Journal of Sustainable Built Environment, 2014, 3 (2): 179 – 186.

［224］Wang A L, Lin B Q. Assessing CO_2 emissions in China's commercial sector: Determinants and reduction strategies ［J］. Journal of Cleaner Production, 2017, 164: 1542 – 1552.

［225］Wang C, Wang F, Zhang X, et al. Examining the driving factors of energy related carbon emissions using the extended STIRPAT model basedon IPAT identity in Xinjiang ［J］. Renewable & Sustainable Energy Reviews, 2017, 67: 51 – 61.

［226］Wang J M, Song X J, ChenK. Which influencing factors cause CO_2 emissions differences in China's provincial construction industry: empirical analysis from a quantile regression model ［J］. Polish Journal of Environmental Studies. 2019, 29: 331 – 347.

［227］Wang Y C, Zhang A L, Li L, et al. A disaggregated analysis of the environmental Kuznets curve for industrial CO_2 emissions in China ［J］. Applied Energy, 2017, 190: 172 – 180.

［228］Wang Z, Wang S J, Lu C H, et al. Which Factors Influence the Regional Difference of Urban – Rural Residential CO_2 Emissions? A Case Study by Cross – Regional Panel Analysis in China ［J］. Land, 2022, 11 (5): 632.

［229］Wei Yang, Yanmin Shao, Han Qiao, et al. An Empirical Analysis on Regional Technical Efficiency of Chinese Steel Sector based on Network DEA Method ［J］. Procedia Computer Science, 2014, 31: 615 – 624.

［230］Wikipedia. https://en. wikipedia. org/wiki/Life – cycle_assessment.

［231］W W Cooper, K Tone, L M Seiford. Data Envelopment Analysis: A

Comprehensive Text with Models, Applications, References and DEA – Solver Softwar [J]. Journal of the Operational Research Society, 2007, 14 (90): 145 – 156.

[232] W W Cooper A. Charnes, E. Rhodes. Measuring the efficiency of decision making units [J]. European Journal of Operational Research, 1978, 2: 429 – 444.

[233] Xiangfei Kong, Shilei Lu, Yong Wu. A review of building energy efficiency in China during "Eleventh Five – Year Plan" period [J]. Energy Policy, 2012, 41: 624 – 635.

[234] Xiao F, Hu Z H, Wang K X, et al. Spatial distribution of energy consumption and carbon emission of regional logistics [J]. Sustainability, 2015, 7 (7): 9140 – 9159.

[235] Xiaowei C, Xianjin H, Qinli L, et al. Spatiotemporal Changes of Built – Up Land Expansion and Carbon Emissions Caused by the Chinese Construction Industry [J]. 2015.

[236] Xie Q, Liu J. Combined nonlinear effects of economic growth and urbanization on CO_2 emissions in China: Evidence from a panel data partially linear additive model [J]. Energy, 2019, 115868.

[237] Xie Z H, Wu R, Wang S J. How technological progress affects the carbon emission efficiency? Evidence from national panel quantile regression [J]. Journal of Cleaner Production, 2021, 307: 127133.

[238] Xiong C, Yang D, Huo J. Spatial-temporal characteristics and LMDI-based impact factor decomposition of agricultural carbon emissions in Hotan Prefecture, China [J]. Sustainability, 2016, 8 (3): 262.

[239] Xiuli Liu, Geoffrey J. D. Hewings, Shouyang Wang. Evaluation on the impacts of the implementation of civil building energy efficiency standards on Chinese economic system and environment [J]. Energy and Buildings, 2009, 41 (10): 1084 – 1090.

[240] Xu B J, Lin B Q. What cause large regional differences in PM2.5 pollutions in China? Evidence from quantile regression model [J]. Journal of Cleaner Production, 2018, 174: 447 – 461.

[241] Xu R J, Xu L, Xu B. Assessing CO_2 emissions in China's iron and steel industry: Evidence from quantile regression approach [J]. Journal of Cleaner Production, 2017, 152: 259 – 270.

[242] Yang X H, Zhen J, Yang Z M, et al. The effects of technological factors on carbon emissions from various sectors in China—A spatial perspective [J]. Journal of Cleaner Production, 2021, 301: 126949.

[243] Yan M, Sun H, Gu KY. Driving factors and key emission reduction paths of Xinjiang industries carbon emissions: An industry chain perspective [J]. Journal of Cleaner Production, 2022, 374: 133874.

[244] Yücel Özkara, Mehmet Atak. Regional total-factor energy efficiency and electricity saving potential of manufacturing industry in Turkey [J]. Energy, 2015, 93: 495 – 510.

[245] Ye B, Jiang J J, Tang J. Quantification and driving force analysis of provincial-level carbon emissions in China [J]. Applied Energy, 2017, 198: 223 – 238.

[246] Yijia Cui, Guoliang Huang, Ziyong Yin. Estimating regional coal resource efficiency in China using three-stage DEA and bootstrap DEA models [J]. International Journal of Mining Science and Technology, 2015, 25 (5): 861 – 864.

[247] Yingnan Liu, Ke Wang. Energy efficiency of China's industry sector: An adjusted network DEA (data envelopment analysis) -based decomposition analysis [J]. Energy, 2015, 93: 1328 – 1337.

[248] Yiwen Bian, Miao Hu, Yousen Wang, et al. Energy efficiency analysis of the economic system in China during 1986 – 2012: A parallel slacks-based measure approach [J]. Renewable and Sustainable Energy Reviews, 2016, 55: 990 – 998.

[249] Yongming Han, Zhiqiang Geng, Gu Xiangbai, et al. Energy efficiency analysis based on DEA integrated ISM: A case study for Chinese ethylene industries [J]. Engineering Applications of Artificial Intelligence, 2015, 45: 80 – 89.

[250] Yongming Han, Zhiqiang Geng, Qunxiong Zhu, et al. Energy efficiency analysis method based on fuzzy DEA cross-model for ethylene production sys-

tems in chemical industry [J]. Energy, 2015, 83: 685 – 695.

[251] Yong Zha, Linlin Zhao, Yiwen Bian. Measuring regional efficiency of energy and carbon dioxide emissions in China: A chance constrained DEA approach [J]. Computers & Operations Research, 2016, 66: 351 – 361.

[252] Yuan Chang, Robert J. Ries, Yaowu Wang. The embodied energy and environmental emissions of construction projects in China: An economic input-output LCA model [J]. Energy Policy, 2010, 38 (11): 6597 – 6603.

[253] Yuan J, Na C, Hu Z, et al. Energy conservation and emissions reduction in China's power sector: Alternative scenarios up to 2020 [J]. Energies, 2016, 9 (4): 266.

[254] Yuan Wang, Wenqin Wang, Guozhu Mao, et al. Industrial CO_2 emissions in China based on the hypothetical extraction method: Linkage analysis [J]. Energy Policy, 2013, 62: 1238 – 1244.

[255] Yu S W, Wei Y M, Fan J L, et al. Exploring the regional characteristics of inter-provincial CO_2 emissions in China: An improved fuzzy clustering analysis based on particle swarm optimization [J]. Applied Energy, 2012, 92: 552 – 562.

[256] Zhang S X, Zhong F L, Xin N, et al. Gauging the impacts of urbanization on CO_2 emissions from the construction industry: Evidence from China [J]. Journal of environmental management. 2021, 288: 112440.

[257] Zhang W, Wu X, Xiao Houzhong. An empirical study on the environmental impact of residential buildings in Beijing [J]. Environmental Protection, 2004 (9): 40 – 43.

[258] Zhang Y. Scale, Technique and Composition Effects in Trade – Related Carbon Emissions in China [J]. Environmental & Resource Economics, 2012, 51 (3): 371 – 389.

[259] Zhang Z Wu X, Chen Y. Study of the environmental impacts based on the green tax-applied to several types of building materials [J]. Building and Environment 2005 (2): 227 – 237.

[260] Zhao Y H, Li H, Zhang Z H, et al. Decomposition and scenario analysis of CO_2 emissions in China's power industry: based on LMD method [J].

Natural Hazards, 2017, 86 (2): 645 - 668.

［261］Zhou Y, Liu Y S. Does population have a larger impact on carbon dioxide emissions than income? Evidence from a cross-regional panel analysis in China ［J］. Applied Energy, 2016, 180: 800 - 809.